"Creo que *Cómo adorar al Rey* tiene el [?]   por
completo su vida, no solo en el área de [?]   : su
vida. Sé, por experiencia personal, que Zach realmente vive lo que está escrito en este libro. No solo es un pastor de adoración y compositor increíblemente ungido, sino que su pasión por Dios y por adorarlo es evidente en su vida. Con una percepción cautivante y profundamente bíblica, Zach nos muestra que la adoración es profundamente relevante, práctica y cambia vidas. Pues cuando aprendamos cómo adorar verdaderamente a nuestro Rey, ¡el mundo será transformado!".

—PASTOR ROBERT MORRIS, Pastor principal de Gateway Church
y autor de *Una iglesia de bendición* y *Una vida de bendición*

"El libro de Zach Neese regocija mi corazón. Ha nacido del corazón de un verdadero adorador, y es práctico debido al entorno en el cual él sirve.

Gateway Church de Southlake, Texas, es un manantial de música de adoración porque el liderazgo bebe del pozo de la verdad vivificado por el Espíritu Santo. Zach es parte de un equipo de líderes que hacen algo más que servir en una iglesia reconocida: se centran en cultivar un pueblo que se ha convertido en una gran iglesia, porque el Cuerpo ha aprendido la diferencia entre simplemente tener una música magnífica ¡y adorar a nuestro gran Dios!

De todo corazón recomiendo *Cómo adorar al Rey* a toda alma ávida que sinceramente quiera avanzar en la comprensión de las riquezas de la gloria divina, que nos esperan cuando las personas disciernen la diferencia entre el funcionamiento de la adoración, como un ejercicio, y el peso de gloria que nos espera cuando la adoración se convierte en la vía para encontrarse genuinamente con la presencia y la bondad de Dios, en medio de personas que lo buscan a Él, ¡y lo encuentran!".

—JACK W. HAYFORD, Rector de The King's University (Universidad del Rey)

"ZACH NEESE ESTÁ tan cautivado por el Rey Jesús que está llamando a otros a rendirse totalmente a Él. Los años que ha pasado dirigiendo la adoración y desarrollando líderes de adoración para ello, le han dado una perspectiva sobre el tema que confrontará algunos supuestos comunes y lo desafiará a pensar más profundamente en la adoración. Sobre todo, la esperanza de cualquier libro sobre adoración es que el lector no salga simplemente con un mayor conocimiento, sino con una renovada visión de Jesús. Como líder de adoración y maestro, Zach hace exactamente eso".

—GLEN PACKIAM, Pastor presidente de New Life Church (Iglesia Nueva Vida).

"¡Este mensaje que Dios puso en el corazón de Zach es emocionante, estimulante y transformador de vidas! Zach ha sido parte integral de nuestra experiencia de adoración aquí en Gateway Church durante varios años, enseñando y capacitando a nuestro ministerio de alabanza y al cuerpo de nuestra iglesia en el dinámico modelo de adoración bíblica, y cómo hacerlo un estilo de vida diario que transforme su corazón, su vida, su familia, ¡su mundo! Este mensaje que Zach comparte en este libro ya ha transformado muchas vidas aquí en Gateway. Si usted permite que Dios haga una obra profunda en su corazón mientras lee este libro, su vida será cambiada para siempre; lo común ya no lo satisfará, la presencia de Dios será más importante en su vida y su diario vivir adquirirá un nuevo significado. Zach es una voz confiable en la adoración. ¡Que este libro y el mensaje que contiene lo lleve a la experiencia de toda una vida!".

—**THOMAS MILLER**, Pastor principal asociado de Gateway Church

"Zach Neese es uno de los comunicadores más dotados en auténtica adoración que he conocido. Por años, sus canciones de adoración me han impulsado a la presencia de Dios. Con *Cómo adorar al Rey*, Zach llama a una revolución cultural que debe ocurrir absolutamente para que la Iglesia responda al deseo de Dios de restaurar la adoración bíblica en todo el mundo, como tema central de la Iglesia, su actividad principal y su suprema fuerza motivadora. ¡Todo creyente debe leer este libro y unirse a la revolución!".

—**TIM SHEPPARD**, Pastor de adoración/artista en residencia de Gateway Church y artista/compositor de música cristiana contemporánea

"Insertos en toda cultura superficial hallamos grandes dones de Dios. Los principales de estos son los profetas, quienes nos llaman a volvernos a Dios cuando pensamos que vamos bien siguiéndolo a nuestra manera humana preferida. Zach Neese es un profeta así. Si recibimos o no el mensaje de un profeta depende de si queremos que Dios sea un fundamento firme, o simplemente una apariencia brillante. A Isaías se le dijo: "¡Dejen de ver visiones! …No nos digan lo que es correcto. Díganos cosas agradables" (Isaías 30:10, NTV). Para Zach Neese, las cosas más agradables que puede decir son las cosas que son verdaderas acerca de Dios. A las culturas superficiales les resulta difícil discernir entre la música estupenda y la presencia de Dios. Ambas puede conmovernos; solo Uno puede cambiarnos. Tenga por seguro que cuando Dios nos ama tanto como para ofrecernos palabras, Él no descansará hasta que esas palabras hayan terminado Su obra en nosotros. Dios está obrando en usted en este mismo momento; este libro es parte de Su estrategia, y será tanto un cincel como un pulidor. Necesitamos a ambos para parecernos a Jesús".

—**MARCUS BRECHEEN**, Pastor ejecutivo de Gateway Church, Campus North Richland Hills y expansión de campus

ZACH NEESE

CÓMO ADORAR AL REY

CASA
CREACIÓN
Para vivir la Palabra

Para vivir la Palabra

MANTÉNGANSE ALERTA;
PERMANEZCAN FIRMES EN LA FE;
SEAN VALIENTES Y FUERTES.
—1 CORINTIOS 16:13 (NVI)

Cómo adorar al Rey por Zach Neese
Publicado por Casa Creación
Miami, Florida
www.casacreacion.com
©2015, 2021 Derechos reservados

Library of Congress Control Number: 2014949270
ISBN: 978-1-62998-285-4
E-book ISBN: 978-1-62998-308-0

Desarrollo editorial: *Grupo Nivel Uno, Inc.*
Diseño interior: *Grupo Nivel Uno, Inc.*

Publicado originalmente en inglés bajo el título:
How to Worship a King
por Gateway Create, Texas, USA
Copyright © 2012 por Zach Neese
Todos los derechos reservados.

Visite la página web del autor: www.zachneese.com

A menos que se indique lo contrario, los textos bíblicos han sido tomados de la Santa Biblia, Nueva Versión Internacional® nvi® ©1999 por Bíblica, Inc.© Usada con permiso.

La grafía y significado de los términos hebreos y griegos corresponden a la Nueva concordancia exhaustiva de la Biblia de Strong, de James Strong, Editorial Caribe, 2003. Usada con permiso.

Nota de la editorial: Aunque el autor hizo todo lo posible por proveer teléfonos y páginas de Internet correctas al momento de la publicación de este libro, ni la editorial ni el autor se responsabilizan por errores o cambios que puedan surgir luego de haberse publicado.

Impreso en Colombia

21 22 23 24 25 LBS 9 8 7 6 5 4 3 2 1

DEDICATORIA

Una vez conocí a un hombre que caminó hasta la orilla de un campo, un día nevado. Mientras permanecía de pie en el suave silencio y contemplaba los árboles cubiertos por la nieve, el sol adornaba las colinas onduladas de blanco imperturbable en donde solía crecer el maíz. Por encima de él, el cielo extendía un espeso azul infinito; y el campo frente a él, plegado como olas en un mar de leche. Y la quietud era simplemente asombrosa. El corazón del hombre se llenó hasta rebosar con esa belleza, de modo que levantó los brazos hacia Dios, cerró los ojos y adoró.

No estaba solo. Él no puede recordar cuánto tiempo pasó ni describir la sensación que experimentó cuando Dios se inclinó. Su alma resonaba con gozo inefable mientras se adentraba la plenitud. ¿Plenitud? ¿Cómo se puede explicar la sensación de entrar en unidad con el Dios vivo? ¡Se siente como vida electrizada!

Perdió la noción de sí mismo así como perdió la noción del tiempo. Pero en algún momento tuvo consciencia de una extraña y vertiginosa ingravidez. Luego hizo algo que desde entonces desearía poder deshacer. Abrió los ojos.

Al mirar hacia abajo, notó que sus botas estaban a tres pies (un metro) del suelo y él giraba en lentos círculos en el aire. Como un niño pequeño a quien su padre daba vueltas y levantaba en sus brazos, él se elevaba continuamente.

Sucedió tan rápido que no tuvo tiempo para controlar su reacción. El hombre se asustó. Y tan pronto como lo hizo, comenzó un lento descenso hacia la tierra cubierta de nieve hasta quedar solo, nuevamente,en la colina. Durante mucho tiempo permaneció allí contrariado asombro y pesar.

¿Qué acababa de ocurrir? ¿Dios lo había alzado en Sus brazos para danzar? ¿De qué se perdió por abrir sus ojos? Las historias de Enoc, Elías y Jesús pasaron por su cabeza. ¿Estuvo a punto de transfigurarse? ¿Estaba ascendiendo en las nubes como Jesús? ¿Estuvo a punto de ser arrebatado como Enoc? ¿Quién lo sabía? ¿Quién lo sabría jamás?

Ahora él estaba en la tierra otra vez. Seguro en las certezas del mundo al que estaba acostumbrado. Debería haberse sentido aliviado. Su corazón debería haber dado un vuelco por agradecimiento. Debería haberse apresurado a contarle a todos —si alguien le hubiera creído.

Pero eso no era lo que sentía en absoluto. Sentía el pecho oprimido por el peso de la pérdida. Sentía el corazón roto y triste. Los "Y si...". eran demasiado difíciles de soportar. Él solo sabía que si pronunciaba siquiera una palabra, su corazón colapsaría. Así que no le contó a nadie.

Ese día de nieve lo frustró. No quería religión. No quería ritual. No quería teología, ni unción, ni poder, ni profecía, ni aplausos. Todo lo que quería era a su Padre. Había probado algo que no podía sacar de su boca. Y no quería hacerlo. Él fue cambiado para siempre. Para siempre simplificado.

Hasta el día de hoy ese hombre se pregunta qué habría ocurrido si no hubiera tenido temor. Y lo va a descubrir.

■ ■ ■

Este libro está dedicado a los adoradores; aquellos que no estarán satisfechos hasta averiguarlo. La adoración es la próxima frontera. Pensamos que hemos dilucidado sus misterios porque podemos definirla, programarla, grabarla, envasarla, comercializarla y venderla. Pero nada de eso es verdadera adoración. No comprendemos la adoración. Si lo hiciéramos... Bueno, déjeme mostrarle lo que sucedería si lo hiciéramos.

CONTENIDO

AGRADECIMIENTOS

He estado escribiendo este libro durante 15 años, porque he estado viviendo y creciendo en mi entendimiento como adorador y como ministro. Una vez dicho esto, mi primer agradecimiento debe ser para Dios, que ha sido mi amigo, maestro, Padre y consejero durante toda mi vida, incluso antes de que yo supiera que Él existía. Luego, por supuesto, están mis padres, Pablo y Cathy Neese. Mi mamá y papá son la primera generación de mi familia que realmente buscó al Señor, y ellos son los primeros en una línea que oro, dará a Dios gran placer y dará al infierno interminables dolores de cabeza. Gracias, mamá y papá, por su paciencia conmigo. Gracias por orar por mí y amarme. Dios me atrapó porque ustedes lo pusieron sobre mi rastro. Y gracias por ser los primeros en creer en mí y apoyar tanto este libro y el proyecto de CD. Yo los amo y los bendigo. Dicho esto, estoy muy agradecido de que el pastor Kerry Cathers haya visto potencial en mí hace tantos años y me diera la oportunidad de servir en el ministerio. Yo tenía que empezar en alguna parte, y requirió valentía y fe darme una posición de liderazgo. Gracias.

Estoy aún más agradecido por el don de la mano de su hija. Gracias por creer que yo podía ser un esposo y un sacerdote para su niñita.

Jen, gracias por ser mi compañera, mi amiga y mi amor. Gracias por tu paciencia con el proceso agotador de escribir este libro. Gracias por enseñarme a través de la vida. Gran parte de lo que sé acerca de la adoración, lo aprendí de ti y de los chicos.

Walker Beach, gracias por llevarme como tu campañero en la Escuela de Adoración Cristo para las Naciones y por darme la oportunidad de entrenar a líderes de adoración de todo el mundo. Eso me hizo quitarme gafas culturales de rojo, blanco, azul y examinar realmente la adoración bíblica en lugar de la adoración "americana".

Quisiera dar las gracias al Pastor Thomas Miller, al Pastor Sion Alford, y al pastor Tim Sheppard por creer en este mensaje y desafiarme a escribir este libro. Necesitaba el empujón. Brad Jackson, gracias por llamarme un gallina y desafiarme a que escribiera yo mismo en lugar de hacerlo a través de un escritor fantasma. Todd Lane, Bobby Williams, y María

Zook de Create Publishing, gracias por administrar este proyecto, y por ser maravillosos.

David Holland, mi editor. Su visión y ánimo han sido de gran valor para mí. Gracias.

Pastor Robert Morris, gracias por la valoración de la presencia de Dios. ¿Cómo podría yo enseñar sobre adoración si no estuviera sirviendo a un pastor adorador? Nuestra congregación adora porque su líder adora. Gracias por dar el ejemplo.

Gracias Gateway Church por adorar conmigo cada fin de semana. Ustedes son el mejor equipo de alabanza con que he tenido el privilegio de servir. Es bueno subir a la montaña con ustedes.

Por último, me gustaría dar las gracias a Kevin J. Conner, cuyos libros *The Tabernacle of Moses* (El tabernáculo de Moisés), *The Tabernacle of David* (El tabernáculo de David) y *The Temple of Solomon* (El templo de Salomón) son recursos invalorables, académicos y exhaustivos. Si usted desea profundizar en el simbolismo de los tabernáculos, los libros de él son los que vale la pena recoger.

¿POR QUÉ ESTE LIBRO?

¿Por qué escribir otro libro sobre la adoración? ¿No hemos cubierto esto ya? ¿No hemos dicho mucho lo que debe decirse y entendido lo que hay que entender? Es decir, ¡vamos! La Iglesia ha estado adorando durante siglos e Israel lo hizo durante siglos antes de eso. ¿Qué más hay que escribir?

Es gracioso. Los cristianos tienen miles de servicios de adoración en todo el mundo cada semana. La "adoración" se ha convertido en un género musical propio con sus propios artistas, publicistas, y base de fans. Usted puede sintonizar "adoración" en la radio. Puede producirla, grabarla, envasarla, comercializarla, y venderla en cualquier supermercado. Incluso, puede obtener un título universitario en "adoración". Pero la Iglesia todavía no tiene idea de lo que es eso.

La adoración es una incógnita. Incluso los pastores y líderes de alabanza no la entienden. Y, lamentablemente, la mayoría parece estar conforme con eso.

Mi pregunta es, si aún los líderes no entienden completamente la adoración, ¿cómo pretenden enseñar a la gente sobre ella? Y si no enseñan a la gente acerca de la adoración, ¿cómo esperan que la gente participe en ella? Y si la gente no participa en la adoración, difícilmente podremos invitar la presencia de Dios a nuestras iglesias. Y si no invitamos la presencia de Dios a la Iglesia, ¿cómo suponemos que Su poder opere en las vidas de las personas? Y si Su poder no opera en la vida de la gente, es poco probable que tengamos algo más que una iglesia sin vida.

Y si una iglesia no tiene vida, ¿cómo puede cambiar el mundo?

Tal vez esto sea una exageración (en las páginas siguientes verá que no lo es), pero creo que la adoración motiva toda acción cristiana eficaz y todo logro duradero. La adoración es el suelo del cual crece todo esfuerzo cristiano significativo.

El evangelismo comienza como adoración. La enseñanza y la predicación comienzan como adoración. La oración y la profecía, la sanidad y la liberación, el discipulado y las misiones, la caridad y la bondad, la paciencia y todo lo demás—cuando se hace a la manera de Dios—todo comienza y termina con adoración. Sin adoración, somos simplemente gente religiosa que trabaja diligentemente en tareas religiosas. La adoración es la motivación que convierte cada tarea en una demostración de nuestro amor por Dios.

¿Por qué escribir otro libro sobre adoración? Porque después de dos mil años de la resurrección de Jesús todavía puedo hacer la pregunta "¿Qué es la adoración?" y obtener respuestas tan tontas como "cantar canciones íntimas y lentas a Dios". Lo que he hallado es que la gente, incluso líderes, no tienen idea de lo que la Biblia realmente enseña acerca de la adoración. Oigo a pastores enseñar a sus congregaciones que el propósito de la adoración es preparar sus corazones para recibir la Palabra. Lo siento, pero eso no está en la Biblia. El ilustrado posmoderno podría responder con "La adoración es un estilo de vida", lo cual es cierto, pero sigue sin responder la pregunta. ¿Un estilo de vida de qué?

¿Qué es la adoración? ¿A quién va dirigida? ¿Qué logra? ¿Y cómo se hace? ¿Alguien tiene una sólida respuesta bíblica a una de las preguntas más importantes de la historia del mundo?

Por mucho tiempo hemos estado conformes dejando que nuestras denominaciones y nuestra cultura definan la adoración por nosotros. Es por eso que hay tantas opiniones diferentes sobre lo que es la adoración y cómo debe realizarse, pero tan poco poder en la adoración misma.

En Gateway Church, tengo el privilegio de servir como uno de los pastores de adoración. Hemos desarrollado un proceso para ayudar a nuestros grupos de alabanza y a nuestra gente a entender y participar en la adoración. ¿Por qué? Hace unos años, antes de empezar a capacitar personas en adoración, uno de nuestros pastores realizó una encuesta a los miembros del equipo de alabanza de nuestra iglesia. Lo que halló fue asombroso. Incluso entre las personas que semanalmente servían juntos como ministros de alabanza en la misma iglesia, no había acuerdo en cuanto a lo que era la adoración o para qué era. De hecho, algunos de los miembros del equipo de alabanza no podían siquiera recordar haber tenido durante la adoración una experiencia que los hiciera sentir más cerca de Dios.

En ese mismo momento supimos que había un problema. Si algo es confuso en la plataforma, es un tono más oscuro en las sillas. ¿Cómo podríamos dirigir en adoración a esta congregación, si ni siquiera podíamos ponernos de acuerdo en lo que era la adoración?

Creemos que Dios quiere que nuestra iglesia sea una iglesia que adora: una iglesia que valora y busca la presencia de Dios. Pero no habíamos equipado a nuestros miembros para hacerlo. Así que empezamos a escribir y a dar clases sobre la adoración, primero a los grupos de alabanza y luego a la congregación. Porque nos dimos cuenta que solo podemos esperar que nuestra gente haga aquello que les enseñamos, les damos el ejemplo y los equipamos para hacer.

Estoy escribiendo este libro con la esperanza de que los líderes de todo el mundo comiencen a comprender lo imperativo de la adoración. Mi oración es que comiencen a enseñar y a capacitar a su gente para convertirse en comunidades que adoran, y que el poder y la presencia de Dios sean más evidentes en todas nuestras iglesias.

Plena revelación... Tengo una motivación para escribir este libro. Quiero que la Tierra resuene con adoración. Quiero que usted se convierta en un adorador. ¿Por qué? Porque yo no quiero morir sin ver otra vez la gloria de Dios en Sus iglesias. Y creo, firmemente, que el entendimiento de la adoración es la sabiduría olvidada que puede cambiar el mundo.

UNA PERSPECTIVA HISTÓRICA

¿Cómo sé que la adoración bíblica no está operando habitualmente en la Iglesia?

En primer lugar, no hemos recuperado lo que es nuestro. Hace casi dos mil años, Lucifer llevó a cabo el mayor atraco de la historia. Le robó al pueblo de Dios la Escritura, la adoración y el sacerdocio. Lamentablemente, los líderes de la Iglesia primitiva fueron sus cómplices involuntarios. Así fue como lo hizo: inspiró al clero bienintencionado con una idea realmente mala. Debemos proteger lo que es santo (*la Escritura, la adoración, el sacerdocio*) de lo que es común (*el pueblo*).

Bueno, como Dios envió a Jesús para dar a la gente acceso a la santidad, incluso para hacerla santa, esto iba a ser una tarea difícil. El trabajo preliminar fue preparado en realidad cientos de años antes, cuando los sacerdotes judíos comenzaron a olvidar que su deber era servir a Dios, y el pueblo empezó a pensar que era el deber del pueblo servir a los sacerdotes judíos. La Iglesia cristiana primitiva adoptó esa filosofía casi inmediatamente. Y cuanto más crecía y se institucionalizaba, mayor se hizo la brecha entre el clero y los laicos.

El libro de Apocalipsis contiene una advertencia contra esta separación del pueblo y el sacerdocio en "nosotros y ellos". En Apocalipsis 2:6, 15, Jesús advierte a las iglesias de Éfeso y Pérgamo contra las prácticas de los nicolaítas. ¿Qué es un nicolaíta? Una teoría es que la palabra es una combinación de dos vocablos griegos *Nike* (victorioso o vencedor) y *laite* (el pueblo). Algunos estudiosos creen que estas dos palabras juntas describen una filosofía de ministerio que despoja del sacerdocio al pueblo de Dios (los laicos) del sacerdocio y lo limita para los líderes exclusivamente (el clero).

Vemos esto en iglesias de todo el mundo. El pueblo de Dios ha sido despojado de los beneficios de ser el pueblo de Dios. Ellos simplemente se sientan en las bancas y observan mientras los ministros de plataforma interpretan la Palabra por ellos, oran por ellos, adoran por ellos y se relacionan con Dios en favor de ellos. Lo único que le queda por hacer a la congregación es aplaudir. Hemos creado una cultura de adoración consumista. Y el pueblo, al que Dios llamó a ser ministros ellos mismos, se convierte en espectadores de un mundo al que fueron creados para conquistar.

Eso es un nicolaíta: el que derrota al pueblo.

La segunda fase del plan para mantener "santo" al ministerio fuera de la comprensión del hombre común, fue evitar que la Biblia llegara a manos de la gente. La Iglesia primitiva hizo esto con bastante eficacia al declarar ilegal escribir o predicar las Escrituras en cualquier idioma excepto el latín. El latín era el idioma de la élite: los eruditos y sacerdotes profesionales. El hombre común no tenía acceso a la educación necesaria para aprenderlo. Así que para cuando llegó el Oscurantismo, los cristianos estaban obligados a asistir a una iglesia en la que un sacerdote les leía de textos en latín, que no podían entender, y luego los guiaba en oraciones en latín, que no podían entender, y cantaban himnos en latín, que no podían entender.

¿Qué mejor manera de derrotar a un pueblo que está llamado por Dios a ministrar al mundo que quitar de sus manos su herramienta más importante: la Palabra?

El clero guardó tan celosamente la Escritura, que una persona realmente podía ser quemada en la hoguera por poseer una Biblia en cualquier otro idioma que no fuera el latín. Ellos hicieron exactamente eso con William Tyndale, en 1535, por el delito de traducir la Biblia al lenguaje del hombre común. Sus traducciones fueron utilizadas, más tarde, para constituir más de un 75% de la versión inglesa King James de la Biblia. (Gracias, Señor Tyndale.)

La Iglesia, no obstante, fue un paso más lejos. Mire, estas personas comunes seguían contaminando la santidad de los servicios al cantar himnos. Así que el liderazgo hizo que fuera ilegal que los laicos cantaran. En el siglo cuarto d. C., el Concilio de Laodicea dictaminó que solamente los cantantes designados podrían cantar en la iglesia, y solo podrían cantar los cantos prescritos. ¿Entendió eso? Cantos. Como los "gregorianos".

Únicamente a los clérigos les estaba permitido cantar y solo en latín. Para asegurarse que no hubiera ninguna mancha mundana en la música en sí, la Iglesia hizo ilegal el uso de instrumentos en el templo. Cualquier cristiano con un don en la música dado por Dios era forzado a volverse a lugares seculares o a dejar de usar los dones que Dios le había dado.

El Oscurantismo fue realmente muy oscuro. Al hombre común se le enseñaba que no tenía ninguna esperanza de llegar a Dios excepto por la mediación del clero. Él no podía orar a este Dios que solo hablaba latín. Él no podía entender Su Palabra ni Sus caminos y no podía alzar su voz para alabarlo. Dios era demasiado santo: inaccesible para el hombre común.

Desgarrador. Dios envió a su único Hijo para salvar este mundo común, para santificar a su pueblo y para darle acceso ilimitado a Él. Y el sacerdocio estaba obrando en desacuerdo con Dios.

Los "sacerdotes" habían robado la adoración de la Iglesia. Así que todos los beneficios bíblicos de la adoración estuvieron enterrados durante siglos, mientras que el clero, como hermanos bravucones, mantenía la relación con Cristo fuera del alcance de las masas hambrientas, desesperadas, pobres y en apuros.

Esto me hace querer golpear algo.

Es por esto que la Reforma fue un asunto tan importante. La Reforma del siglo dieciséis volvió a poner la Palabra de Dios en manos de la gente al darles Biblias en sus propios idiomas. Lutero trajo la Escritura a los alemanes. Calvino, a los franceses. Gutenberg inventó la imprenta y la Palabra de Dios explotó en la escena de la historia y sacudió el mundo (solo se requirieron 36 días para que las *Noventa y cinco tesis* de Lutero cubrieran Europa). También sacudió a la Iglesia. El propio fundamento en que se edificó la Iglesia—el poder de la Iglesia—le había sido quitado. Ese fundamento era la exclusividad. Ellos eran el único camino a Dios. De pronto, gente de toda Europa podía acceder a Él sin el Papa. Después de la resurrección de Cristo, esta fue la revolución más grande de la historia.

Ahora los reformadores, por supuesto, comenzaron a desarrollar sus propias maneras de mantener exclusiva la religión, pero esa discusión está más allá del alcance de este libro. Lo que necesitamos entender es que hay un malentendido común acerca de cuánto recuperaron los reformadores para la Iglesia. Mire, Lutero y Calvino comenzaron a escribir canciones para que la gente cantara en su propio idioma. Usaron melodías comunes, tomadas de canciones populares y cancioncillas de taberna y les pusieron letras basadas en las Escrituras. Estas canciones de taberna reescritas son la base de la "música sagrada" que ha estado en nuestros himnarios durante 500 años. Curioso, ¿no? Imagínese que una de las 40 mejores canciones pop de hoy en día se convirtiera en una canción de adoración. ¿Suena sacrílego? Así es como nacieron muchos de nuestros amados himnos.

El malentendido es que esas canciones jamás fueron de "adoración". Nunca tuvieron el propósito de ser adoración. Los reformadores estaban preocupados en poner la Palabra de Dios (de acuerdo a la nueva teología que estaban formulando, cualquiera que fuera) en los corazones, las mentes y las bocas de la gente común. La mejor manera de que una persona que no tiene una Biblia recuerde escrituras es ponerle palabras a la música que ya conoce (de fuentes seculares) y que las cante a menudo.

Los himnos de la Reforma no fueron pensados para facilitar la "adoración", tenían el propósito de enseñar doctrina. Para los reformadores, la Palabra era suprema. Todo el servicio de "adoración" se centraba en la predicación de la Palabra (como lo es hoy en día). Estos himnos, escritos sobre el mismo tema que el mensaje del predicador, realmente solo eran "sermones cantados". Eran un preámbulo para el sermón. Los predicadores dirigían las canciones antes de la entrega de la Palabra para preparar los corazones y las mentes de las personas para el sermón que seguiría. Así nació la lista temática de adoración.

Por cierto, la razón por la que hemos tenido la alabanza y la adoración antes de los sermones durante los últimos quinientos años no es nada más bíblico que esto: esa es la manera en que los reformadores lo hacían.

La Reforma nos trajo de vuelta a la Escritura, al ponerla en nuestro idioma. Nos trajo de vuelta a la oración, al enseñarnos que Dios habla todos los idiomas. Y nos dio la himnodia: el canto de los redimidos. Lo que *no* hizo es restaurar la adoración a la Iglesia.

Durante cientos de años, la Iglesia ha sido engañada para que piense que recuperamos todo el paquete con la Reforma. Pero le digo que así no fué. Y es hora de recuperar el resto.

Aquí comienza la lección.

Capítulo 1

LA PARTE QUE A USTED LE TOCA

Cuando adoramos a Dios como debemos, es cuando las naciones escuchan.

—Edmund Clowney

■ ■ ■

Pasé un tiempo difícil con la iglesia cuando fui salvo. Francamente, había mucho que no me agradaba. Me entregué a Jesús poco tiempo después de terminar la universidad y me sumergí en la Biblia. No tenía idea de lo que estaba haciendo, pero sabía esto: lo que veía cuando entraba en una iglesia tenía poca semejanza con lo que veía cuando leía la Biblia.

Había una marcada dicotomía entre lo que yo experimentaba en mi dormitorio, a solas con Dios, y lo que veía desde la banca cuando visitaba iglesias. Bueno, confieso que fui más crítico de lo que debí haber sido durante los primeros años de mi camino con Dios. Y Él finalmente trató conmigo y con mi crítica en términos muy claros. No obstante, yo tenía razón en una cosa...

Cuando estaba a solas con Dios, yo era una parte importante de la ecuación. Ministraba a Dios y Él me ministraba a mí y luego salíamos y ministrábamos a la gente juntos. Cuando estaba en una iglesia, sentía como si no importara mucho. Apareciera o no, hacía poca diferencia.

Otro realizaba toda la ministración y yo solo me sentaba por allí, inquieto.

Era como si el principal papel de la congregación fuera proveer una audiencia para la actuación del predicador.

Todo parecía irreal, hipnótico, y un poco retorcido.

Yo no sabía que lo que sentía era el resultado del llamado de Dios para mi vida. Dios me estaba llamando, como lo está llamando a usted, a ser más que un receptor del ministerio. Él nos ha llamado a ser ministros de Su gracia. Por esa razón, los llamados de muchas personas se han adormecido.

Se han convertido en espectadores: miran cómo otras personas viven los sueños de Dios por ellos.

Pero algunos dejan que el descontento los motive a actuar. Estas personas encuentran maneras de hacer lo que fueron llamados a hacer, incluso si eso significa alejarse de las moldalidades y modelos tradicionales de "iglesia" y avanzar en una dirección diferente.

Estoy convencido de que Dios no quiere que estemos satisfechos con el status quo. Él nos ha creado para la acción, para la gloria, la victoria, el poder, y para Él mismo.

Y hemos llegado a estar hipnotizados durante dos mil años por una verdad de segunda mano, repetida mecánicamente: dos mil años de alimentarnos con cucharita y estar desnutridos.

Bueno, estimado lector, es tiempo de despertar y convertir nuestras cucharas en espadas. Hoy le estoy llamando al servicio. Usted tiene un rol que cumplir en el plan de Dios. Y para hacerlo, tiene que aprender a adorar.

¿QUIÉN SOY?

Antes de sumergirnos en la adoración, tenemos que sentar las bases de por qué es importante para cada uno de nosotros personalmente.

Se ha escrito mucho acerca de la identidad—la pregunta de quiénes somos realmente y aquello que estamos equipados, de forma única, para hacer—porque es la principal motivación para cada acción que realizamos en nuestras vidas. Por ejemplo, una persona que se identifica a sí misma como guitarrista, irá en busca de iniciativas que le *lleven* al éxito y a la promoción como guitarrista. Dígale a esa persona que no tiene la habilidad para tocar en el equipo de alabanza de plataforma y sentirá algo más que un simple rechazo. Tendrá una crisis de identidad.

Él es un guitarrista. Si no toca la guitarra, ¿para qué sirve? ¿Para qué fue hecho si no para tocar la guitarra? ¿Estuvo equivocado todo este tiempo?

La mayoría de la gente cree que su función determina su identidad. Si toco la guitarra, debo ser un guitarrista. Si puedo jugar al béisbol, tengo que ser un jugador de béisbol. Si soy una soprano, debo estar destinada a ser solista en todos los especiales de la iglesia.

Bueno, eso es una tontería. Si mi función me identificara, tendría serios problemas con cualquiera que me presentara obstáculos en el uso de mis dones. Por supuesto, eso nunca sucede ¿no? Por el contrario, muchas guerras de iglesia han comenzado por esta misma cuestión.

Dado que solemos tener ideas desordenadas o confusas de nuestros propios propósitos en la vida y de lo que determina estos propósitos, también hemos tenido perspectivas religiosas confusas de nosotros mismos. Permítame hacerle una pregunta. ¿Quiere ser usado por Dios?

La mayoría de los cristianos respondería con un rotundo "¡sí!".

Bien, déjeme hacerle otra pregunta. ¿Quiere ser usado por su cónyuge? ¿Quiere ser usado por sus amigos? ¿Quiere ser usado por la Iglesia? ¿Le gustaría ser usado por el gobierno?

¡De ninguna manera! Cuando se usa a alguien, se le trata como una herramienta, no como una persona.

Tengo buenas noticias para usted. Dios no quiere usarlo. Quiere conocerlo. Quiere ser conocido por usted. Dios usó a Faraón, pero conoció a Moisés. Dios usó a Saúl, pero conoció a David. Dios usó a Judas, pero conocía a Jesús.

Dios no lo creó a usted para poder usarlo. Lo creó para poder conocerlo.

Todavía nos vemos a nosotros mismos como herramientas en las manos de Dios; objetos que Él puede usar. Cuando yo era un cristiano recién convertido clamaba en oración: "Dios, ¡por favor úsame! Quiero ser Tu martillo favorito. ¡Úsame para construir Tu reino! Úsame para derribar fortalezas de oscuridad. ¡Úsame para clavar una estaca en la cabeza del diablo!" (¿Puede notar que soy una persona apasionada?). Yo no entendía. Dios puede usar CUALQUIER COSA, pero Él envió a Su Hijo para poder tener relación con PERSONAS que creen; no con objetos.

La religión nos enseña a vernos como herramientas. Si nos desempeñamos bien, somos agradables y útiles a Dios. Si nos desempeñamos mal, no servimos para nada y podemos ser dejados de lado o desechados. Dios elegirá una herramienta que funcione mejor que nosotros.

Ese es el problema de ser una herramienta. Cuando mi martillo se rompe, ¿de qué sirve? Si un martillo no martilla, si no puede construir ni demoler, ¿de qué sirve tenerlo? Es basura. Chatarra. Espacio desperdiciado. Yo no guardo martillos rotos. Los tiro, así como la religión nos enseña que Dios nos va a tirar cuando ya no funcionemos bien.

La razón por la que las personas son heridas por la Iglesia es porque los líderes las ven como objetos en vez de individuos. Los líderes malos piensan que la gente es desechable.

Eso es religión. El corazón religioso dice: "Tengo que cumplir con mi deber a fin de ser valioso para Dios". La adoración es lo contrario de la religión. El corazón que adora dice: "Jesús probó que soy valioso para Dios. Yo le sirvo porque Él también es valioso para mí".

La religión nos enseña que nuestra función determina nuestro valor y nuestra identidad (soy porque hago). La adoración nos enseña que nuestra identidad determina nuestro valor y nuestra función (Yo hago porque soy). Y Dios determina nuestra identidad.

En la Biblia, Dios pasa bastante tiempo enseñándonos quiénes somos en realidad. Somos hijos de Dios, amigos de Dios, más que vencedores, elegidos y muy amados, ciudadanos del cielo, los redimidos, santos, una nación santa, y un reino de sacerdotes (para mencionar algunos). Cada identificador nos comunica tres cosas: cómo Dios nos ve, cuánto nos valora, y cómo podemos servir a Su corazón.

En las próximas páginas, vamos a explorar estos temas más profundamente. Sin embargo, con el fin de estudiar la adoración (y fastidiar al diablo), comencemos con lo que nos fue robado hace siglos. Todos los creyentes—cada uno de nosotros los salvos—somos sacerdotes del Dios altísimo.

SER SACERDOTE

Usted, mi amigo, es un sacerdote. Comienzo mi defensa de esa afirmación audaz con Éxodo 19:5-6, donde Dios dice:

> *Ahora, pues, si diereis oído a mi voz, y guardareis mi pacto, vosotros seréis mi especial tesoro sobre todos los pueblos; porque mía es toda la tierra. Y vosotros me seréis un reino de sacerdotes, y gente santa. Estas son las palabras que dirás a los hijos de Israel.*

¿Sabía usted que Dios nunca quiso que las filas de Su sacerdocio estuvieran restringidas a unas pocas personas, de una cierta tribu? Originalmente, Él desafió a Israel para que fuera una nación llena de sacerdotes, para enseñar a todo el mundo cómo adorar a Dios.

¿Entonces qué ocurrió? Bueno, el becerro de oro. Ocurrió la idolatría. Israel rechazó a Dios y rechazó Su llamado cuando ellos eligieron alejarse de Él y volver a sus dioses egipcios inútiles, impotentes y sin vida.

Entonces, ¿cómo pasó Israel, de ser llamada una nación de sacerdotes a tener solo una tribu que los representara como sacerdotes? Éxodo 32:25-29 (NVI) relata la historia. Cuando Moisés vio a los israelitas adorando al becerro, exclamó: "Todo el que esté de parte del Señor, que se pase de mi lado". Los levitas fueron los únicos que se pasaron. Dios les ordenó ir a buscar sus espadas y recorrer el campamento, matando a los idólatras. Como los levitas amaron y honraron a Dios más que a su sociedad, Dios los consagró (los apartó como santos) y los bendijo. En Números 1:47-53, Dios dio a los levitas el ministerio del tabernáculo, Su lugar de encuentro, puesto que ellos estaban consagrados a Su santidad.

Así que, ¿cómo llegaba usted a ser un sacerdote?

En toda la historia, el sacerdocio ha sido la ocupación más exclusiva de la tierra. En primer lugar (según las personas, no Dios) solo los judíos podían ser sacerdotes, luego solo los levitas de la familia de Aarón. La Iglesia Católica primitiva decidió que solamente ellos podría ordenar sacerdotes, y todas las denominaciones de la Tierra han seguido su ejemplo desde entonces.

Pero la verdad es esta: al momento de ser salvo, usted fue elegido. Usted nació (nació de nuevo, al menos) para ser sacerdote.

A través de los siglos, la brecha entre la plataforma y las bancas no hizo sino ensancharse. Es una brecha creada por el hombre y no por Dios. Hace unos años, yo estaba orando por una grabación de adoración que estábamos haciendo en Gateway Church. Comencé a preguntarle a Dios lo que Él quería hacer a través de la adoración en nuestra iglesia. Mientras oraba, tuve una visión. Yo estaba en la plataforma con el grupo de alabanza y la congregación estaba frente a nosotros adorando a Dios. En el suelo, entre la plataforma y la congregación, había una pared de vidrio de un poco más de medio metro de espesor. Alcanzaba unos seis metros de altura y seguía el contorno curvo de la plataforma. Mientras alabábamos y adorábamos a Dios, miré hacia arriba y vi el trono de Dios descendiendo del cielo. Aterrizó sobre la barrera de vidrio y la hizo arena. No había barrera, ninguna diferenciación, entre el clero y la congregación. Las personas de la plataforma y las de la audiencia se volvieron un solo pueblo adorando con un mismo corazón, y el trono de Dios posó en medio de nosotros.

Por favor, note lo que dice Mateo 18:20: *Porque donde están dos o tres congregados en mi nombre, allí estoy yo en medio de ellos.* Y el Salmo 22:3 (NTV) declara: *Sin embargo, tú eres santo, estás entronizado en las alabanzas de Israel.*

Dios está derribando los muros entre el clero y los laicos. Él ha recuperado lo que el ladrón robó. Él está devolviendo el sacerdocio al pueblo.

Puedo probar que Dios lo ha llamado a usted a ser un sacerdote. Primera de Pedro 2:5 declara: *...también ustedes son como piedras vivas, con las cuales* *se está edificando una casa espiritual. De este modo llegan a ser un sacerdocio santo,* **para ofrecer sacrificios espirituales** *que Dios acepta por medio de Jesucristo* (NVI, énfasis añadido).

¿A quién le está hablando Pedro? ¡A los cristianos! Si usted es cristiano, Dios lo hizo para ser parte de algo que Él está construyendo: la Iglesia. Y Él lo ha llamado a funcionar en esa Iglesia como sacerdote. ¿Por qué? Para ofrecer sacrificios espirituales aceptables a Dios. Hablaremos de eso después. Por ahora solo notemos que "¡ESO ES GENIAL!", y sigamos adelante.

Pedro sigue diciendo en el versículo 9: "*Pero vosotros sois linaje elegido, sacerdocio real, nación santa, pueblo adquirido, para* **anunciar las alabanzas** *de Aquel que os ha llamado de las tinieblas a su admirable luz*" (BJ, énfasis añadido). ¡Este versículo está completo! ¿Sabía usted que era un elegido? ¿Elegido para ser un sacerdote? No cualquier sacerdote; fue elegido para ser un sacerdote real y parte de una nación santa. ¿Por qué quiere Él que usted sea un sacerdote? ¡Para anunciar las alabanzas del Dios que lo salvó y lo hizo libre!

Bueno, esto es tan importante para todo lo que usted haga por el resto de su vida, que voy a seguir insistiendo al respecto a lo largo de este libro. Cada vez que escriba la pregunta, "¿Quién es usted?" Quiero que diga (en voz alta): "Yo soy un sacerdote". Dígalo con convicción y gratitud porque es uno de los mayores privilegios en la historia. Qué maravilla, que creyentes comunes como usted y yo, sin que tenga que ver con nuestra dignidad, linaje, o educación, hayamos sido ordenados por Dios para ser Sus sacerdotes personales.

Usted no es un plomero, un banquero, un peluquero de perros o un político. No me importa lo que su mamá haya dicho que usted sería, no me importa cómo lo haya etiquetado el mundo, no me importa qué título le dio la universidad, no me importan sus talentos ni sus defectos, y no me importa lo que diga el Papa. De acuerdo a la Palabra de Dios, Su Creador lo ha llamado a usted, lo ha calificado y lo ha ordenado para ser sacerdote.

¡Impresionante!

De modo que pregunto…¿Quién es usted? (*Esa es la parte que a usted le toca*).

PREGUNTAS PARA DEBATIR

1. ¿Alguna vez ha asistido a un servicio de iglesia y se ha sentido irrelevante o superfluo? ¿Por qué?

2. Piense en los servicios de adoración a los que asistió en el pasado. ¿Alguna vez ha estado en un servicio donde se haya sentido tratado como si fuera espectador en la adoración? ¿Ha participado en un servicio que lo haya hecho sentirse tratado como un ministro de adoración?

3. ¿Cómo se ve a sí mismo: como espectador o como un ministro investido de poder? ¿Por qué?

4. "Dios no lo creó para poder usarlo. Lo creó para poder conocerlo". ¿Alguna vez le ha pedido a Dios que lo "use"? ¿Por qué? ¿Cómo cambia esta declaración la forma en que usted percibe su identidad e importancia para Dios?

5. ¿Qué ideas y características asocia normalmente con las palabras "sacerdote" y "sacerdocio?" Ahora vuelva a leer 1ª Pedro 2:5-9. ¿Modifican estos versículos su concepto de sacerdote? ¿Qué es diferente?

6. ¿Quién es usted? (¡Asegúrese de contestar en voz alta!)

Capítulo 2

ENTONCES, ¿QUÉ HAGO AHORA?

Lo que ocupa el total del tiempo y la energía del cielo, difinitivamente debe ser un modelo apropiado para la tierra.

—Paul E. Billheimer

■ ■ ■

"Así que soy un sacerdote, ¿eh?" puede estar pensando usted en este momento. "Guau. Eso suena un poco intimidante. Usted puede llamarme sacerdote todo el día, pero la verdad es que yo no sé mucho sobre ser sacerdote. ¿Qué hacen los sacerdotes?"

Primero, vamos a disipar algunos mitos. Usted no tiene que convertirse en un ermitaño estoico y aburrido para ser sacerdote. No hay necesidad de un cuello, túnica o sotana. Y no es necesario haber asistido al seminario. Usted es sacerdote porque es hijo de Dios.

Dado que la identidad determina la función, usted tiene algunos beneficios reservados para usted. Como sacerdote, usted tiene el derecho de desempeñar las tareas propias del sacerdocio. Una vez que aprenda las responsabilidades y beneficios, le garantizo que va a querer esta tarea. Es estupenda.

Para simplificar, permítame darle un resumen de lo que se espera que hagan los sacerdotes. Los sacerdotes están hechos para adorar a Dios y ayudar a otras personas a adorar a Dios. Esto es lo que hacían.

1. Administrar los lugares de reunión

Ya hemos visto la primera parte de la descripción de sus tareas sacerdotales. Cuando Dios consagró a los levitas de todas las tribus de Israel, dio a los levitas la responsabilidad de cuidar el tabernáculo. Números 1:49-53, dice:

> *Solamente no contarás la tribu de Leví, ni tomarás la cuenta de ellos entre los hijos de Israel, sino que **pondrás a los levitas en el***

*tabernáculo del testimonio, y sobre todos sus utensilios, y sobre todas las cosas que le pertenecen; ellos llevarán el tabernáculo y todos sus enseres, y ellos servirán en él, y acamparán alrededor del tabernáculo. Y cuando el tabernáculo haya de trasladarse, los levitas lo desarmarán, y cuando el tabernáculo haya de detenerse, los levitas lo armarán; y el extraño que se acercare morirá. Los hijos de Israel acamparán cada uno en su campamento, y cada uno junto a su bandera, por sus ejércitos; pero los levitas acamparán alrededor del tabernáculo del testimonio, para que no haya ira sobre la congregación de los hijos de Israel; y los **levitas tendrán la guarda del tabernáculo del testimonio.***

(énfasis añadido)

Esto es algo grande. Es responsabilidad de los sacerdotes (levitas) armar, desarmar, transportar, guardar y asistir al ministerio del tabernáculo. Los sacerdotes administran el tabernáculo.

La palabra *tabernáculo* significa simplemente tienda. Esta tienda en particular es la que Dios ordenó que Moisés estableciera como un lugar donde los israelitas aprendieran a adorar a Dios. En las Escrituras se la refiere como el Tabernáculo de Reunión, y el Tabernáculo de la Congregación. Es el lugar que Dios apartó y consagró como lugar de encuentro entre Él y Su pueblo.

Para poner esto en términos sencillos, la tarea de un sacerdote era preparar el lugar donde Dios y los hombres llegaran a reunirse.

¿Qué es usted?

¿Y cuál es su tarea como sacerdote?

Ésta es fácil: establecer lugares de encuentro entre Dios y la gente. Como sacerdote, usted está ordenado para llevar consigo el lugar de encuentro. Es por eso que 1ª Pedro 2:5 dice que usted está siendo edificado como una "casa espiritual". Usted se ha convertido en un tabernáculo que camina y respira. Una casa espiritual. Un lugar de reunión para Dios y los hombres. ¡Qué honor!

En otras palabras, cuando usted es un sacerdote, cualquier lugar a donde vaya se convierte en un sitio donde las personas tienen la oportunidad de encontrarse con Dios. Si estoy en la fila de pago en la tienda de abarrotes, esa es una oportunidad para que la señora que está detrás de mí pueda tener un encuentro con Dios. En el concesionario de vehículos, es una oportunidad para que el vendedor se encuentre con Dios. En casa, simplemente estar cerca de mí es una oportunidad para que mi esposa y mis hijos se encuentren con Dios. En la iglesia, en la calle, en la oficina, o en la plataforma, todo lugar al que nosotros, los sacerdotes (todos nosotros) vayamos es una oportunidad para ser un lugar de encuentro.

Nosotros administramos los encuentros de las personas con Dios. Eso significa que podemos ayudar a guiar a la gente a una experiencia con Dios. Como los sacerdotes de antaño, podemos prestar atención al Espíritu de Dios, y donde la nube se detenga es donde montamos el campamento.

Hoy quiero desafiarlo a pedir a Dios que le muestre hacia dónde va Él. Vea las circunstancias de su día como citas ordenadas, y cuando Dios cruce personas en su camino, véalo como una oportunidad para que Dios habite ese momento. Levante el Tabernáculo de Reunión y vea lo que Dios hará.

En los capítulos siguientes le voy a mostrar cómo ministrar en el tabernáculo; pero, por ahora, solo dese cuenta de que este es uno de sus grandes privilegios como sacerdote. Solo los sacerdotes pueden administrar los tabernáculos. No plomeros, ni políticos, ni luchadores puma, ni pianistas. Solo los sacerdotes pueden preparar reuniones entre Dios y el hombre.

Así que prepárese, porque una vez usted acepte su identidad, Dios va a empezar a facilitar oportunidades para que usted facilite reuniones entre su Hijo y las personas que Él ama. Pero, espere, ¡hay más!

2. Llevar la Presencia

Deuteronomio 10:8-9 describe sus tareas: *"En aquel tiempo el Señor designó a la tribu de Leví para **llevar el arca** del pacto y **estar en su presencia, y para ministrar y pronunciar bendiciones** en su nombre, como hasta hoy lo hace. Por eso los levitas no tienen patrimonio alguno entre sus hermanos, pues el Señor es su herencia..."* (NVI, énfasis añadido).

¿Entendió eso? Hay tres responsabilidades principales delineadas en la descripción de su tarea. En primer lugar, llevar el arca del pacto. En segundo lugar, estar en presencia del Señor para ministrar. En tercer lugar, pronunciar bendiciones. Tomaremos esto en orden.

Esto me entusiasma. Solamente a los sacerdotes levitas se les permitía llevar el arca del pacto, y solo sobre sus hombros con las varas que Dios instruyó a Moisés que construyera para ese propósito. El arca del pacto representa la presencia de Dios en la Tierra, el trono de Dios en medio de Su pueblo y la gloria de Dios.

¡Santo guacamole! (si es que existe tal cosa) ¿Yo logro llevar la presencia y la gloria de Dios? Si usted es un sacerdote, sí.

Bueno, ¿cómo es eso? En la Escritura, en todo lugar a donde los sacerdotes llevaban el arca, obedientemente, había vida, misericordia, fertilidad y victoria en la guerra. Después hablaremos más sobre el arca. Por ahora, es suficiente decir que a donde iba el arca, iban la bendición, la autoridad y el poder de Dios.

Y usted tiene el privilegio de llevarla.

Es como el principio de inmunidad diplomática. Sería ridículo hacer responsable a un país basándose en las leyes de otro. Sería una violación a la soberanía nacional. Por lo tanto, cuando ese diplomático, representando a su país, pone un pie en suelo extranjero, donde quiera que él esté parado se convierte, momentáneamente en la nación que representa.

Con eso en mente, eche un vista dé una mirada al impresionante mensaje de 2ª Corintios 5:20, que dice: *"Así que, somos embajadores en nombre de Cristo"* (RVR 1960).

Eso es lo que es un sacerdote: un embajador de Cristo. Usted lleva el arca de Dios—Su autoridad, Su poder y Su ley—al mundo que le rodea. Al igual que un embajador que visita un país extranjero, puede caminar por este mundo confiado en que usted lleva sobre sus hombros la gloria de Dios. Dondequiera que ponga sus pies, ese lugar se convierte en el reino de Dios. En casa, en la oficina, en un hospital, una tienda de abarrotes, o en una plataforma, ¡en cualquier lugar! Cuando usted pone su pie en el suelo, se convierte en el reino de Dios.

Es por eso que un sacerdote puede poner las manos sobre los enfermos y esperar que sean sanados. Cuando un sacerdote entra en la habitación, llega como un embajador de la sanidad. Cuando entra en una habitación, las leyes de la enfermedad, la muerte, la opresión y el dolor ya no prevalecen. Cuando él pone su mano sobre los enfermos, las leyes del reino de las tinieblas ya no se aplican a ese cuerpo. Un sacerdote ha entrado en la habitación. Él va portando la presencia de Dios. Y en esa habitación, el reino de Dios ha llegado. La enfermedad da paso a la sanidad, la pesadez da paso al gozo, la muerte da paso a la vida, y la opresión da paso a la libertad. Las leyes del mundo ya no tienen dominio cuando un embajador de Dios impone Su reino, Sus leyes, y Su autoridad en ese lugar.

Querido lector, ¿qué pasaría con el mundo si tan solo tomáramos estas dos verdades y las creyéramos…las aceptáramos? ¿Qué pasaría si todo lugar al que fuéramos se convirtiera en una oportunidad para que las personas se encontraran con Dios? ¿Y qué pasaría si lleváramos la presencia de Dios a todo lugar donde fuéramos?

Le diré lo que sucedería: cambiaríamos el mundo. No obstante, hay un tercer aspecto de la descripción de su tarea como sacerdote de Dios.

3. Ministrar a Dios

Deuteronomio 10:8, nos informa que los levitas tenían que estar delante del Señor para ministrar. Esta parte de su tarea llega a la esencia misma de lo que es la adoración. La segunda palabra más usada que significa adorar en la Biblia es *latreuo*, que significa "ministrar a Dios".

Vamos a estudiar esta palabra con mayor detalle más adelante. Por ahora, es suficiente saber que en la Biblia no hay una sola palabra, griega o hebrea, para la adoración que incluya la idea del ministerio a la humanidad. La adoración simplemente no es para nosotros. Es para Dios.

Si la Iglesia adoptara esto, tendríamos una revolución cultural dentro de nuestras propias filas; una conversión de la idolatría a la verdad. ¿Por qué digo idolatría? Porque hemos comercializado hacia el hombre lo que tenía el propósito de ministrar a Jesús.

Hemos hecho que la adoración se refiera a nosotros, a nuestras preferencias, a nuestros gustos, nuestras comodidades, nuestras opiniones, ministrando a nuestras necesidades, y consintiendo nuestras naturalezas egoístas. Cuando hacemos adoración REFERIDA A nosotros, lo que comunicamos a Dios es que la adoración es PARA nosotros. Cuando la adoración es para nosotros, nos convertimos en el objeto de adoración, pequeños dioses en nuestros propios corazones. Nos volvemos idólatras.

Dejemos esto tan claro como una mañana sin nubes: la adoración no es para nosotros. La adoración es para Dios. Es ministrar para el placer de Dios, para Su corazón, Su opinión, Sus gustos y Sus deseos. Nunca tuvo el propósito de ser para el entretenimiento del hombre. Le pertenece a Dios.

Nunca olvidaré el día en que estaba en un servicio de adoración en una iglesia de una pequeña ciudad. El talento musical era malo, el canto era malo, el liderazgo era malo y la selección de canciones era mala. Todo estaba mal. La gente ni siquiera podía llevar el ritmo con las palmas. Y mientras estaba allí criticando sarcásticamente todos los aspectos del servicio en mi mente, sentí el empujón de una mano contra mi pecho. Empujó con tanta fuerza que me hizo tambalear sobre los talones. No me gusta que me toquen de esa manera, y me sentí ofendido. Así que cuando bajé la mirada para ver la mano de quién estaba en mi pecho, dispuesto a compartir algunas duras palabras con ellos, me sorprendí al encontrar que no había ninguna mano. Nadie me estaba tocando. Aun así, podía sentir la mano, y los cinco dedos que presionaban contra mi pecho. Era una mano fuerte, sólida. Entonces oí dentro de mi cabeza una voz que decía: "No te compete juzgar eso. Eso es mío".

Una experiencia como esa tiende a ajustar la actitud de un individuo. Y nunca olvidé la lección. La adoración le pertenece a Dios. No se trata de mis gustos o preferencias. No me compete a mí juzgar.

El primer ministerio de un sacerdote es para Dios. No hay mayor honor, ni mayor gozo en el mundo entero que ministrar al Rey de reyes. En su esencia, la adoración es precisamente eso: ministrar al Rey. Y usted fue hecho para eso.

Los hijos de Coré, sacerdotes que ministraban en la presencia de Dios, lo sabían. Es por eso que declaran en el Salmo 84:10, *"Vale más pasar un día en tus atrios que mil fuera de ellos; prefiero cuidar la entrada de la casa de mi Dios que habitar entre los impíos"* (NVI).

Bueno, la Iglesia posmoderna ha hecho bien algunas cosas, pero una injusticia que no he visto rectificada es esta: la Iglesia le quita el ministerio al Señor y se lo da a la gente. La mayoría de las iglesias hace del ministerio al hombre el principal objetivo. Por favor, no me malinterprete. Dios ama a la gente. Él envió a su único Hijo para ministrarnos, y salvarnos. Si vamos a estar en los negocios de nuestro Padre, tenemos que estar cerca de la gente. Pero nunca podremos estar realmente en los negocios de nuestro Padre, si primero no estamos ministrándole a Él. Mientras nuestro principal objetivo sea ministrar al hombre, no seremos sacerdotes, solo seremos filántropos (y no muy buenos).

¿Puedo hacer una pregunta atrevida? ¿No era una de las principales diferencias entre David y Saúl el hecho de que David ministraba al corazón de Dios, mientras que Saúl desobedeció a Dios al ministrar a las necesidades y preferencias de su pueblo?

Los sacerdotes buscan el corazón de Dios. Los políticos buscan el corazón del hombre. ¿Cuál es usted?

En Gateway Church, recientemente completamos una nueva instalación para aliviar un poco nuestros problemas de espacio. Es muy hermosa y muy emocionante. Estoy tan celoso de las salas de los niños que desearía volver a tener siete años. Desde la cafetería hasta el santuario, los estacionamientos, el lugar está bien decorado. Espléndido. Es un testimonio de la gracia de Dios sobre nuestra congregación.

Bueno, el lema de nuestra iglesia es: "Nos encanta la gente". Ha habido cierto debate acerca de si se trata de una perspectiva apropiada y bíblica o no, pero la conclusión es esta: nuestros líderes saben que podemos construir una hermosa instalación, llenarla con gente hermosa, hermosa música, y programas maravillosos, pero si carece de la presencia de Dios no significa absolutamente nada; nos esforzamos por tener la presencia de Dios primero. Entonces, cuando hacemos bien eso, las personas vienen y llenan los asientos. Nuestro país está lleno de iglesias vacías que se asientan como lápidas en el paisaje de nuestros vecindarios, que están muriendo espiritualmente. Nuestros líderes saben que no es en las cosas del ministerio donde reside el éxito. Podemos "tener todo funcionando", pero llenar esos asientos y satisfacer las necesidades de esas personas son dos cosas diferentes. Y no tenemos en nosotros mismos fuerza para satisfacer sus necesidades.

¿Qué sentido tiene construir enormes iglesias y llenarlas con personas, si Dios no está ahí? Si Dios no está en una iglesia, el edificio es solo un monumento a la voluntad del hombre. Es una vanidad. ¿Quién los sanará? ¿Quién los salvará? ¿Quién los hará libres? Ningún hombre puede hacer estas cosas.

Pero cuando nosotros, como sacerdotes, ministramos a Dios, Él viene. Él es exaltado en las alabanzas de Su pueblo. Y dónde Dios está, todo es posible. La sanidad ocurre en la presencia del Dios sanador. La salvación ocurre en la presencia del Salvador. Los cautivos son libertados en la presencia del Libertador, el Rey de reyes que reina sobre todo adversario espiritual. Ocurre el crecimiento, ocurre la transformación, ocurre el arrepentimiento, se oyen los llamados, la Palabra es viva y eficaz, las oraciones son contestadas.

¡Todo es posible cuando Dios está en la casa! Y Dios entra en la casa cuando Sus sacerdotes le ministran.

Sí, a todos nos encanta estar con la gente, pero sabemos que no tenemos nada que ofrecerles a menos que primero estemos con Dios.

Cuando un plan para el ministerio tiene en cuenta los deseos y mandatos de Dios en primer lugar, ese plan se desarrolla en el temor del Señor. Está impregnado del Espíritu de Sabiduría. Es un ministerio de adoración. Cuando un ministerio tiene en cuenta primero los deseos de los hombres (que son inconstantes), ese ministerio apesta de temor al hombre. Seguirá las tendencias del ministerio de moda y tratará de ser relevante, y puede tener cierto éxito, por un tiempo, pero no será capaz de dar el fruto distintivo de la adoración porque se basa en una premisa falsa y tonta: que la adoración es para el hombre.

¿Qué sería de su vida si usted comenzara a concentrar cada aspecto y decisión en ministrar a Dios? ¿Cómo cambiarían nuestras iglesias? ¿Y cómo cree que respondería el mundo?

Mire, el mundo no es ciego. Sus habitantes saben que decimos que estamos consagrados a Dios, pero en realidad solo nos ministramos a nosotros mismos. ¿Por qué los perdidos deberían seguir a un Dios que la Iglesia ni siquiera adora?

Podemos mostrar al mundo que hay en la Iglesia un Dios a quien vale la pena seguir, que es digno de devoción, y merece nuestro ministerio. Pero se requerirá de un reino de sacerdotes para hacerlo.

Dicho esto, le pregunto ahora, ¿quién es usted?

¿Y cuál es su tarea?

4. Bendecir al pueblo

Espero sinceramente que no le ofenda que la adoración sea para Dios. Después de todo, cuando lo ministramos a Él, Él se presenta y nos ministra a nosotros. Ese es el mejor modelo de ministerio. Y nunca deja de lado a la humanidad sino que nos pone en nuestro lugar correcto.

Dios, según Juan 3:16, ama al mundo. Y cualquiera que ame Dios, ama lo que Él ama. Por lo tanto, no debería ser una sorpresa que Dios instruya a Sus sacerdotes que bendigan a su pueblo.

Sin embargo lo que **sí** es sorprendente, sin embargo, es lo que la Biblia quiere decir con la palabra "bendecir". La palabra es usada en el sentido de hacer feliz a una persona. La palabra hebrea es *barak*, que significa bendecir o arrodillarse. La diferencia entre nuestra comprensión de bendecir y el antiguo concepto bíblico de bendecir es esta: cuando bendecimos a las personas, queremos hacer o decir algo que haga que se sientan bien. A menudo oigo comentarios como "la alabanza realmente me bendijo hoy" o "el mensaje del pastor Robert bendijo mi corazón".

La palabra puede ser usada de esa manera, pero realmente quita la carne de la bendición y deja la grasa.

Una bendición bíblica no fue dada para que le agrade a una persona, ni tuvo el propósito de causar un sentimiento que solo durara un corto tiempo. Las bendiciones bíblicas catalizan el destino en las vidas de las personas.

¿Qué dijo? Un catalizador es una sustancia que activa o acelera una reacción química. Es el ingrediente que causa cambios.

No tenía mucho tiempo de ser salvo cuando el Avivamiento de Brownsville estaba en pleno apogeo. No sé cuál sea su opinión de esa época, pero yo hice el viaje a Florida con unos amigos de la iglesia para ver de qué se trataba todo el alboroto. Fui testigo y parte de varios poderosos eventos milagrosos mientras estuve allí. También presencié un montón de tonterías carnales. Eso me enseñó que todo lo que Dios hace, el diablo (a travéz del orgullo humano) intentará falsificarlo. Personalmente, siento que tanto el genuino como el charlatán trabajaron lado a lado en ese avivamiento. Y como el agricultor que permitió que el trigo y la cizaña crecieran juntos para que el trigo en ciernes no fuera desarraigado (Mateo 13:24-30), Dios les permitió coexistir, pero no para siempre.

Mientras estuve allí, en un servicio sucedió algo que me impulsó a mi llamado. El pastor de adoración, Lyndell Cooley, llegó al frente durante un tiempo de oración y pidió a todos los líderes de alabanza que pasaran adelante. En ese momento yo no estaba liderando nada. Ni siquiera había liderado un grupo pequeño en adoración. Pero al instante, mis pies, aparentemente por su propia voluntad, dieron pasos hacia el frente. Pasé a varios amigos que me miraron de manera rara. "¿Qué estás haciendo?" me dijo uno: Otro dijo: "¡Tú no eres líder de alabanza!"

"Lo sé", respondí en tono de disculpa, "¡mis pies simplemente empezaron a caminar! ¡Yo no lo estoy haciendo!"

Cuando llegué al frente, el Pastor Cooley estaba orando por las personas que habían llegado al frente antes que yo. Estos buenos pies míos me presionaron por entre la multitud hasta la primera fila. Mientras él oraba, lo vi poner las manos sobre mucha gente, pero no les decía nada. Cuando se acercó a mí simplemente dijo "Tú VAS a liderar, pero debes liderar en pureza".

Eso fue todo. Pero suscitó algo en mí. Mire, yo nunca había querido liderar nada en mi vida. Tampoco quería ser guiado. Quería que me dejaran solo. Mi consejero de la escuela secundaria me dijo que debería ser un ermitaño y no tener nada que ver con la gente. Me pareció bien.

No obstante, ese día algo empezó a cambiar en mi corazón. No mucho tiempo después comencé a dirigir la alabanza, a tomar clases para la certificación ministerial, a enseñar en estudios bíblicos y a compartir mi fe. Y todo el tiempo estaba atado al recordatorio de que debía liderar en pureza.

Yo creo que el pastor Cooley despertó algo a mí ese día. No me bendijo diciéndome algo que me hiciera sonreír; él catalizó mi destino. Hizo nacer mi futuro. Eso es lo que hace una bendición bíblica. Suscita el futuro.

Mire la forma en que los patriarcas bendecían a sus hijos. Esas palabras de bendición siempre hablaron al destino de sus hijos; sus futuros. En Génesis 27:28-29, cuando Isaac bendice a Jacob, habla del futuro que Jacob disfrutaría:

> *Dios te dé, pues, del rocío del cielo, y de la grosura de la tierra, y abundancia de grano y de mosto. Sírvante pueblos, y póstrense ante ti naciones; sé señor de tus hermanos, e inclínense ante ti los hijos de tu madre. Malditos los que te maldigan, y benditos los que te bendigan.*

Esta bendición funcionó, a pesar de que le fue dada por error (estaba dirigida a Esaú). Catalizó el destino de Jacob.

Creo que es tarea de un sacerdote ver el mundo, no como aparece a simple vista, sino tal como aparece a través de los ojos de Dios. Cuando usted ve a las personas a través de los ojos de Dios, no las llama según la carne y lo que actualmente son, sino de acuerdo a su potencial: su futuro. Los sacerdotes deben ejercitar el don de llamar *diamante* a un trozo de carbón cuando todavía está enterrado en la tierra. Ellos deben, como el Ángel del Señor lo hizo con Gedeón, reconocer y nombrar al poderoso guerrero que espera surgir del interior del tembloroso cobarde.

Yo hago esto con mis hijos cada noche. No solo oro por ellos. Los bendigo. Le pido a Dios que me muestre cómo se ven a través de Sus ojos. Yo les digo en quiénes se están convirtiendo, profetas y predicadores, salmistas y matadores de gigantes, siervos de Dios, defensores de los débiles y archienemigos del reino de las tinieblas. Bendigo el carácter y la naturaleza que veo que Dios desarrolla en ellos, y bendigo la fuerza que surge en ellos a diario, mientras Dios revela sus talentos. No estoy solamente "diciendo oraciones" con los hijos de Dios; estoy catalizando sus destinos.

Como sacerdote, Dios le ha dado el derecho de declarar vida y destino en otros. Una auténtica palabra de bendición nunca deja a alguien como lo encuentra. Siempre hace que la gente se desarrolle. Este es el segundo aspecto de una bendición. La mitad de la tarea de un sacerdote es adorar a Dios. La otra mitad es…

5. Ayudar a otros a adorar a Dios

Mire esto:

> *Por esa razón mandaron un mensaje al rey de Asiria en el cual le decían: "La gente que has mandado a habitar las ciudades de Samaria no conoce las costumbres religiosas del Dios de ese lugar. Él ha enviado leones a destruirlos, porque no lo adoraron como se debe". Entonces el rey de Asiria ordenó: "Manden de regreso a Samaria a uno de los sacerdotes desterrados; que viva allí y les enseñe a los nuevos residentes las costumbres religiosas del Dios de ese lugar". Entonces uno de los sacerdotes que había sido desterrado de Samaria regresó a Betel y les enseñó a los nuevos residentes cómo adorar al Señor.*
>
> 2ª Reyes 17:26-28, NTV

¿Qué esta pasando aquí? Una vez más Israel le había dado la espalda a Dios. La consecuencia fue que los asirios conquistaron la nación y llevaron a sus príncipes, sacerdotes y líderes en cautiverio. El rey envió gente de otros países vasallos a vivir a Samaria y a trabajar la tierra.

Pero esas personas estaban en el país de Dios, y no sabían cómo adorar al Dios que poseía la tierra. Ellos llevaron consigo sus dioses falsos y sus ídolos cuando se mudaron. No sé si lo ha notado, pero Dios no va a tolerar la adoración falsa en Su casa, por lo cual permitió que vinieran leones en medio de ellos, con la esperanza de llamar su atención. Así fue. El rey se dio cuenta de su error y se le ocurrió una solución brillante. Enviar un sacerdote a las personas para enseñarles cómo adorar a Dios. Entonces la maldición sería quitada de la tierra y ellos serán bendecidos.

Los sacerdotes bendijeron al pueblo al enseñarles a ser adoradores y los leones se fueron.

Una cosa es *decir* algo; y otra, es *hacer* algo. Una bendición hace ambas cosas. Vivimos en un mundo lleno de personas que pierden fuerza bajo el peso de la maldición. Hay "leones" entre nosotros, que asolan a los débiles y a los inocentes. Y un depredador caza amparándose en la oscuridad. Pero los sacerdotes llevan la luz del mundo: la presencia del Dios Viviente. Y todavía podemos hacer algo para bendecir este mundo retorcido.

Como sacerdote, una de las maneras en que usted bendice a la gente es equipándola para cumplir su llamado divino. Esto significa que los sacerdotes, en cualquier forma en que Dios nos equipe para hacerlo, somos maestros. Somos escogidos para mostrar al mundo caído los rituales, o actos de adoración, de nuestro Dios. Debemos enseñar al mundo a adorar a fin de que aprendan a temer y a seguir a Dios, y Él sanará nuestra tierra.

Una vez más, ¿quién es usted?

¿Y cuál es su tarea?

Cuando Dios comisionó a los sacerdotes, les dio instrucciones sobre cómo bendecir a la congregación. He encontrado que esta bendición, incluso usada en un contexto moderno, porta gran peso y autoridad. A menudo termino clases, prédicas o tiempos de adoración declarando la bendición de Aarón sobre el pueblo de Dios. Y se ha convertido en parte de nuestra cultura familiar bendecirnos unos a otros de esta manera:

> *Diles a Aarón y a sus hijos que impartan la bendición a los israelitas con estas palabras: El Señor te bendiga y te guarde; el Señor te mire con agrado y te extienda su amor; el Señor te muestre su favor y te conceda la paz.*
>
> Números 6:23-26, NVI

En esta bendición hallamos destino, protección, la gloria de Dios, el favor inmerecido, la intimidad con Dios y la paz que sobrepasa todo entendimiento independientemente de nuestras circunstancias. Las bendiciones son herramientas excepcionalmente grandes que Dios pone en las manos de Sus sacerdotes. Qué considerado es el Dios a quien servimos. La versión Nueva Traducción Viviente (NTV) lo expresa así: *Que el Señor te bendiga y te proteja. Que el Señor sonría sobre ti y sea compasivo contigo. Que el Señor te muestre su favor y te dé su paz.*

En qué mundo viviríamos si todos diéramos y recibiéramos tales bendiciones.

UN MUNDO LLENO DE SACERDOTES

Este era exactamente el propósito de Dios para la Iglesia. Él no solo estaba levantando una Novia para Su Hijo, Él estaba ordenando un sacerdocio para Su mundo. Me gustaría que se detuviera y pensara en algo por un minuto: ¿qué pasaría si todas las personas de su comunidad funcionaran como sacerdotes del Dios Altísimo? Líder de alabanza, ¿qué pasaría si cada persona de su equipo llevara la presencia de Dios? Pastor, ¿qué pasaría si cada persona de su congregación llegara a la iglesia preparada para edificar un lugar de encuentro entre Dios y el hombre? ¿Qué pasaría si los asientos y las bancas no estuvieran llenos de cristianos que esperan ser alimentados y servidos, sino de sacerdotes que se reunieran para ministrar a su Dios? ¿Qué pasaría si nuestra gente viniera en busca de oportunidades para bendecir en lugar de luchar por su derecho a ser bendecidos?

¿Qué pasaría si cada persona, que se llama a sí misma cristiana, se viera a sí misma como un sacerdote? ¿Si los sacerdotes, en todo el santuario, en todos los hogares, y en los barrios de todas nuestras comunidades vivieran para adorar a Dios y ayudar a otras personas a adorarlo?

Le diré lo que sucedería: volveríamos a experimentar la presencia de Dios en la Iglesia. Y en una generación ganaríamos el mundo para Cristo. Cada hombre, mujer y niño se convertiría en un adorador líder para el mundo que lo rodea. Una Iglesia llena de sacerdotes: ese es el sueño de Dios.

Estoy convencido que cuando Jesús, el Sumo Sacerdote del Cielo, comisionó a sus discípulos, Él tenía esto mismo en mente. Él los entrenó para ser sacerdotes, y los envió a reproducirse dondequiera que fueran: a transformar un mundo perdido en un reino de sacerdotes-adoradores.

Lea con ojos nuevos las conocidas palabras de Jesús:

> *Por tanto, vayan y hagan discípulos de todas las naciones, bautizándolos en el nombre del Padre y del Hijo y del Espíritu Santo, enseñándoles a obedecer todo lo que les he mandado a ustedes. Y les aseguro que estaré con ustedes siempre, hasta el fin del mundo.*
>
> Mateo 28:19-20, NVI

Permítame decir esta comisión de otra manera: "Vayan y bendigan a todos en el mundo, catalizando sus destinos, preparen lugares de encuentro entre la gente y Yo, enséñenles a ministrarme a Mí, y llevarán Mi presencia con ustedes para siempre, dondequiera que vayan".

Hoy hay otro desafío frente a nosotros; otra comisión de "ir". Vayan, mis amigos, y sean los sacerdotes que Dios hizo que fueran. Sean edificadores de tabernáculos, ministradores de Dios, portadores de Su presencia, sacerdotes que bendicen a las personas. Lo estoy despertando en usted hoy. Es su destino en Cristo, y Él está esperando que usted se apropie de él. El mundo moribundo está esperando que usted emerja.

PREGUNTAS PARA DEBATIR

1. Los sacerdotes administraban lugares para que Dios se encontraba con la gente. Para los levitas, esto significaba cuidar el tabernáculo. Usted, en cambio, es un tabernáculo viviente (1ª Pedro 2:5). ¿En qué se diferencia entonces, su responsabilidad de administración de la de los sacerdotes levitas?

2. Como embajador de Cristo (2ª Corintios 5:20), usted es llamado e investido de poder para llevar Su presencia dondequiera que vaya. ¿Cómo podría cambiar su vida diaria el estar consciente de esta verdad?

3. "Los sacerdotes buscan el corazón de Dios. Los políticos buscan el corazón del hombre". ¿Cómo cambiarían nuestras iglesias, y el mundo, si nos concentráramos en ministrar a Dios en vez de al hombre?

4. Usted está llamado a bendecir a otros, a declarar vida y destino en ellos. Piense en una persona a quien pueda bendecir y pida la dirección de Dios. ¿Qué puede decirle y cómo puede orar por ella para catalizar su destino?

5. ¿Cómo ilustra la historia de 2ª Reyes 17, la importancia crítica de la adoración? ¿Puede verdaderamente marcar una diferencia enseñar a la gente cómo adorar?

Capítulo 3

¿POR QUÉ UN TABERNÁCULO?

He aquí, yo envío a mi mensajero, y él preparará el camino delante de mí. Y vendrá de repente a su templo el Señor a quien vosotros buscáis; y el mensajero del pacto en quien vosotros os complacéis, he aquí, viene—dice el Señor de los ejércitos.

—Malaquías 3:1

■ ■ ■

¿Por qué quería Dios, en primer lugar, que Moisés y los sacerdotes construyeran un tabernáculo? Es solo una tienda adornada, ¿no?

La sencilla respuesta es: Él quería estar cerca de Su pueblo. La historia del tabernáculo de Moisés es una historia de acceso. Dios tenía planeados todos los detalles de ese tabernáculo, y todo tenía un significado. El tabernáculo era básicamente un sermón ilustrado sobre tres temas:

¿Quién es Dios (¿Cómo es Él)?

¿Cómo accedemos a Él?

¿Y cómo lo adoramos?

Dios fue muy claro con Moisés. Básicamente le dijo: "Yo quiero vivir con Mi pueblo, pero a fin de hacer eso, tienes que construirnos un lugar de reunión". Vemos esto en Éxodo 25:8, donde Dios dice: *Después me harán un santuario, para que yo habite entre ustedes* (NVI).

Para Dios lo más importante es el acceso. De hecho, repite Su propósito en Éxodo 29:44-46:

> *Consagraré la Tienda de reunión y el altar, y consagraré también a Aarón y a sus hijos para que me sirvan como sacerdotes. **Habitaré entre los israelitas**, y seré su Dios.*
>
> *Así sabrán que yo soy el Señor su Dios, que los sacó de Egipto para habitar entre ellos. Yo soy el Señor su Dios.*
>
> (NVI, énfasis añadido)

En otras palabras, Dios está diciendo: "Si ustedes consagran (dedican para un propósito sagrado) un lugar de encuentro y consagran a algunos sacerdotes, Yo vendré y estaré presente con ustedes y seré Su Dios. La razón por la que los liberté de la esclavitud era que pudiéramos vivir juntos de esa manera".

Esto me emociona. Dios no ha cambiado Su propósito y no ha cambiado Su plan. Él quiere libertarnos, tener relación con nosotros, y ser nuestro Dios. Y está buscando algunos lugares de reunión en los cuales hacer estas cosas y algunos sacerdotes para facilitarlas.

Se trata del acceso. Él quiere acceso a nosotros y que nosotros tengamos acceso a Él. Dios usó el orden en que acampaban los israelitas para ilustrar este punto. Dios ordenó a todos los de Israel empacar y seguir la nube de gloria dondequiera que fuera. Cuando la nube se detenía, el pueblo se detenía y acampaba. En Números 2, Dios instruyó a Israel sobre cómo organizar las tiendas de sus familias.

Los sacerdotes debían acampar según sus divisiones rodeando el tabernáculo. Las tribus tenían que acampar de este modo: al este (hacia el oriente) estaban las tribus de Judá, Isacar y Zabulón. Al lado sur estaban las tribus de Rubén, Simeón y Gad. Al oeste estaban Efraín, Manasés y Benjamín. Y hacia el norte estaban Dan, Aser y Neftalí.

Si usted dibuja un cuadro del tabernáculo con las tribus alrededor, el número de hombres de cada división resulta ser de 186,400 hombres y sus familias al este, 151,450 hombres y sus familias al sur, 108,100 al oeste, y 157,600 acampados al norte.

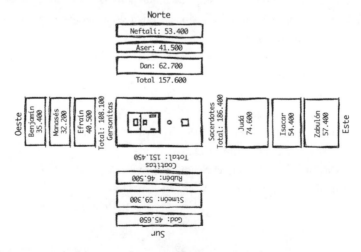

La imagen que se obtiene es una cruz con su lado más largo hacia el este (hacia donde está la entrada al tabernáculo) y su lado más corto (la parte superior) hacia el oeste. Los dos brazos están colocados simétricamente en el norte y en el sur. Y en el centro está el tabernáculo, el Tabernáculo de congregación, el Lugar de Reunión de Dios. Una columna de fuego se dispara de los cielos y descansa sobre el Arca del Pacto que reside dentro del Lugar Santísimo en el tabernáculo.

Trate de imaginar lo que le estoy describiendo. Dios instruyó a Israel que acampara alrededor de Su lugar de reunión establecido en forma de cruz. Es como si estuviera diciendo: "¡Miren, chicos! ¿Quieren reunirse Conmigo? La cruz es su medio de acceso. ¿Quieren Mi presencia y Mi poder entre ustedes? Esas cosas manan del ministerio de la cruz. Todavía no lo entienden, pero les estoy enviando algunos sacerdotes que les enseñarán".

El tabernáculo siempre se ha referido al acceso. Y el acceso siempre ha venido en la forma de la cruz.

Como nota aparte, trate de imaginar lo que las naciones cananeas pensaban cuando subían a las montañas y miraban hacia abajo, al campamento del Señor. ¿Se imagina ver a un millón de exesclavos acampados en perfecto orden en forma de cruz? Ellos no son una horda desordenada. No son una turba. Son disciplinados y organizados. Yo ni siquiera puedo lograr subir seis niños al automóvil a tiempo para llegar a la iglesia, ¡y Dios organizó un millón de exesclavos gruñones!

Eso en sí mismo es un milagro. Pero el adorno del pastel fue la columna de fuego. ¿Se imagina? ¿Siempre ha adorado ídolos muertos de piedra y madera, y por primera vez en su vida, ¿se enfrenta a un Dios vivo? Esta no es una nación cualquiera llamando a su puerta, esta nación tiene un Dios en su campamento, Su gloria irrumpe desde el cielo e ilumina el campamento, de modo que no había necesidad de farolas o guardias.

Y estas personas venían por usted. ¡Qué aterrador! Ellos deben de haber lucido como una fuerza imparable. Mientras Dios estaba en su campamento, los israelitas eran invencibles. La única forma de vencerlos era lograr sacar a Dios del campamento. Y la única manera de hacerlo era corromper la adoración de ellos. Así que eso fue justamente lo que los enemigos de Israel hicieron. Y eso es lo que el enemigo de nuestro Dios está haciendo en la actualidad.

CÓMO ACCEDER A UN DIOS SANTO

De modo que Dios quiere enseñarle a Su pueblo cómo adorarlo y cómo tener acceso a Él. De eso se trata realmente el tabernáculo. Vamos a mirar el tabernáculo con mayor detalle en breve, pero una forma de ver su diseño es que Dios lo estableció para enseñarnos el camino de la adoración. El tabernáculo está diseñado para enseñar al mundo el protocolo para adorar al Rey de reyes. Cada elemento y cada mueble del tabernáculo nos enseña otro aspecto de la adoración. Y esos muebles están colocados en el orden que Dios mandó por una razón, porque cada uno de ellos nos prepara para otro paso hacia Su presencia, y un nivel más profundo de acceso a nuestro Dios.

Si perdemos o excluimos un paso, perdemos un aspecto de la adoración bíblica en nuestras vidas.

Algunas personas se sienten ofendidas por la idea de que haya una manera correcta de adorar a Dios. Algunos dirán: "El tabernáculo de Moisés es Antiguo Pacto. Yo adoro de acuerdo al tabernáculo de David y el Nuevo Pacto". Bien, en realidad, tanto el tabernáculo de Moisés como el de David son Antiguo y Nuevo Testamento y Antiguo y Nuevo Pacto. Ambos son válidos, pero cada uno está diseñado para enseñar una verdad diferente aunque complementaria acerca de la adoración. Voy a escribir más sobre David y su tabernáculo más adelante. Por ahora voy a pedirle que simplemente acepte la sencilla proposición de que el Dios del Antiguo Testamento es el mismo individuo que el Dios del Nuevo Testamento. Él no cambia (de acuerdo con Malaquías 3:6). Solo llegamos a verlo de manera diferente conforme Su historia se desarrolla.

Por qué no debería haber una forma—una etiqueta o protocolo, por así decirlo—para acercarse y adorar al Rey y Señor de toda la creación. ¿No es Él digno de eso?

Cuando era bebé aprendí por las malas que hay una manera correcta de acercarse a un perro. (Casi perdí una oreja al hacerlo de la manera equivocada.) Si hay una manera correcta de acercarse a un perro, ¿no cree que sea posible que pueda haber una manera correcta de acercarse al Amo de Todo el Universo? ¿Al eterno Dios de toda la creación, entronizado entre los querubines?

Somos muy obstinados respecto nuestros derechos. "¡Tengo el derecho a entrar a la presencia de Dios!". Sí, señor; lo tiene, pero no tiene el derecho de tratar al Rey con desdén.

No es de extrañar que tengamos tantas iglesias vacías y muertas en nuestro país. Dios no será entronizado en el orgullo y en el desdén de Su pueblo. Algunos podrían decir: "Pero la Biblia dice: 'Acerquémonos confiadamente al trono de la gracia'. ¿Por qué estás poniendo restricciones a lo que Dios ha abierto libremente para nosotros?"

Esa no es mi intención para nada. Recuerde, el tabernáculo no se trata de restricciones. Se refiere a abrir el acceso.

PERMISO VERSUS CAPACIDAD

¿Hay una diferencia entre "capacidad" y "permiso?" Usted puede haber tenido el tipo de madre con el que todos los niños del barrio detestaban hablar porque sabían que iba a corregir su idioma. "No, Johnny. No es '¿*Puedo* tomar agua?'; sino '¿*Me permite* tomar agua?'".

Pues bien, como resulta ser, hay mucha diferencia entre ambas. Supongamos que mi hijo, de 11 años de edad, me pregunta si puede ir a un concierto esta noche en Austin. "¡Claro, amigo! Pásalo bomba", le digo. Le lanzo las llaves del auto, le doy una palmadita en la espalda y sigo con mis asuntos.

¿Qué problema hay con eso? Vea, yo solo le he dado permiso para asistir a un concierto y le abrí camino para que llegue allí. Pero él todavía no es capaz de ir. Pensemos en los obstáculos. En primer lugar, mi hijo no tiene una entrada ni dinero. En segundo lugar, aunque yo proporcione el automóvil, él tiene solo 11 años y legalmente no puede conducirlo. En tercer lugar, él no tiene idea de *cómo* conducir. En cuarto lugar, es muy ingenioso, pero él no sabe cómo llegar desde Dallas a Austin. Deberá remitirse a un mapa para poder hallar el camino hacia la I-35, y luego hallar el sur, y pasar Hillsboro, Temple, Waco y Round Rock, todo antes de que siquiera encuentre Austin.

¿Qué clase de papá les daría permiso a sus chicos para ir a algún lugar, pero no les enseñaría el camino?

Mire, el permiso y la capacidad (*me permite* y *puedo*) son dos cosas diferentes.

Los líderes de alabanza hacen lo mismo cada fin de semana. Ellos gritan: "¡Pueblo de Dios! Hebreos 4:16, dice que podemos acercarnos confiadamente al trono de la gracia. ¡Así que entremos a la presencia del Señor y adorémosle hoy!".

Y luego se preguntan, por qué la gente no participa plenamente en la adoración. ¿Por qué no vamos tan cerca de Dios como deberíamos? Bueno, el pueblo tiene permiso, pero no los hemos equipado con la capacidad. Le hemos señalado la montaña, pero no los condujimos allí.

Jesús ha abierto un camino para que nosotros entremos a la presencia de Dios. Y Dios, en Su sabiduría paternal, sabía que íbamos a necesitar ser guiados y pastoreados hacia allá. Es por eso que proveyó el tabernáculo.

Dios nunca separa Su presencia de Su proceso. Y el proceso de llegar a Su presencia es el mismo que prepara nuestros corazones y mentes para entrar a través de ese velo rasgado.

Dios nos ha dado permiso para venir a Él. Después proveyó las llaves, automóvil, las entradas, los bocadillos y el mapa. Todavía tenemos que subir al automóvil y dejar que Él nos conduzca—nos guíe—a nuestro destino.

Como comunidad de adoración hemos aceptado el permiso de Dios, pero no hemos dedicado tiempo a aprender la manera de Dios: dejar que Él nos guíe a través del proceso.

EL NUEVO ANTIGUO MODELO DE ADORACIÓN

El tabernáculo de Moisés es el patrón celestial para la adoración. "Pero ¿cómo puede ser eso, Zach?", podría pensar usted en este momento. "Ese es un modelo antiguo. Ha habido varias versiones revisadas de la adoración desde el tabernáculo de Moisés".

Vamos a explorar ese punto.

Respecto al tabernáculo de Moisés, Hebreos 8:5, dice: *Estos sacerdotes sirven en un santuario que es copia y sombra del que está en el cielo, tal como se le advirtió a Moisés cuando estaba a punto de construir el tabernáculo: 'Asegúrate de hacerlo todo según el modelo que se te ha mostrado en la montaña'* (NVI).

De acuerdo con el autor de Hebreos (un libro del Nuevo Testamento escrito después de la resurrección de Cristo), el tabernáculo de Moisés no es una forma de adoración previo a la gracia. Se trata de un modelo o sombra de la adoración celestial. La adoración celestial no es del Antiguo Testamento o del Nuevo Testamento. Es eterna. En otras palabras, este tabernáculo es una sombra del tipo de adoración que siempre ha tenido lugar en el cielo. Es sombra de la adoración que siempre tendrá lugar en el cielo.

Jesús enseñó a sus discípulos a orar para que Dios hiciera las cosas del cielo en la Tierra. Y si queremos el reino y el poder del cielo en la Tierra, tal vez sea hora de que incorporemos la adoración del cielo en la Tierra.

Hebreos nos decía que el tabernáculo es una sombra de la adoración celestial. De modo que, ¿qué significa eso?

¿Se acuerda de Peter Pan? Primero lo vemos revoloteando por el dormitorio de Wendy, persiguiendo su sombra. Peter la atrapa, y la siempre maternal Wendy le ayuda a coserla de nuevo a su zapato. Todo eso es muy divertido, pero todo niño sabe que no hay fuerza en una sombra. No tiene verdadero carácter físico.

Póngase a mi lado y golpéeme repetidamente con su sombra y estaré bien, a pesar de la experiencia.

Pero cierre el puño real que representa la sombra, agarre impulse, y golpéeme en la nariz con él, y voy a sentirlo por algún tiempo.

Una sombra puede no tener fuerza, pero la sombra representa algo con fuerza. Es aquí donde los israelitas cayeron en error. Ellos pensaron que realmente podían ser salvos al seguir los rituales de adoración del tabernáculo. Hebreos 9:9-10, nos dice claramente que esos sacrificios y rituales no tenían eficacia. No salvaban a nadie. Pero representan algo que *sí* salva y que *sí* tiene poder. Así como la sombra provenía de un puño real y poderoso, el tabernáculo es una sombra de algo real y poderoso.

Y aunque no podemos entender todas las dimensiones de ese puño al mirar su sombra, podemos aprender mucho acerca del puño al estudiar la sombra que proyecta. Estudiar el tabernáculo de Moisés no nos enseñará todo sobre la adoración, pero nos enseñará algo. Algo poderoso y efectivo.

REQUISITOS PARA ADMINISTAR TABERNÁCULOS

Si vamos a ser sacerdotes, tendremos que comenzar por aprender las herramientas de nuestro oficio. Antes de entrar en detalles de cómo ministrar lugares de reunión entre el hombre y Dios, vamos a repasar algunas de las reglas básicas.

Tenga en cuenta, Dios toma en serio estas reglas básicas (como pronto veremos). ¿Por qué? Porque si nosotros, como sacerdotes, comunicamos mal la sombra de la adoración celestial, entonces los hijos de Dios no entienden la poderosa realidad que representa y al Dios amoroso que nos invita a acercarnos a Él. Históricamente este ha sido el problema con la Iglesia: el sacerdocio representa inadecuadamente a Dios y Su voluntad para la gente.

Este sigue siendo el caso hoy. Pregunte a la mayoría de la gente por qué no quieren ser cristianos y se lo dirán. No tienen problema con Jesús, tienen problema con los cristianos, los sacerdotes de Jesús. Esa es la principal razón por la que me tomó tanto tiempo llegar a ser salvo. Los sacerdotes de Dios nunca me mostraron cómo era Él realmente. Y si Dios era como los cristianos, yo no quería tener nada que ver con Él.

Así que cuando usted esté preparando lugares de encuentro entre Dios y los hombres tome muy en serio estas reglas básicas. Ellas pueden significar la diferencia entre la vida o la muerte, la salvación o el infierno, para alguien que Dios está tratando de alcanzar a través de usted.

REGLAS BÁSICAS

1. Dios únicamente acepta ofrendas voluntarias

Éxodo 25:2, dice: *Di a los hijos de Israel que tomen para mí ofrenda; de todo varón que la diere de su voluntad, de corazón, tomaréis mi ofrenda.*

Tenemos que recordar, especialmente si estamos en posiciones de liderazgo (escuche con atención si usted es un pastor de adoración), que Dios no es religioso. Él no es como otros dioses. Él es santo; totalmente diferente de las religiones del hombre. Los dioses de Egipto demandaban sacrificios y amenazaban a su pueblo con venganza para que les llevaran ofrendas. Moloc exigía sus hijos, Asera exigía sus vírgenes.

Nunca hubo un dios, de ninguna nación que amara a su pueblo hasta que se dio a conocer Aquel Dios de Israel, único y verdadero. Y este Dios tiene una forma de proceder diferente. Él no quiere exprimirnos. Él no quiere sacar ventaja de nosotros. Él no quiere imponérsenos por la fuerza. Él no va a usar la culpa, ni el miedo, ni la condescendencia para obligarnos a la sumisión. No, no, ¡NO! Este Dios no.

Todo lo que no le es ofrecido libremente a este Dios, no es recibido. Él solamente quiere las alabanzas sinceras y genuinas de Su pueblo. Él solamente quiere el afecto que es expresado con libertad, ofrendas que se ofrecen con alegría, y corazones que se entregan voluntariamente.

¿Por qué? Porque Él ama a Sus hijos por quienes son, no por lo que puede hacer por Él. No somos herramientas en las manos de Dios; somos hijos en los brazos de nuestro Padre.

¿Qué significa eso para nosotros como sacerdotes? Bueno, para empezar, usted no puede usar argumentos para convencer a alguien para que tenga una relación con Dios. Las personas pueden ser convencidas o disuadidas a través de argumentos. Usted no puede asustarlos para que se conviertan.

El terror pierde su ventaja y no los retendrá por mucho tiempo. Ellos tienen que venir por su propia y libre voluntad.

(No tengo el tiempo para discutir el calvinismo versus el arminianismo, y francamente no me importa. El hecho es que Jesús no aceptará un regalo que se da de mala gana; ni siquiera un corazón.)

¿Qué significa esto para los pastores? Significa terminar con instigar culpa y presionar a la gente al voluntariado, a servir y a dar ofrendas. Me encanta el hecho de que la iglesia donde sirvo actualmente no pasa platillos para la ofrenda. Nuestras cajas de ofrendas están en las paredes junto a las salidas. Enseñamos a nuestra gente a dar, porque dar honra a Dios. El dar es buena adoración. Entonces encomendamos sus corazones a Dios y esperamos hasta que estén dispuestos. Tenemos una de las iglesias que más dan en Estados Unidos. (Vea el libro del pastor Robert Morris *Una vida de bendición*).

¿Qué significa esto para los líderes de adoración? Significa que debemos dejar de sentirnos frustrados con la congregación por no respondernos de la manera que queremos que lo haga. Y nunca jamás debemos regañar a la congregación para hacer que responda adecuadamente. ¿Recuerda cuando Moisés golpeó la roca (Números 20:11)? Eso debería servirnos como advertencia. Intimidar para que respondan solamente deshonra a Dios.

Una vez asistí a un culto en una Escuela Bíblica y estaba adorando en la congregación con los estudiantes. La líder de adoración no estaba recibiendo la respuesta que quería (a las 8:00 a.m.) y empezó a ponerse visiblemente frustrada. Su semblante se volvió duro y molesto y su ceño se fruncía mientras ella presionaba más y más para lograr que participáramos. Finalmente detuvo todo, hizo señas a la banda y se dirigió a su audiencia obstinada. No recuerdo sus palabras exactas, pero le dio una verdadera reprimenda a esa muchedumbre. Cuando terminó de intimidar a la Novia de Cristo, exigió que todos levantáramos las manos. "Vamos a cantar de nuevo la canción, y esta vez quiero que la canten a Dios con todas sus fuerzas", dijo ella.

Así que empezamos de nuevo. Usted sabe; puede obligar a cantar a una persona, puede obligarlas a levantar las manos, pero eso no significa que haya adorado a Dios. Mi experiencia ha sido que si usted trata a los adultos como niños de tres años de edad, así es cómo actuarán. Así que en toda la habitación, la gente cantaba y levantaba las manos mientras fulminaba con la mirada a la líder de adoración. "Así se hace, señora. Realmente nos ayudó a encontrarnos con Dios esta mañana".

Hay una razón por la cual Dios llama a Su pueblo ovejas y no ganado. Usted arrea al ganado, pero guía a las ovejas. Un pastor guía a las ovejas de Dios: Su pueblo. Ese día, todos sentimos el látigo, y fue degradante e ineficaz.

¿Quiere saber algo gracioso? Sospecho que la razón por la que nadie cantaba, para empezar, era que la canción no estaba dirigida a Dios. Era una canción acerca de nosotros. No se dirigía a Dios en absoluto. ¿Cómo podemos cantarle a Dios, con todas nuestras fuerzas, una canción que ni siquiera iba dirigida a Él? Lo que es más, era una canción horrible. Estoy bastante seguro que la razón por la que las personas no respondían era por la canción seleccionada y porque el liderazgo desde la plataforma distraía, era irrespetuoso y deshumanizante. Esa no es una buena representación del Dios que yo conozco.

Y la líder de adoración los culpaba a ellos. Eso no es inusual.

Cuando comencé a dirigir la adoración, a veces me frustraba tanto por la falta de respuesta de las personas que quería clavar mi guitarra en el altar y salir a toda prisa de la plataforma. Dios, ¡Tu pueblo puede ser tan terco! ¡Tan insensible a Ti! ¡Tan egoísta! ¡¿No saben que el Dios del Cielo y de la Tierra, el Rey de reyes y Señor de señores, el Salvador de sus almas está EN la HABITACIÓN y es DIGNO de su ALABANZA????! (Suena como Moisés, ¿eh?)

Bueno, en realidad, probablemente no estén conscientes de eso en el momento. De hecho, lo que hallé fue que la mayoría de la gente no sabía nada acerca de lo que era la adoración o cómo se supone que debe hacerse. Todo lo que sabían era lo que les inculcaron en sus congregaciones y denominaciones. Muchas iglesias nunca enseñan nada acerca de la adoración. Así que simplemente no sabían.

Ahí estaba yo, culpándolos por no adorar a Dios, cuando la falla no estaba en ellos sino en mí. Sabe, yo nunca les enseñaba nada mejor. Era como un maestro que tomaba examen a sus alumnos sobre material que nunca les había enseñado, enfureciéndose cuando sacaban malas calificaciones. Ellos no eran malos estudiantes; yo era un mal maestro. Yo era un sacerdote joven e inexperto. No los había equipado. No los había bendecido. Ellos eran como ovejas sin pastor.

En vez de regañarlos, comencé a alejarme del micrófono y a pedir a Dios: "Padre, muéstrame cómo puedo ayudar a la gente para que te adore. ¿Hay algo que necesite hacer? ¿Hay algo que les está estorbando?"

¿Adivine qué pasó? Dios comenzó a enseñarme cómo enseñarles, cómo pastorearlos, cómo preparar el lugar de reunión. Me mostró cómo podía enseñarles a adorar por medio de mi estímulo, demostración y por medio de la Palabra. Y Él me condujo por una jornada del estudio de las herramientas de mi oficio.

Esa congregación se convirtió en una de las mayores congregaciones de adoración que he conocido. Y hemos experimentado juntos la presencia y el poder de Dios.

Una vez que aprendieron lo que era la adoración, y comenzaron a entender lo maravilloso, fiel y digno de ser amado que es Dios, ellos se convirtieron en adoradores dispuestos. Se convirtieron en adoradores entusiastas.

Aquí está el hecho que cambiará las reglas de juego para un sacerdote (líder de adoración, pastor, evangelista, lo que usted sea). En realidad, Jesús es el líder de adoración. Él es el Sumo Sacerdote. Su única responsabilidad es obedecerle a Él y seguir Su ejemplo. Usted no es responsable de los resultados; Dios lo es. Pues es Su Espíritu el que hace que las personas estén dispuestas a responderle (vea Éxodo 35:21).

2. Dios quiere los corazones de los adoradores

Eso nos lleva a la segunda regla básica. Dios no quiere simplemente cambiar el intelecto de la gente. Él también quiere mover sus emociones. Éxodo 35:21, dice: *"Y todos los que en su interior se sintieron movidos a hacerlo llevaron una ofrenda al Señor para las obras en la Tienda de reunión, para todo su servicio, y para las vestiduras sagradas"* (NVI).

Si usted es alérgico a las emociones, es posible que se haya inscrito para la clase equivocada. Nuestro Dios es un Dios emocional. Su Hijo es un Salvador apasionado. Él demostró Su pasión por nosotros a fin de lograr nuestra pasión por Él. De hecho, busque la palabra pasión en el diccionario y hallará: "el sufrimiento de Cristo". Su sacrificio fue algo más que físico. El corazón de Jesús fue traspasado y roto a fin de redimir nuestras emociones y afectos.

Él vino para ganar algo más que la aceptación mental de Su pueblo. Él vino para ganar sus corazones. El corazón humano es posiblemente el mayor tesoro de la economía del cielo. Fue comprado con un precio precioso. El objetivo principal de Dios es recuperar a Sus hijos y tener una relación llena de amor con ellos. Jesús lo demostró cuando afirmó que la prioridad del más grande mandamiento es: "Amarás al Señor tu Dios con todo tu corazón...," (Mateo 22:37). Mire, si Dios gana un corazón, Él ganó a toda la persona. Y si la adoración no es del corazón, no es adoración en absoluto. Hablaremos de esto con más detalle cuando definamos la adoración.

Cuando construimos tabernáculos, estamos creando oportunidades para que Dios atraiga los corazones de Su pueblo. Esa es mi tarea, como sacerdote, obedecerle ayudando a generar oportunidades para que las personas se encuentren con Él. Pero es tarea de Él cambiar sus corazones. La obediencia es mi parte; el resultado es Su parte.

3. Administramos lugares de reunión (Tabernáculos) a la manera de Dios, por la sabiduría de Dios

Los tabernáculos deben ser establecidos por personas que estén dispuestas a hacer las cosas a la manera de Dios. Éxodo 36:1, dice que Dios llamó a la obra del tabernáculo: *"y toda persona hábil en quien el Señor ha puesto sabiduría e inteligencia para saber hacer toda la obra de construcción del santuario…"*

¿Qué es la sabiduría? Según el Salmo 111:10 (BTX): *"El principio de la sabiduría es el temor del Señor, Buen entendimiento tienen los que practican sus mandamientos; su alabanza permanece para siempre"*. Temer al Señor es preocuparse más por Su opinión y honor que por cualquier otra cosa en el mundo. Es amar lo que Él ama y aborrecer lo que Él aborrece. Es el respeto, la admiración y maravilla debidas a un Rey.

La sabiduría nos protege de la maldad, del orgullo y de la necedad (Proverbios 2:12,16; Proverbios 11:2). Desarrolla la paciencia y la humildad en nosotros (Proverbios 19:11) y nos enseña a buscar consejo piadoso. La razón por la que estas cosas son importantes es que la vida de la gente está en juego. Permítame darle un ejemplo de lo que quiero decir con eso.

Proverbios 14:2, dice que hay un camino que le parece derecho al hombre, pero al final es camino de muerte. Segunda Samuel 6 nos cuenta la historia del primer intento de David para llevar el arca a Jerusalén. David quería tener el arca justo en medio del pueblo, porque sabía que donde estaba la presencia de Dios, estaría Su bendición. David valoraba la presencia de Dios y quería estar cerca de Él, y Él valoraba a Su pueblo y quería que fuera bendecido.

David planeó el servicio de adoración más extravagante de la historia de Israel. Todos los sacerdotes, los ancianos, los príncipes de las tribus, políticos y generales estaban allí. Él tenía música en vivo, un ministerio de danza, un desfile, regalos para todos y regalos extravagantes para entregar al

Señor. David amaba a Dios y se desvivió para la ocasión. El arca volvía al pueblo, y era un acontecimiento realmente grande.

Como usted recordará, la historia no resultó muy bien. David estaba transportando el arca en un carro nuevo, tirado por un buey. El buey tropezó y Uza extendió la mano para sostener el arca. Tan pronto como la tocó *"se encendió la ira del Señor contra Uza, y Dios lo hirió allí por su irreverencia; y allí murió junto al arca de Dios"* (2ª Samuel 6:7)

Cuando David vio que Dios mató a Uza, se enojó al respecto; imagino que pensaba: "¡Dios! ¿Qué estás haciendo? ¿Ves esta fiesta? Estamos haciendo todo esto para Ti. ¡Y acabas de matar a uno de los miembros de mi equipo de adoración!".

Sin embargo, David debió haberse dado cuenta que está siendo irrespetuoso porque la siguiente línea dice: *"David tuvo temor del Señor aquel día, y dijo: ¿Cómo podrá venir a mí el arca del Señor?"* (v.9).

Así es. Incluso un hombre conforme al corazón de Dios tiene que temer al Señor; tiene que usar sabiduría y hacer las cosas a la manera de Dios.

¿Por qué Dios mató a Uza ese día? El versículo siete dice específicamente que murió por irreverencia. Los sabios no tratan de manejar la gloria de Dios. No ponemos las manos ni tratamos de manipular la presencia y el poder de Dios. —Tome nota—.

Pero eso no es todo. Mire, ellos habían cometido un error fundamental al preparar el movimiento del arca: trataron de hacerlo de la misma manera en que el mundo lo hacía.

Según Deuteronomio 10:8, se esperaba que los sacerdotes llevaran el arca sobre sus hombros. No se suponía que fuera transportada por bueyes en un carro. Y de acuerdo a Éxodo 25:14, se esperaba que la llevaran usando las varas, no poniendo sus manos sobre ella.

David, al darse cuenta de que había hecho algo mal, volvió e hizo su tarea. Luego convocó a los sacerdotes y les dijo:

> *Ustedes son los jefes de las familias patriarcales de los levitas, purifíquense y purifiquen a sus parientes para que puedan traer el arca del Señor, Dios de Israel, al lugar que he dispuesto para ella. La primera vez ustedes no la transportaron, ni nosotros consultamos al Señor nuestro Dios, como está establecido; por eso él se enfureció contra nosotros.*
>
> 1ª Crónicas 15:12-13, NVI

Ya ve. Había dos maneras de traer el arca a Jerusalén: la manera de Dios, o el camino que al hombre le *parece* derecho y conveniente. Como Proverbios 14:12, nos recuerda, el camino que *parece* derecho puede terminar en la muerte.

He visto a mucha gente, muchas congregaciones que adoran a Dios en formas que parecen correctas, pero no tienen vida en ellos. Muchas congregaciones y corazones están experimentando la muerte espiritual porque no se toman el tiempo para preguntar: "¿Cómo Te gustaría que Te adoráramos, Dios?"

¿De dónde sacaron la idea de transportar el arca en un carro, al fin y al cabo? Encontramos la respuesta en 1ª Samuel 6. Posiblemente recuerda este relato de cuando el arca fue llevada cautiva por los filisteos. Dios había permitido que Su presencia fuera quitada de Israel a causa de la falta de arrepentimiento por el pecado en el sacerdocio (espero que vuelva a leer esa oración). Pero Dios no iba a ser deshonrado por los idólatras, de modo que en todas partes donde los filisteos trataban de guardar el arca, Dios los castigaba y traía plagas a sus ciudades. Finalmente los filisteos se desesperaron y se dieron por vencidos. Decidieron enviar el arca de regreso a los israelitas. ¿Cómo la enviaron de regreso? En un carro (1ª Samuel 6:11).

En otras palabras, David tomó la idea de cómo llevar el arca de Dios de los filisteos, que eran enemigos de ese mismo Dios. Él solo pensó: "Bueno, la última vez que se trasladó fue en un carro. Supongo que tendremos que volver a hacer lo mismo".

Lo que es peor, los sacerdotes nunca le dijeron que lo que estaba haciendo no era la manera de Dios. ¿Sabe por qué? Porque los sacerdotes no conocían las Escrituras, no conocían su tarea, y eran demasiado perezosos y complacientes para estudiar a fin de mostrarse aprobados (vea 2ª Timoteo 2:15).

Alguien murió ese día porque los sacerdotes no hicieron su tarea. No hicieron su tarea porque no conocían sus tareas.

Lección 1: No hay excusa para que los sacerdotes no conozcan sus responsabilidades, pero hay consecuencias cuando los sacerdotes no conocen sus responsabilidades.

Lección 2: Que algo funcione para el mundo no significa que vaya a funcionar para la Iglesia. David aprendió esto de manera difícil. Dios dejó que los filisteos se salieran con la suya al mover el arca en un carro porque no eran adoradores de Dios. Pero no iba a tolerar la misma falta de respeto de sus propios sacerdotes.

Tenemos que recordar que los caminos del mundo no son los caminos de Dios. ¡Él es santo! ¡Separado! ¡Diferente de todos los demás dioses! ¡Diferente de nuestras culturas!

La actuación funciona en el mundo, pero no funciona en la adoración. La actitud del American Idol (un programa de televisón que busca talentos artísticos) funciona para el mundo, pero no funcionará para el sacerdocio. La iglesia posmoderna ha tratado de incorporar muchos aspectos de la cultura popular en los servicios de adoración para seguir siendo relevantes para su generación. No hay nada sagrado ni secular respecto a las luces, los instrumentos, el teatro, la danza, los montajes de video, la música pop, clásica o de rock. Estas cosas son inofensivos asuntos de estilo. No existe tal cosa como un estilo santo. El estilo es para atraer a la gente.

Pero algunas cosas son cuestiones de principio. O hacemos hincapié en la verdad de la Palabra o no lo hacemos; o valoramos la presencia y el poder de Dios, o no lo hacemos. Honramos a Jesús quien murió por nuestros pecados, como el Hijo de Dios, o no lo hacemos. Estas cosas no son cuestiones de estilo. Son absolutos. No podemos descuidarlos y esperar prosperar. En tales casos, incluso en las iglesias posmodernas, debemos someter nuestra cultura a la cultura de la Palabra, la cultura del reino. No podemos esperar que la cultura del reino se someta a nuestra cultura caída.

En Éxodo 25:40, Dios dice:

> *Mira y hazlos [los artículos asociados con el tabernáculo] conforme al modelo que te ha sido mostrado en el monte.*
>
> (RVR 1960, paréntesis añadido)

¿Por qué? Porque Dios hace todo con un propósito, y hasta los modelos del tabernáculo hay vida para quienes los entienden. Recuerde, cuando estropeamos el modelo, estropeamos la sombra, y por lo tanto estropeamos la percepción de la gente sobre la realidad celestial que hay detrás.

Si estropeamos el patrón físico, tergiversamos la realidad celestial. La gente no sabe cómo es Dios realmente porque los sacerdotes han pasado mucho tiempo estropeando la sombra; representándolo mal a Él.

Una vez más, la sabiduría sigue los caminos de Dios. La necedad sigue el camino que al hombre le parece derecho.

Podemos adorar y liderar la adoración según la Palabra de Dios, y brindaremos vida a las relaciones y a las circunstancias de nuestras vidas; o podemos seguir la sabiduría de los hombres, que solo conduce a la muerte y la decadencia.

4. Los tabernáculos debe ser construidos por personas hábiles

¿Usted contrataría a constructores no calificados para construir su casa? ¿Y un mecánico novato para reconstruir el motor de su automóvil? ¿Querría que le extrajera el apéndice un "cirujano" que no hubiera ido a la a escuela de medicina?

¿No? Entonces ¿por qué es de extrañar que Dios tenga el mismo estándar (a menudo más alto) en Su casa? ¿Por qué esperamos que Dios mantenga un estándar más bajo para Sus trabajadores que nosotros para los nuestros?

Perdóneme, pero la Iglesia parece pensar que hay algún mérito en la mediocridad. No lo hay.

La mediocridad no es ninguna virtud en el reino de Dios. La Biblia enseña al pueblo de Dios: *Esfuérzate por presentarte a Dios aprobado, como obrero que no tiene de qué avergonzarse y que interpreta rectamente la palabra de verdad* (2ª Timoteo 2:15, NVI).

¿Aprobado para qué? Aprobado para trabajar al servicio del Rey.

En cualquier campo en que trabajemos, con los dones que nos han sido dados, deberíamos estudiar, practicar y esforzarnos por ser lo mejor que podamos, para traer a Dios la mejor ofrenda que tengamos a nuestra disposición.

Cuando Dios instruyó a Moisés para que construyera el tabernáculo, le dijo exactamente a qué artesanos encargar el trabajo. Por favor, tome nota de las palabras de Dios aquí:

> *Y Bezaleel, Aholiab y toda persona hábil…harán todo conforme a lo que el Señor ha ordenado.*
>
> Éxodo 36:1

> *…Mira, he llamado por nombre a Bezaleel…Y lo he llenado del Espíritu de Dios en sabiduría, en inteligencia, en conocimiento y en toda clase de arte*
>
> Éxodo 31:1-3

Estos no eran artistas comunes y corrientes. Eran categóricamente los mejores tejedores, herreros, joyeros y carpinteros de toda la nación. ¿Por qué? Porque Dios es el Rey de reyes y Señor de señores y Él es digno de que le traigamos lo máximo y lo mejor.

Cada vez que levantamos una ofrenda al Señor, debe ser lo mejor que tenemos.

*Así también vosotros presentaréis al Señor una ofrenda de vuestros diezmos que recibís de los hijos de Israel; y de ellos daréis la ofrenda del Señor al sacerdote Aarón. De todos los dones que recibís presentaréis las ofrendas que le pertenecen al Señor, **de lo major de ellas**, la parte consagrada de ellas. Y les dirás: Cuando hayáis ofrecido **de ello lo mejor**, entonces el resto será contado a los levitas como el producto de la era o como el producto del lagar. Lo comeréis en cualquier lugar, vosotros y vuestras casas, porque es vuestra remuneración a cambio de vuestro ministerio en la tienda de reunión. Y no llevaréis pecado por ello, **cuando hayáis ofrecido lo mejor**; así **no profanaréis las cosas consagradas de los hijos de Israel, y no moriréis.***

Números 18:28-32, énfasis añadido

¿Cómo se aplica esto al ministerio de adoración? Profanamos los dones santos cuando traemos a Dios menos que lo mejor que tenemos para ofrecer.

A cada uno de los hijos de Dios le ha sido dado un don con el cual ministrar para Él —una ofrenda para elevar a Él. Sea cual fuere su don, desarróllelo hasta lo mejor de sus capacidades.

Yo soy un líder de adoración de plataforma y dirijo equipos musicales en el ministerio. Tenemos evaluaciones para determinar si una persona está lo suficientemente capacitada para funcionar como tal en nuestra plataforma. Digamos que tenemos cuatro guitarristas y una vacante en el equipo. Si los cuatro demostraron ser fieles, demostraron carácter, estudiaron para presentarse aprobados, y muestran la unción de Dios, ¿cómo elegimos cuál va a tocar para el Rey?

Elegimos el mejor. ¿Por qué? Porque brindar a Dios menos que lo mejor que podemos sería un insulto a Su Majestad. Sería "profanar las cosas sagradas".

Si alguno de esos animales está cojo o ciego, o tiene algún otro defecto grave, no se lo presentarás en sacrificio al Señor tu Dios.

Deuteronomio 15:21, NVI

Dios no aceptará ofrendas cojas —ya sean ovejas cojas o música coja. Traer a Dios lo cojo no es un sacrificio. Es un insulto. Es como recoger un regalo de aniversario para su esposa en la estación de servicio. Cojo.

Mire estos pasajes.

> *Ustedes traen animales ciegos para el sacrificio, y piensan que no tiene nada de malo; sacrifican animales cojos o enfermos, y piensan que no tiene nada de malo. ¿Por qué no tratan de ofrecérselos a su gobernante? ¿Creen que estaría él contento con ustedes? ¿Se ganarían su favor? —dice el Señor Todopoderoso.*
>
> Malaquías 1:8, NVI

> *¿Y* **creen que voy a aceptar** *de sus manos los animales* **lesionados, cojos o enfermos** *que ustedes me traen como sacrificio? —dice el Señor—. ¡***Maldito sea el tramposo** *que, teniendo un macho aceptable en su rebaño, se lo dedica al Señor y luego le ofrece un animal mutilado!* **Porque yo soy el gran rey** *—dice el Señor Todopoderoso—y temido es mi nombre entre las naciones.*
>
> Malaquías 1:13-14, NVI énfasis añadido

¿Captó esa última parte? Usted no puede recibir algo más fuerte que eso. Dios dice que no aceptará una ofrenda coja. Malaquías 1:8, dice que Dios considera malo traer menos que lo mejor. Él llega hasta maldecir a las personas que están en la capacidad de presentar una ofrenda digno de un Rey, pero le traen a Él menos que lo mejor.

Pensemos en eso por un momento. Yo podría traer una maldición sobre el ministerio que administro al ofrecer a Dios menos que lo mejor que tenemos. Tengo una responsabilidad con el pueblo de Dios para asegurarnos de que nuestras ofrendas de música sean ofrendas excelentes —lo mejor que podemos brindar. Puede que no sea la mejor del mundo, pero Él no está pidiendo eso. Está pidiendo lo mejor que nosotros podemos brindar. Y Él es digno de eso porque es el Rey más grande de todo el mundo. Ese servicio que yo juzgaba anteriormente, pudo haber sido lo mejor de ellos, en cuyo caso, Dios estaba complacido.

Traer un BUEN sacrificio es buena adoración.

La última línea del versículo 14 no debe ser descuidada. Mire, en los últimos cincuenta años, la Iglesia ha sido ridiculizada por el mundo secular por la calidad de sus ofrendas. Como líderes de la Iglesia, debemos arrepentirnos delante del Señor por ofrecer arte, música, libros, obras de teatro y películas de calidad risible.

Sé que esto es duro, pero es buena medicina. Mire, yo creo que los cristianos tienen miedo de decirse uno al otro: "Tú puedes hacerlo mejor que eso. Y Dios es digno de lo mejor de ti". Y por eso, hemos desarrollado afecto por la mediocridad.

La Iglesia debería estar haciendo la mejor música del mundo, porque la música no es el ámbito de Lucifer; es el ámbito de Dios. Deberíamos estar haciendo las mejores películas y escribiendo los mejores libros. Deberíamos ser los mejores artistas, soldados, gobernantes, médicos, esposos y esposas, políticos y pilotos del mundo.

Deberíamos estar marcando el comienzo del próximo renacimiento. Deberíamos estar iniciando la próxima revolución cultural; deberíamos estar haciendo arte que convierta a nuestra cultura ¡en vez de estar entretenidos con medios de comunicación que trastocan la cultura de Dios!

Si dejamos de ofrecer a Dios "música especial" y le ofrecemos "adoración" —la absolutamente mejor que tengamos— podemos captar la atención del mundo. Si los cristianos tomaran la delantera en todos los campos del quehacer humano (lo cual es nuestro destino), el mundo sabría que nuestro Dios es un Rey poderoso, temible entre las naciones.

Tal como están las cosas, el mundo secular simplemente piensa que nuestro Dios debe de ser un anciano solemne, en el cielo, a quien le gusta la mala moda y la mala música, pero detesta a la gente.

Qué pésimo servicio le hemos prestado a Él.

Usted puede decir: "Pero la Biblia dice que Dios mira el corazón". Es cierto, lo hace. No estoy diciendo que deberíamos dar lo mejor sin corazón. Digo que deberíamos llevar lo mejor con pasión. "Pero", puede decir usted, "se habla de hacer un bullicio gozoso delante del Señor". Por supuesto que sí, y usted debe hacer un bullicio gozoso, pero no dice que hacer "bullicio" lo califique para dirigir a la congregación en el canto. Como dijo el salmista:

Cántenle una canción nueva; toquen con destreza, y den voces de alegría.

Salmo 33:3, NVI

Sí, toda voz debería cantar a Dios, pero solo las mejores voces deberían liderar el canto.

La gente mira la plataforma del santuario con envidia. Ve un alto puesto y lo anhela. Y se lamentan si no pueden tenerlo. En cuanto a mí, nunca he querido guiar a nadie. Yo solo quería estar con Dios. Tal vez es por eso que ahora estoy en una plataforma guiando al pueblo de Dios. Nunca he servido a Dios en busca de una plataforma. Lo he servido porque lo amo. Eso es adoración.

Usted, mi amigo, es un sacerdote. Usted tiene el privilegio de ministrar a Dios y bendecir a Su pueblo. Hágalo con todo su corazón, como una labor de amor. Use sus dones para hacerlo con lo mejor de su capacidad. Entonces, su servicio será una buena ofrenda y un sacrificio aceptable. Y eso será adoración.

5. Por Su Espíritu

Mira, he llamado por nombre a Bezaleel, hijo de Uri, hijo de Hur, de la tribu de Judá. Y **lo he llenado del Espíritu de Dios** *en sabiduría, en inteligencia, en conocimiento y en toda clase de arte, para elaborar diseños, para trabajar en oro, en plata y en bronce, y en el labrado de piedras para engaste, y en el tallado de madera; a fin de que trabaje en toda clase de labor.*

Éxodo 31:2-5, énfasis añadido

Es imposible construir un tabernáculo —un lugar de encuentro entre el hombre y Dios— sin el Espíritu de Dios. Si un líder tiene toda la sabiduría y el conocimiento, está lleno de habilidad y excelencia, y es un pastor de capacidad excepcional, y habla con la voz de un ángel, pero no tiene el Espíritu de Dios, esa persona nunca será un sacerdote. Así nunca serán adoradores. Y no pueden aspirar a dirigir a otros para adorar a Dios.

¿Por qué es así? Es porque no puedo llevar a alguien a ninguna parte donde yo no sea capaz de ir. ¿Puede el ciego enseñar a ver a los ciegos?

Mas la hora viene, y ahora es, cuando los verdaderos adoradores adorarán al Padre en espíritu y en verdad; porque también el Padre tales adoradores busca que le adoren. Dios es Espíritu; y los que le adoran, en espíritu y en verdad es necesario que adoren.

Juan 4:23-24, RVR 1960

Está más allá del alcance de este libro el ampliar este punto. Simplemente se lo presento. Dios es Espíritu, y debe ser adorado en espíritu. Cuando ponemos a alguien en la plataforma, una de las cosas que estamos buscando es la evidencia del Espíritu de Dios en su vida (voy a tratar esto más adelante). Sin Él, todas las demás calificaciones no llegan a nada. Carecen de poder.

Antes de ser salvo, los cristianos trataban de convertirme todo el tiempo. Mis padres me enviaron a un colegio cristiano con la esperanza de que mi vida diera un vuelco (no sucedió en ese tiempo) y algunos de los estudiantes de allí me tomaron como un desafío.

Ellos tenían dos problemas: no conocían lo suficientemente bien sus Biblias, y no tenían el Espíritu de Dios. Me los comía en el almuerzo. A menudo regresaban a sus dormitorios desalentados o llorando. ¿Por qué? Ellos trataban de guiarme a alguna parte a la que realmente no sabían cómo llegar. Y lo hacían sin el poder ni la sabiduría de Dios. Esa es una gran receta para el fracaso.

> Ponga el Señor, Dios de los espíritus de toda carne, un hombre sobre la congregación, que salga y entre delante de ellos, y que los haga salir y entrar a fin de que la congregación del Señor no sea como ovejas que no tienen pastor. Y el Señor dijo a Moisés: Toma a Josué, hijo de Nun, hombre en quien está el Espíritu, y pon tu mano sobre él; y haz que se ponga delante del sacerdote Eleazar, y delante de toda la congregación, e impártele autoridad a la vista de ellos.
>
> Números 27:16-19

Dios está buscando pastores que alimenten a sus amados. Él busca líderes que pueden llevar a Su pueblo a Su presencia y guiarlo a la guerra. Para calificar, deben tener Su Espíritu en ellos. Por medio del Espíritu de Dios, Josué guió al pueblo de Dios a la Tierra Prometida. Y es por el Espíritu de Dios que guiaremos a Su pueblo a Su presencia.

Permita que el Espíritu de Dios dirija la adoración en su vida, y usted será digno de ser seguido.

PREGUNTAS PARA DEBATIR

1. "La única manera de vencer [a Israel] era sacar a Dios del campamento. Y la única manera de hacerlo era corromper su adoración. Así que eso es lo que los enemigos de Israel hicieron. Y eso es lo que el enemigo de nuestro Dios está haciendo hoy en día". ¿Cómo cree usted que el Enemigo está corrompiendo la adoración en la actualidad para impedir a la gente el acceso a la presencia de Dios?

2. "¿Qué clase de papá daría permiso a sus hijos para ir a algún lugar, pero no les enseñaría el camino?" A algunos cristianos no les gusta la idea de que haya una manera correcta de adorar a Dios, pero ¿qué es más restrictivo: que Dios nos dé permiso para acceder a Él sin enseñarnos cómo, o que Dios nos dé permiso y nos enseñe cómo?

3. Lea nuevamente Hebreos 8:5. Usted puede aprender mucho acerca de algo al estudiar la sombra que lo representa. ¿Por qué sería desastroso ignorar el tabernáculo de Moisés y descartarlo como "Antiguo Pacto?"

4. "Hay una razón por la que Dios llama a Su pueblo ovejas y no ganado. Usted arrea al ganado, pero guía a las ovejas". Piense en la historia sobre la líder de alabanza que "dio una fuerte reprimenda a esa muchedumbre" (página 35). Como adorador, ¿alguna vez se sintió tratado como ganado? ¿Funcionó? Como líder de alabanza, ¿ha intentado manejar una congregación en vez de guiarla? ¿Funcionó? Tomen un tiempo para intercambiar ideas y debatir una mejor manera de guiar y experimentar la adoración.

5. "Es mi tarea, como sacerdote, obedecerle ayudando a crear oportunidades para que las personas se encuentren con Él. Pero es Su tarea mover sus corazones. La obediencia es mi parte; el resultado es Su parte". Si usted es un líder de alabanza, ¿cambia esta declaración la forma de ver lo que hace? ¿Cómo ha visto su rol en el pasado y cómo verá su rol de ahora en adelante? Quizás usted no es un líder de alabanza, pero sigue siendo un sacerdote. ¿Cómo se aplica esto a usted en su servicio a Dios?

6. Lea en 2ª Samuel la historia del primer intento de David de llevar el arca a Jerusalén. ¿Qué salió mal? ¿Cómo podrían haberse evitado estos problemas? Aplique sus respuestas a un contexto de adoración moderno.

7. No puede guiar a alguien a un lugar al que usted no sabe cómo ir. Como sacerdote, ¿quién lo está guiando? ¿Cuál es el elemento crítico, lo más importante, que lo hará digno de ser seguido?

Capítulo 4

¿QUÉ ES LA ADORACIÓN?

Alguien ha señalado que cuando oramos, estamos preocupados por nuestras
necesidades. Cuando alabamos y damos gracias, estamos preocupados por
nuestras bendiciones. Pero cuando adoramos, solo estamos preocupados por Él.
—Dr. Eddie Hyatt

. . .

Me doy cuenta que suena como un cumplido, pero me sobresalta un poco cuando la gente se acerca después de un servicio de adoración y dice cosas como: "Me encanta su música". Sé que tienen buenas intenciones. Están tratando de poner en palabras algo que no saben cómo verbalizar. Han experimentado algo que la Iglesia no los preparó para describir. Han experimentado la adoración. Y como Dios responde a la adoración, han experimentado la presencia de Dios —la inefable presencia de Dios.

Hemos hecho un gran daño a nuestras congregaciones al dejar que piensen que la adoración es un tipo de música. Si la adoración es solo música, entonces se puede catalogar en estilos y volúmenes. Puede ser empacada, producida, y comercializada. Y puede ser consumida por su audiencia humana. Si la adoración es solo música, podemos juzgarla como agradable y apropiada o desagradable e inapropiada. Podemos decidir si vamos a participar o no en la adoración basándonos en nuestras propias preferencias y estados de ánimo. Si una canción no expresa mi estilo preferido o no refleja mi estado de ánimo actual, entonces no tiene que gustarme ni tengo que participar en ella.

¿Ve el problema? Si la adoración es música, podemos comercializarla para el hombre. El hombre se convierte en un espectador, un consumidor de la adoración. En otras palabras, la adoración se convierte en algo para el hombre y no para Dios. Si la adoración es para el hombre, entonces el hombre es el objeto de adoración. Si el hombre es el objeto de adoración, entonces somos dioses para nosotros mismos.

No podemos prosperar al tomar para nosotros mismos lo que tiene el propósito de ser para Dios. La adoración es para Dios. Cuando me convierto en su juez, me pongo en el lugar de Dios, compito con Dios. La misma necedad que hizo perder a Lucifer su lugar en el cielo está muy diseminada en nuestras congregaciones y en nuestra cultura de adoración. Creemos que la adoración, es para nosotros.

La adoración es para Dios, no para el hombre.

¿Sabía usted que no hay una sola palabra para adoración, en griego o hebreo, que tenga algo que ver con la música?

Interesante.

EL VEHÍCULO MUSICAL

La música es una maravillosa herramienta para la adoración. La música es la única, entre las formas de arte dadas a la humanidad, que implica la trinidad de nuestro ser creado: cuerpo, alma y espíritu. Cuando la triunidad del hombre adora a la triunidad de Dios, se logra una conexión relacional (o comunión) que no puede ser duplicada por ninguna otra criatura.

Dios es un ser trino y solo puede ser plenamente adorado por otro ser trino.

Es por eso que el mayor mandamiento es amar a Dios con todo nuestro corazón, alma y fuerzas (Marcos 12:30). Para hacerlo, debemos comunicar la integridad de nuestra triunidad cuando adoramos a Dios. Adoramos con las tres partes de nosotros mismos. Si una parte se desactiva, no estamos realmente adorando. ¿Si mi boca canta adoración, pero mi corazón no está involucrado? No es adoración. ¿Si le canto a Dios una canción de amor, pero mi espíritu está muerto en incredulidad? No es adoración. La música nos ayuda a comprometer nuestra triunidad con la triunidad de Dios, para amarlo con cada parte redimida de nuestro ser: cuerpo, alma y espíritu.

La música mueve nuestros cuerpos. Nos inspira a movernos, a balancearnos, a danzar. Acelera o disminuye el ritmo de nuestros corazones. Hasta fuimos creados con instrumentos musicales en nuestros cuerpos. Nuestras manos aplauden y los pies zapatean como instrumentos de percusión. Nuestras cuerdas vocales funcionan como instrumentos de cuerda y viento. Somos instrumentos vivientes (algunos más afinados que otros). Nuestros cuerpos fueron hechos para ser musicales; por eso la música afecta e involucra nuestros cuerpos.

La música conmueve nuestras almas. ¿Alguna vez ha escuchado una pieza musical que lo hizo llorar? ¿Alguna vez ha escuchado una canción que hizo alegrar su corazón? Por supuesto que sí, porque la música afecta su alma. Afecta sus emociones y su mente. Inspira imágenes, pensamientos y sentimientos. Puede comunicar una gama completa de emociones sin una sola palabra. La música es una poderosa antena del alma. Si no me cree, mire una escena de la película de suspenso con el sonido apagado. La mitad de la tensión de *Tiburón* proviene de la ominosa —"algo viene a atraparte"— música. Sin la música, *Tiburón* solo es un gran pez de goma. La música lo hace siniestro. Nuestras almas fueron creadas para responder a la música.

La música también mueve nuestros espíritus. Siempre lo ha hecho. ¿Se acuerda cuando Saúl era atormentado por el espíritu malo? ¿Qué hacía para calmar su propio espíritu? Él no hacía nada. David tocaba música para él.

> *Y cuando el espíritu malo de parte de Dios venía sobre Saúl, David tomaba el arpa y tocaba con su mano; y Saúl tenía alivio y estaba mejor, y el espíritu malo se apartaba de él.*
>
> 1ª Samuel 16:23, RVR 1960

¿Y cuando Joram y Josafat, los reyes de Israel y de Judá, pidieron a Eliseo que profetizara? ¿Cómo abrió Eliseo su corazón para oír al Señor?

> *En fin, ¡que me traigan un **músico**! Mientras el **músico** tañía el arpa, la mano del Señor vino sobre Eliseo.*
>
> 2ª Reyes 3:15, NVI, énfasis añadido

Nuestros espíritus fueron creados para responder a la música. ¡Qué herramienta tan sorprendente! ¡Qué sorprendente vehículo para la adoración! ¡Qué gratificante expresión de adoración! Pero, ¿es la música en sí misma adoración? No. No lo es.

Entonces, ¿qué *es* la adoración?

DAR VALOR

Este libro es en parte un esfuerzo por definir y entender la verdadera adoración. Para avanzar hacia esa meta, necesitamos una base de familiaridad con algunas palabras especiales. Vamos a tener que mirar en el inglés, el hebreo y el griego a fin de obtener una buena imagen de lo que estamos hablando. Cuando hayamos terminado, creo que la niebla se habrá disipado.

Lo primero que me gustaría ver es la palabra en sí: adoración (*worship*, en inglés). Es una forma comprimida de una palabra en inglés antiguo, *worthship,* y significa, literalmente, dar valor a algo: atribuir valor demostrativamente, en especial a una deidad o dios. Es fácil de recordar: nosotros adoramos a Dios al comunicar y demostrar Su valor.

Demostrar valor nos cuesta algo. Para valorar algo, tenemos que ponerle un precio. Es por esa razón que la adoración se asocia frecuentemente con el sacrificio. Solamente hacemos un sacrificio por algo (o alguien) que es importante para nosotros: algo valioso.

La adoración es sacrificio. La primera mención de adoración en la Biblia es Génesis 22:5, cuando Abraham lleva a su hijo, Isaac, a la montaña para ofrecerlo en sacrificio a Dios. *Esperad aquí con el asno, y yo y el muchacho iremos hasta allí y adoraremos, y volveremos a vosotros.* ¿Adoraremos? Lo que realmente quiere decir es: "Voy a ofrecerle a Dios el sacrificio más grande que tengo para ofrecer; lo más valioso de mi mundo: mi hijo. Porque Dios es aun más valioso para mí".

Eso es lo que significa la palabra "valioso". Dios lo vale.

Bien, Dios, por supuesto, no quiere que sacrifiquemos a nuestros hijos, así que Él proveyó un carnero para que Abraham lo sacrificara en su lugar. Dios sigue proveyendo el sacrificio por medio de Jesús, pero el principio permanece. Adorar—valorar a Dios—debe costarle algo al adorador. La adoración es, en esencia, sacrificio: SIEMPRE implica dar.

Sacrificamos cuando ofrecemos a Dios nuestro tiempo, nuestro dinero, nuestras canciones de alabanza cuando las circunstancias no parecen loables, una actitud de gratitud cuando tenemos ganas de protestar. Un sacrificio suele ser incómodo y siempre tiene un precio.

Damos valor a muchas cosas. Nuestras prioridades demuestran a qué asignamos realmente valor. Y como el tiempo es dinero, es fácil ver lo que más valoramos al ver dónde invertimos nuestro dinero. ¿En qué gastamos más tiempo y dinero? A eso es a lo que damos más valor.

Esto realmente puso en perspectiva mis opciones de entretenimiento. Una vez estaba haciendo fila para ver una película, a punto de pagar $18 dólares por un par de entradas, cuando me di cuenta que estaba atribuyendo valor al "espíritu" que había detrás de la película que iba a ver.

Veamos, casi $20 por las entradas, tres horas de mi tiempo y el de mi esposa. Eso es seis horas. Si tuviera que trabajar durante seis horas, ¿qué esperaría que me pagaran por eso? Ah, no se olvide de la niñera y los bocadillos. ¡Grandes lagartijas saltarinas! ¿Realmente quería dar tanto valor a la visión del mundo por la cual estaba a punto de ser entretenido? ¿Quería atribuir tanto valor a una filosofía que me parecía detestable? ¡No! No quería. Ese día cambió mis hábitos de entretenimiento. Seguimos yendo al cine, pero somos muy selectivos con aquello a lo cual atribuimos valor.

Si la adoración atribuye valor a Dios, entonces el precio de nuestra adoración les muestra a Dios y al mundo lo mucho que lo valoramos a Él.

Las mujeres normalmente entienden esto mejor que los hombres. Tome por ejemplo el anillo de compromiso. ¿Cómo anuncia una mujer a sus amigas que está comprometida? ¿Les envía un correo electrónico, un Twitter, les llama, lo pone en su muro en Facebook? ¿Les dice algo? No. Ella entra en la habitación con una sonrisa de costado, con la mano extendida hacia adelante, y el anillo precediendo a la mano, adelantado por una buena pulgada y media. Sus amigas, instintivamente reconocen su postura, responden a esta señal universal con gritos ahogados, maravillándose y cubriéndose la boca con las manos. Se reúnen alrededor con las manos extendidas, para tocar y admirar el anillo. ¡El anillo!

¿Alguna de ellas pregunta por el hombre? ¿Cómo es él? ¿Tiene trabajo? ¿Vive con su madre? ¿Es jorobado y tiene un tercer ojo? ¡No! Nada de eso importa. ¡Él podría ser Quasimodo por lo que a ellas respecta! No importa. El mundo se ha resumido a esto. ¡El anillo!

Eso me solía desconcertar hasta que lo comprendí. ¿Cómo les importaba tanto un trozo de carbón brillante y tan poco el individuo con quien ella estaba a punto de pasar el resto de su vida?

Porque el anillo les dice todo lo que necesitan saber. A ellas no les importa el novio hasta ver lo mucho que valora a su amiga —la mujer recién comprometida. Llegan a esa mujer recién comprometida con una pregunta de todo corazón: "¿Cuán valiosa es ella para él? ¿Cuánto la valora?"

Quieren saber si ella es lo suficientemente valiosa para él como para que él pase seis meses comiendo solo sopas instantáneas, yendo al trabajo en bicicleta, usando durante tres días la misma ropa sucia, economizando, ahorrando y haciendo sacrificios con el fin de comprar un anillo que refleje, de alguna manera, lo vacía que sería su vida sin la mujer que ama. Cómo ella significa para él más que la vida misma. ¿Cuán valiosa es ella? ¿Cuánto es su valor?

Así que ella les muestra el anillo. En su economía, el precio del anillo muestra al mundo lo mucho que él la valora.

Ahora, hagamos un cambio. Aquí estamos, la Novia de Cristo, indigna de ser amada, infiel, adúltera y voluble. ¡El cielo y el infierno están estupefactos y los perdidos están incrédulos! ¿Cómo puede alguien amar a una mujer así? ¿Cómo podría el perfecto Príncipe de Paz —glorioso, santo, fiel, poderoso, justo, lleno de belleza y luz— elegir una mujer tan desagradable y descarriada? Los ángeles están perplejos. El infierno no lo puede comprender. Los perdidos no pueden creerlo. ¿Quién podría amar a un pueblo como la Iglesia? Solo una cosa silenciará sus dudas.

Muéstreles el anillo.

El único modo de que Dios silenciara a los escépticos era mostrar Su amor. Probar cuánto valemos para Él. Romanos 5:8, dice que *Dios muestra su amor para con nosotros, en que siendo aún pecadores, Cristo murió por nosotros.* ¿Qué es la cruz? Es el anillo de compromiso de Cristo. Es una "piedra de sangre", comprada al precio del propio Hijo de Dios, para atraer el corazón de la Novia y alejarla de sus otros pretendientes y demostrar, de una vez por todas, que Él la ama más que a la vida.

El Evangelio es nuestro anillo de compromiso, y dice todo lo que el mundo necesita saber acerca del Novio que nos pretende.

Si la cruz prueba lo mucho que valemos para Dios, nuestra adoración prueba lo mucho que Dios vale para nosotros. Estamos rodeados de un mundo que cree que somos ilusos. Hemos inventado un Dios imaginario. Nuestro compromiso con Él es un mito. Y la forma en que vivimos a menudo confirma las dudas de ellos. La Iglesia no actúa como estando comprometida con el Rey de reyes. No actuamos como la prometida. Actuamos como si fuéramos solteros —como si siguiéramos jugando a varias puntas. Propagamos nuestros afectos como si todavía estuviéramos de *shopping*, no como si ya hubiéramos encontrado nuestro verdadero amor.

El cielo nos está mirando. "¿Ustedes aman realmente al Dios de todo el universo?" El infierno está mirando. "¿Realmente creen? ¿Realmente lo aman? ¿O son inefectivos, impotentes, despreciables, y sin fruto?"

Los perdidos están mirando. "¿Realmente creen lo que dicen que creen? ¿Existe realmente su Dios? ¿Realmente es adorable? ¿Tiene el poder para salvar y transformar? ¿Vale la pena seguirlo? ¿Vale la pena vivir para Él?

¿Qué están pidiendo en realidad? ¡Muéstrame el anillo! Iglesia, adoradores, sacerdotes y pastores, ¡escúchenme! ¡Nuestra adoración comunica al mundo más de lo que ustedes creen! Nuestra adoración muestra al mundo lo valioso que es nuestro Dios. Nuestra adoración demuestra que tenemos un Salvador digno de ser amado, digno de que vivamos para Él, y (si es necesario) de que muramos por Él.

Si usted es un sacerdote (y lo es), entonces es un líder de adoración para el mundo que le rodea. Guíelos a adorar a Jesús, demostrándoles que Él es digno de nuestra adoración. La adoración atribuye valor a nuestro Rey.

SERVICIO DE POR VIDA

Fui salvo cuando tenía 23 años de edad, tendido de espaldas en la hierba en el museo de arte Laguna Gloria de Austin, Texas. Apenas unos meses antes, había destruido el corazón de la mujer que "amaba" al presionarla para que abortara. Mientras ella yacía en la camilla de la clínica con lágrimas silenciosas, tomé conciencia de que la vida de la única persona inocente en esa situación, el bebé, se estaba extinguiendo debido a mi egoísmo. Fue entonces cuando vi lo pequeño, vil e indigno de ser amado que yo era. En algún lugar profundo, dentro de mí, yo sabía que en realidad había un Dios. Él era santo, perfecto y justo. Y yo acababa de hacerme Su enemigo. Yo había pecado. Me merecía el infierno y el infierno a mí.

Ese día Dios hizo algo milagroso. Visitó el museo de arte. Dios vino a mí, adonde yo estaba, sobre la grama, y me habló con una voz que se podía sentir además de oír. Mientras protegía mis ojos de su brillantez, Dios me explicó Su amor por mí. Mientras Él hablaba, el evangelio se descargó instantáneamente en mi corazón. Entendí la cruz por primera vez. Comprendí el verdadero amor y el perdón, por primera vez. Y fue sorprendente. Le dije que no podría escupir en la cara de esa clase de amor. Yo haría cualquier cosa que Él me pidiera por el resto de mi vida.

Ese día me convertí en más que un "creyente"; me convertí en un adorador.

Una de las palabras en hebreo que a veces se traduce como adorador es *abad*. Significa siervo de por vida. Deuteronomio 15:12-17 (vea también Gálatas 1:10), explica que cuando un esclavo era liberado de su tiempo de servidumbre, si amaba a su amo, podía optar por permanecer con su amo y servirle como siervo de por vida. Ese día, en Austin, me convertí en un adorador abad: siervo de por vida. Hoy en día, no sirvo a Dios por un requisito religioso. No lo sirvo por la amenaza del infierno. Elijo servirlo *porque Él me ama*. Y yo lo amo tanto que no hay nada que prefiera hacer por el resto de mi vida que servirlo con todas las facultades de mi ser. *Eso es adoración.*

El servicio de por vida contiene un concepto interesante que habla directamente a la diferencia entre religión y adoración. Quizás usted ni siquiera sabía que había una diferencia, pero las dos son polos opuestos:

> *Si él te dijere: No te dejaré; porque te ama a ti y a tu casa, y porque le va bien contigo; entonces tomarás una lesna, y horadarás su oreja contra la puerta, y será tu siervo para siempre; así también harás a tu criada.*
>
> Deuteronomio 15:16-17, RVR 1960

Mire, los esclavos sirven a sus amos por obligación. Obedecen porque hay una constante amenaza de repercusiones negativas si desobedecen. Ellos DEBEN obedecer porque es su deber. Son esclavos.

Pero un siervo de por vida no sirve a su amo por obligación. Un siervo de por vida sirve a su amo por amor. El siervo de por vida es libre de seguir su propio camino, pero él decide quedarse con su amo por el resto de su vida, sirviéndolo y obedeciéndole, porque ama a su amo tanto que no hay nada que prefiera hacer sino servirlo. Y no hay ningún lugar en que prefiera estar más que en la casa de su amo.

Una persona religiosa es como un esclavo. Sirve a Dios por obligación, miedo o sentido del deber. Él no es verdaderamente libre, porque se siente obligado a obedecer a Dios, pero su corazón anhela ser su propio amo.

Un adorador es una persona que tiene plena libertad para elegir, pero ama tanto a Dios que elige servirlo y obedecerle porque no hay ninguna otra cosa que prefiera hacer.

La religión está motivada por el miedo y la sensación de que nuestra identidad y valor se mantienen por nuestro trabajo. La adoración siempre es motivada por el amor.

Dos personas pueden hacer las mismas cosas y Dios recibirá una como un acto de adoración y rechazará la otra como una obra religiosa. Dos personas vienen a la iglesia, una porque siente que tiene que hacerlo para apaciguar a Dios; la otra viene porque ama a Dios. ¿Cuál es el esclavo y cuál el siervo de por vida? ¿Cuál es la adoración? La motivación importa.

Es interesante cómo muchos de los grandes hombres y patriarcas de la Biblia se identifican a sí mismos como siervos de por vida. No como apóstoles, discípulos, papas, peces gordos, ni "hombres del poder de Dios para esta hora", sino como sencillos, amorosos, humildes siervos de por vida.

Pues, ¿busco ahora el favor de los hombres, o el de Dios? ¿O trato
de agradar a los hombres? Pues si todavía agradara a los hombres,
no sería siervo de Cristo.

Gálatas 1:10, RVR 1960

Pablo, siervo de Jesucristo…

Romanos 1:1, RVR 1960

Pablo y Timoteo, siervos de Jesucristo…

Filipenses 1:1, RVR 1960

Santiago, siervo de Dios y del Señor Jesucristo…

Santiago 1:1, RVR 1960

Simón Pedro, siervo y apóstol de Jesucristo…

2ª Pedro 1:1, RVR 1960

Judas, siervo de Jesucristo…

Judas 1:1, RVR 1960

Pablo, siervo de Dios y apóstol de Jesucristo…

Tito 1:1, RVR 1960

¿Ve cómo estos hombres se presentan primero como siervos? Pablo el apóstol a los gentiles; Santiago, el líder de la Iglesia de Jerusalén y hermano de Jesús; Judas, otro hermano de Jesús; y Pedro, la roca, el primero entre los apóstoles, el hombre de Pentecostés, y el primer Papa de los católicos. Estos hombres tenían razones para presumir, pero que no se identificaban a sí mismos por la forma en que servían; se identificaban por a quién amaban servir.

Ellos eran hombres que fueron liberados del yugo de la ley, pero que servían a Jesús de todos modos porque lo amaban tanto que no había ninguna otra cosa que prefirieran hacer.

Eso es servicio de por vida.

Y eso es buena adoración.

ESPERAR EN DIOS

La segunda palabra griega usada con más frecuencia para adoración es la palabra *latreuo*. *Latreuo* significa ministrar a Dios, rendir homenaje religioso, o servir. Resume el concepto del servicio de por vida.

En otras palabras, adorar es ministrar a Dios, lo cual es parte de perfil de puesto sacerdotal. Adorar es servir a Dios. Observe que *latreuo* no significa "servir al hombre". Una vez más, la adoración no es para el hombre; es para Dios. Pero también debemos tener en cuenta que servir a Dios significa servir a Su deseo, y Él desea a la gente.

Cada vez que pienso en esta palabra, pienso en Jesús cuando se ciñó el delantal a la cintura, y se inclinó para lavar los pies de Sus discípulos. El delantal blanco es el uniforme de los adoradores *latreuo*.

Voy a usarme como ejemplo. Sirvo a mi iglesia local como pastor de adoración. Cuando estoy ministrando durante un servicio, a menudo me imagino como camarero en una mesa de un buen restaurante. Mi tarea es servir a los invitados de honor, el Rey de reyes y su futura esposa.

Con el fin de hacerlo eficazmente, hay que tener en cuenta varias cosas. En primer lugar, el Rey ha llegado para enamorar a Su amada. Necesito proporcionar la atmósfera para eso. Mi tarea es averiguar lo que Él quiere para la cena (el Rey ordena para ambos), luego servirle de una manera que permita que la atención de ella se mantenga en Él. Yo no debería distraer su atención del Rey. Yo no debería interrumpir su conversación. Es necesario que me vuelva invisible.

Una palabra a los líderes de adoración. Es una experiencia embriagadora quedar cautivo en la presencia del Rey cuando Él enamora a Su Novia. La conversación es rica, la fuerza de Su presencia es magnética, y las emociones pueden ser abrumadoras. Él puede ser tan intenso, tan dulce, tan formidable y majestuoso, y tan humilde y compasivo. Él es un Dios que demuestra Sus sentimientos por Su Novia.

Seria un terrible error interponerse entre el Rey y Su mayor tesoro en un momento así.

He cometido el error de tratar de atraer la mirada de la Novia. A veces, como líderes de alabanza, podemos sentir la emoción del éxito en esos momentos. Puede sentirse que la congregación está respondiendo y adorando tan apasionadamente porque hemos dirigido muy bien. Y nuestros inmaduros corazones pueden confundir esa sensación con la afirmación que obtenemos en nuestra propia capacidad y "esplendor". Podemos resbalar un momento y pensar: "Ellos me aman. Realmente me aman".

Si no tenemos cuidado, podemos olvidar fácilmente que el afecto de la Novia es solo para el Rey (o al menos debería serlo). He conocido líderes de alabanza que recibieron tal oleada de aprobación de la respuesta de la congregación que trataron de conquistar a la Novia de Cristo. Y Cristo es alguien con quien usted no quiere competir.

Hagámoslo personal. Tengo una esposa hermosa. Cuando la llevo a cenar es porque quiero pasar tiempo con ella, no porque quiera que la divierta un camarero. Esta es una advertencia a los camareros: si quiere una propina, sírvanos, no trate de divertirnos. No necesito un bufón en mi mesa, necesito que vuelva a llenar mi vaso. De modo similar, divertir no es tarea de un líder de adoración; su tarea es proveer un buen servicio.

Permítame ofrecer una advertencia más fuerte. Una vez más, mi esposa es hermosa. Yo la llevo a cenar para poder coquetear con ella, no para que el camarero pueda coquetear con ella. Si usted coquetea con mi esposa, puede esperar algo peor que no tener propina. Voy a invitarlo a salir a la parte de atrás y le aplastaré su repulsiva nariz.

Jesús es un esposo celoso. He conocido a líderes de adoración que pensaban que, porque fueron ungidos, tenían derecho a cortejar el afecto de la Novia. Jesús tolerará muy poco esa necedad, pero invariablemente termina con un líder de adoración con la nariz aplastada. Cuídese.

Bien, la calidad y el orden del servicio son tan importantes como la comida. La gente no va a los restaurantes para nutrirse. Si solo necesitaran nutrición podrían comer en casa. Los servicios de la iglesia son similares. Naturalmente nos nutrimos por nuestra experiencia en la iglesia, pero yo me alimento diariamente en casa. Solo un cristiano muy inmaduro o muy perezoso va a la iglesia porque se muere de hambre. Los cristianos maduros, como las Novias maduras, pueden alimentarse por sí mismos en casa.

El restaurante es especial. Un servicio de iglesia también debería ser especial. Yo no quiero pagar más por alimentos peores de los que puedo conseguir en casa. Quiero una mejor alimentación. Y no quiero pagar más por una calidad inferior. Espero calidad superior. Cuando dirijo la adoración, quiero estar seguro de que la calidad del servicio y la excelencia de la comida que sirvo son dignos de mi Rey y de su Novia.

Una vez más, el orden del servicio es tan importante como lo que se sirve. En 1ª Reyes 10:4-5, dice que la reina de Sabá se quedó sin palabras por el servicio en el comedor de Salomón:

> *La reina de Sabá se quedó atónita al ver la sabiduría de Salomón*
> *y el palacio que él había construido, los manjares de su mesa, los*
> *asientos que ocupaban sus funcionarios, el servicio y la ropa de los*
> *camareros, las bebidas, y los holocaustos que ofrecía en el templo*
> *del Señor.*

(NVI)

El hombre más sabio de la Tierra conocía el valor de un buen servicio. ¿No es irritante cuando su aperitivo aparece al mismo tiempo que (o después de) la cena? ¿Por qué? Porque se suponía que el aperitivo debía preparar su paladar para el próximo plato. Por eso usted lo pidió primero. ¿Por qué la ensalada viene antes del plato principal? Porque prepara su paladar para lo que viene después.

El mal servicio lo maltrata. Es tosco. No tiene respeto por sus clientes. No tiene respeto por la jornada. Es impersonal. No tiene respeto por la experiencia, solo pone la comida en la mesa. Si yo quisiera comida arrojada en una bandeja, podría ir a una cafetería.

De la misma manera, hay orden en el tabernáculo de Dios, como pronto veremos. Un adorador que descubre esto encontrará que la vida se enriquece más a medida que se observa el orden. Un líder de adoración descubrirá que guiar al pueblo de Dios es mucho más fácil y más poderoso cuando nos sometemos al orden de Él. Porque Él es un Dios de trayectos personales.

A medida que aprendamos a llevarnos y a llevar a otros a través de la adoración del tabernáculo, vamos a ver que Dios sabe cómo funciona nuestro paladar espiritual. Él sabe cómo sacar a Su pueblo de la duda a la fe, a la gratitud, a la alabanza, a la sumisión, a la transformación, a la comunión, a la fecundidad, a la intercesión, a la gloria. Él sabe cómo llevarnos a Él y nos cambia a Su semejanza. Él es el Dios accesible. Esperar en Él significa servir a la mesa mientras Él se comunica con Su Novia.

Y, además, nosotros también somos parte de la Novia.

PREGUNTAS PARA DEBATIR

1. "Si la adoración es para el hombre, entonces el hombre es el objeto de adoración. Si el hombre es el objeto de adoración, entonces somos dioses para nosotros mismos". ¿En qué manera, confundir adoración con música, puede conducir a esta desafortunada forma de pensar?

2. Piense en una mujer comprometida que muestra su nuevo anillo. ¿Por qué es importante el anillo? ¿Qué es el anillo de compromiso de Dios para nosotros, Su Novia? ¿Qué es nuestro anillo de compromiso para Él? ¿Por qué nuestro anillo para Él es tan importante?

3. Lea Deuteronomio 15:12-17 y Gálatas 1:10. ¿Adora usted como un esclavo o como un siervo de por vida? ¿Cuál es la diferencia entre los dos? ¿De qué manera la diferencia entre los dos resalta la diferencia entre religión y adoración? ¿En cuál prefiere estar?

4. ¿En qué manera ser un líder de adoración (o sacerdote) es similar a ser un camarero? ¿Cuáles son algunas características de un mal servicio? ¿Cuáles son las características de un servicio muy bueno? ¿Cómo se aplica esto a la adoración?

Capítulo 5

CÓMO BESAR A UN REY

Todo nuestro ser está formado como un instrumento de alabanza... Al usar el lenguaje corporal para expresar alabanza, lo que es interno se hace visible.

—Lamar Boschman

■ ■ ■

La palabra griega que con mayor frecuencia se traduce como adoración es la palabra *proskunéo*. Tiene múltiples facetas y contiene varios matices de significado. El primero es el concepto de postrarse ante Dios: tenderse sobre su rostro ante el Señor (veremos más sobre esto más adelante).

Quiero centrarme en otros dos matices de significado de la palabra *proskunéo*. El segundo matiz es la definición literal: la palabra en sí significa adorar. Rendir culto implica adoración. Cuando rendimos culto a Dios, lo adoramos: lo amamos profunda y respetuosamente.

El último matiz de significado ha suscitado cierto debate. *Proskunéo* significa postrarse, adorar y besar las manos a alguien. Es la parte del beso lo que agita a la gente. Nosotros, los hombres estadounidenses en especial, todavía podemos sentirnos bastante incómodos con las demostraciones públicas de afecto. Pero servimos a un Dios que ha mostrado abierta y públicamente Su afecto por nosotros, por lo que es una tendencia que hemos creado culturalmente, no una que hayamos descubierto lentamente del Espíritu o de la Palabra de Dios.

Creo que es el puritanismo pedante lo que ha hecho que algunos definan *proskunéo* como "lamer la mano, como un perro lame la mano de su amo". De modo que...¿usted prefiere ser el perro de Dios en vez de Su Novia? Como guste.

En cuanto a mí y mi casa, nosotros nos identificaremos más dignamente.

Permítame poner esto en un lenguaje más moderno. La palabra significa simplemente tirarle besos a Dios. Cuando salgo a trabajar por la mañana, mis hijos vienen corriendo a la puerta para recibir sus bendiciones y abrazos de mí antes de que me vaya. A menudo corren junto a mi automóvil por la calle, diciendo adiós con sus manos y tirando besos a medida que avanzan.

¿Por qué me tiran besos? Porque me adoran. Tirar besos es una expresión de amor hacia alguien que está un poco más lejos de lo que uno quisiera que esté. Si no hubiera un poco de distancia, usted solo tendría que besarle el rostro.

Sabemos que Jesús reconoce los besos como expresiones de amor porque, en Lucas 7, la mujer pecadora viene llorando a Sus pies, y los unge y los besa. Los fariseos le reprochan una conducta inapropiada en público, pero Jesús la defiende, al decir:

> *Tú no me besaste, pero ella, desde que entré, no ha dejado de besarme los pies. Tú no me ungiste la cabeza con aceite, pero ella me ungió los pies con perfume. Por esto te digo: si ella ha amado mucho, es que sus muchos pecados le han sido perdonados. Pero a quien poco se le perdona, poco ama.*
>
> vv 45-47, NVI

Jesús reconoce la conducta de ella, incluyendo sus besos, como expresiones de amor. Es el único lugar del Evangelio donde Jesús dice que alguien (además de Su Padre) le ha demostrado amor.

¿Comprendió? Solo hay un lugar en la Biblia donde Jesús dice que alguien le ha mostrado amor. Qué trágicamente triste. Que el Señor nos enseñe a amarlo mejor.

Nosotros, los de la Iglesia occidental, con frecuencia podemos ser más como los fariseos que como la mujer. No estoy abogando por un estándar de *todo es aceptable* en nuestras expresiones de adoración. Después de todo, algunos tipos de intimidad son más apropiados para el dormitorio que para el patio delantero. Lo que sugiero es que el rendir culto debe incluir adoración, y que la adoración debe expresarse físicamente.

Al igual que un beso, la adoración es una expresión de amor íntimo. Y, como ocurre en nuestras relaciones humanas, cuanto más íntima es la relación, más apasionada es la expresión de afecto.

No me crié en una familia muy efusiva. Siempre supe que me querían; simplemente no éramos del tipo cariñoso y besucón, así que he tenido que aprenderlo y someterme a eso. No podemos esperar que Dios someta Su cultura a la nuestra. Si hay alguna esperanza para nuestra civilización, debemos someter nuestra cultura a la Suya.

Como ya he dicho, no me crié de esa manera, por lo que la primera vez que un amigo cristiano varón me dio un beso en la mejilla, por poco vomito. Era repulsivo. Pero llegué a comprenderlo por lo que era: amor fraternal, más que amistad.

Tengo dos hermanas pequeñas. Hay una manera en que las beso: en el tope de sus cabezas. Pero sería raro que otras personas me besaran de esa manera. Ese es mi estilo de beso para mis hermanas.

También tengo seis hijos. No los beso de la misma manera en que beso a mis hermanas, porque nuestra relación es más íntima. Yo colmo de besos a mis hijos, incluso a mis hijos varones, y el bebé recibe lo mejor de todo. Casi cada parte de un bebé, que no va en un pañal, es besable. Son tan regordetes y preciosos, para comerlos a besos. Beso sus gordos piecitos de penecillo y la barbilla regordeta. Mordisqueo sus piernas blandas, lleno de besos sus rechonchas barriguitas, y soplo pedorretas en sus axilas.

¡Y les encanta!

Si tratara de besar a uno de mis amigos de esa manera probablemente no sería bien recibido. La razón por la que beso a mis hijos de esa manera es porque nuestra relación es diferente. Es más íntima.

Ahora, también hay un tipo de beso que le doy a mi esposa que es solo de ella: está reservado. Yo no lo compartiría (no me atrevería) con ningún otro ser viviente. ¿Por qué? Porque de todas mis relaciones humanas, mi relación con ella es la más íntima. De modo que nuestros besos son los más apasionados.

Cuanto mayor es la intimidad de una relación, más apasionadamente se expresa su amor. Cuanto mayor es la intimidad de nuestra relación con Dios, más apasionada será nuestra adoración. Después de todo, Él definió la pasión por nosotros en la cruz. Cuando correspondemos a esa pasión, estamos demostrando apropiadamente nuestro amor por Él.

No quiero ofenderlo si usted proviene de una tradición que es más reservada y estoica en su adoración, pero también quiero que sepa la verdad. No tenemos un Dios reservado, estoico. Él es expresivo y extravagante. La cruz es expresiva y extravagante. Hemos sido entrenados para adorar a Dios por una cultura caída, emocionalmente discapacitada. Es hora de salir de debajo de esa instrucción y sentarnos a los pies de Jesús. Si vamos a aprender a amar, aprendamos del Amor encarnado: Jesús.

Ahora, por otra parte, mi esposa y yo tenemos un beso público y uno privado. Con la adoración es lo mismo. Mi manifestación de afecto no debería restar valor a la experiencia de otras personas con Dios (si alguna vez ha sido golpeado con una bandera, ha sido cubierto de ropa por una bailarina interpretativa, o le han tocado el sofar varias veces en el oído, entenderá de qué hablo). Pero los líderes también deben ser muy cuidadosos con lo que juzgan inapropiado. El comportamiento de la mujer pecadora fue considerado inapropiado por los fariseos, y Jesús dijo que solamente ella demostró amor por Él. Mical juzgó la adoración de David y Dios llamó a David un hombre conforme a Su corazón. ¿Y cuánto más inapropiado puede volverse usted que un Rey colgado, desnudo y sangrante en una cruz? Sin embargo, el amor demanda tales medidas. Así que tenga cuidado con lo que aprueba y tenga cuidado con lo que condena.

La verdadera adoración siempre es una demostración de amor a Dios. Cuando está motivada por alguna otra cosa (exhibicionismo, orgullo, religión, lo que sea) es egolatría, y eso es idolatría.

AMOR DE PADRE

Poco después de que mi hija mayor cumplió los nueve años, la llevé al Daddy Daughter Banquet ("Banquete para padres e hijas") de nuestra iglesia. Habíamos tomado clases de baile, nos vestimos muy elegantes, nos tomamos fotografías; fue como una fiesta de graduación. Cuando llegamos allí, bailamos lento, bailamos en línea, movimos el esqueleto. Bailamos como trompos. Y cuando el encargado de la música puso My Girl (*Mi chica*), mi princesita me miró y yo supe que tenía su corazón. En ese momento, supe lo que se sentía ser el príncipe azul. Podía verlo en sus ojos: "Papi, me encantas".

Nunca olvidaré esa mirada. Fue uno de los momentos más honrosos, más gratificantes de mi vida.

Es necesario que usted sepa algo sobre mí. Yo no puedo bailar. Nunca he podido hacerlo. No soy diestro con los pies. Y me veo tonto cuando bailo.

Yo no fui a ese baile porque me encante bailar. Fui al baile porque amo a mi hija.

Jesús no viene a la iglesia porque Le encante a la iglesia. Viene a la iglesia porque lo ama a usted. Él no se presenta en su cuarto de oración porque Le encanta la oración. Se presenta porque lo ama a usted.

Él no fue a la cruz, porque Le encantara la cruz. Jesús fue a la cruz porque lo ama a usted. Él estaba ganando su amor.

Él quiere que ver que usted lo mire de esa manera. Y no hay nada que ministre más a Su corazón.

¿Por qué va usted a la iglesia? ¿Le encantan la música y el mensaje y la tradición y la comunidad? ¿O viene porque usted ama a Jesús?

¿Por qué viene usted a la oración? ¿Por qué viene a la Palabra?

Un adorador viene por amor. Cuando el amor es la motivación de su corazón, todo lo que usted hace se convierte en adoración.

EXPRESIÓN EN ADORACIÓN

¿Por qué es importante la expresión física? Si usted hace esta pregunta, es posible que esté entre aquellos que nunca han sentido realmente el beneficio de la expresión del amor. ¿Qué valor tiene para un niño recibir abrazos y besos de un padre? ¿Es suficiente para un niño que se le diga: "Sabes que te amo. Proveo para ti". ¿O es que esa falta de voluntad para mostrar afecto deja en el corazón de ese niño un agujero que pasará el resto de su vida tratando de llenar?

Voy a hacerle una pregunta. ¿Qué mujer querría casarse con un hombre que no le demostrara su amor? ¿Que no le tomara la mano o le hablara amablemente? ¿Un hombre que no recuerde los cumpleaños o los aniversarios? ¿Un hombre que la ignore, que piense que es poco atractiva, que ni siquiera inicie una caricia o un beso o un mimo? Una mujer puede terminar con un hombre como ese después de años de matrimonio, pero, ¿alguna dama coherente elegiría a un hombre así desde el principio?

¿Cuántos hombres elegirían a una mujer que se sienta avergonzada de ser vista con él? ¿Que le cause repulsión el solo pensar que él la toque? ¿Que no tiene ningún deseo por él, que no quiere tocarlo, ni dormir con él? ¿Cuántos se casarían con una antipática, sin pasión, sin amor, sin interés, una mujer pedante y mojigata? ¿Algún hombre quiere casarse con una novia así?

Tengo noticias para usted: Jesús tampoco.

Cristo no murió en la cruz por una mujer así. Él manifestó Su pasión para ganar el corazón de una diosa entre las mujeres; ojos encendidos con fuego por su Novio. Él regresará por una Novia sin mancha, radiante y guerrera —que gira la espada, de cabello salvaje, apasionada y orgullosa de su hombre. Ella no se avergüenza de amar a su Rey, y no espera que adivine lo que siente por Él.

Como dice el refrán, hablar es fácil. Todo amor digno de ser recibido es amor digno de ser demostrado. Dios pensaba así, por lo cual demostró Su amor por nosotros por medio de la cruz. Él no solamente nos lo dijo: lo demostró.

La adoración comienza siempre con una motivación del corazón, pero nunca se detiene allí. La motivación es amor; ese amor debe encontrar expresión para ser considerado adoración. El amor que no se expresa no es amor en absoluto.

Ya que el 55% de toda comunicación es el lenguaje corporal, en realidad nuestras acciones hablan más fuerte que nuestras palabras. Lo mismo ocurre con la adoración. Dios no se deja engañar por nuestra palabrería. Él lee nuestro lenguaje corporal. Por cierto, el mundo también lee el lenguaje corporal. Solo la Iglesia parece estar engañada por huecas necedades y canciones de afecto vacías. De modo que, ¿cómo demuestra usted adoración a Dios? ¿Cómo demuestra veneración?

Mi pastor, Robert Morris, dice que la adoración es "amor expresado". Eso es verdad, pero ya que tendemos a ser geniales para encontrar lagunas, permítame extenderme en esa definición. La adoración es el amor expresado a la manera *de Dios*.

¿Ha notado que todos expresamos y recibimos amor de manera diferente? Usted puede haber oído hablar del libro de Gary Chapman, *Los cinco lenguajes del amor*. Todo el mundo en la Tierra debería leerlo, especialmente las personas casadas, los padres, los niños, los amigos…básicamente cualquier persona que interactúa con otra persona.

La tesis es esta: todos tendemos a expresar y recibir amor en una de cinco maneras diferentes (o en combinaciones). Los "lenguajes del amor" son palabras de afirmación (decir cosas bonitas), tiempo de calidad, recibir y dar regalos, actos de servicio, y contacto físico.

Vea, yo soy un tipo bastante simple. Los varones son como los cachorros. Si usted quiere hacerme feliz, solo hábleme amablemente y rásqueme la barriga de vez en cuando. Mi esposa, por su parte, es un enigma. Habla los cinco idiomas con fluidez. Mi reto es descubrir mediante observación, pistas sutiles, la alineación de las estrellas, la oración y el ayuno, en qué idioma me está hablando en ese momento.

Nuestras conversaciones irían algo así: yo estropeo algo de alguna forma. Y la solución es perfectamente obvia para ella, así que me lanza lo que considera una indirecta: "Oh Zach, tú sabes cuál es mi lenguaje del amor". Ahora estoy como una araña en la colección de insectos de un chico, clavada, pegada y retorcida. No tengo idea de cuál es su lenguaje de amor, HOY. ¡Todo es desconocido para mí!

Usted puede ver la dificultad. Como hombre, usted realmente podría sentirse amado si su esposa le diera un bote de pesca. Pero si trata de expresar su amor por su esposa consiguiéndole un bote de pesca (con la excepción de nuestros amigos de Alabama), es posible que encuentre que ella no ve amor en eso. Del mismo modo, en una ocasión mi esposa me consiguió una sesión para un spa como regalo. Fue muy dulce de su parte, pero no soy de ese tipo. No tengo idea de por qué llaman manicura a esa cosa que le hacen a los dedos. Debería llamarse "mujericura".

Todo lo que yo quería era algo que dispare, corte, o sople. ¡Soy un MUCHACHO!

La cuestión es que, a menudo, nos va mal cuando tratamos de hablar nuestro lenguaje de amor para expresar amor a otra persona. Tenemos que aprender a hablar el lenguaje de amor de ellos.

Esto probablemente no vendrá como sorpresa, pero hay maneras en que podemos pensar que estamos expresando amor a Dios, pero Él no lo ve como tal. Por ejemplo, Dios no se siente amado simplemente porque cantemos una canción que diga que lo amamos. Así como no me siento amado solo porque mi esposa escoja una tarjeta preimpresa, le escriba su nombre y me lo entregue al pasar. Necesito de mi esposa más que tarjetas preimpresas vacías. Dios también.

Afortunadamente, Dios habla los cinco lenguajes del amor. ¿Palabras de afirmación? Nosotros los cristianos llamamos a eso alabanza. ¿Tiempo de calidad? A eso lo llamamos devocional personal: la oración, la Palabra y la adoración privada. ¿Recibir regalos? Eso son los diezmos y ofrendas. El lenguaje de "actos de servicio" habla por sí mismo. Y, por último, contacto físico. Tenemos un Dios que todavía quiere tocar, consolar, sanar, y estar cerca de Su pueblo. Él quiere que tengamos una experiencia con Él, en nuestros cuerpos físicos, no solo a la larga en algún dulce y etéreo futuro glorificado.

Dios quiere demostrarle Su amor físicamente, en el mundo que usted puede tocar. Y Él recibe amor cuando usted lo demuestra físicamente.

Ese es Dios. Él inventó los lenguajes del amor. Gary Chapman solo se fijó en ellos.

Pero si realmente queremos expresar nuestro amor a Dios de una manera que Él vaya a reconocer, la Escritura nos enseña en términos muy claros cómo hacerlo.

Si ustedes me aman, obedecerán mis mandamientos.

Juan 14:15, NVI

¿Quién es el que me ama? El que hace suyos mis mandamientos y los obedece. Y al que me ama, mi Padre lo amará, y yo también lo amaré y me manifestaré a él.

Juan 14:21, NVI

Le contestó Jesús: El que me ama, obedecerá mi palabra, y mi Padre lo amará, y haremos nuestra vivienda en él.

Juan 14:23, NVI

El que no me ama, no obedece mis palabras. Pero estas palabras que ustedes oyen no son mías sino del Padre, que me envió.

Juan 14:24, NVI

Mire, adoración es amor expresado a la manera de Dios. Y el lenguaje de amor de Dios es la obediencia. Todo lo demás, si no se hace sobre la base de la obediencia, es vanidad y futilidad. Dios no se deja engañar. Él sabe quien lo ama realmente. Sus verdaderos hijos demuestran su amor por Él cuando aman y siguen sus caminos.

La obediencia nacida del amor no es religión. No es obras. No estoy hablando de hacer cosas para ganar la salvación. Estoy hablando de demostrar afecto por Dios desde un corazón auténticamente amoroso. La salvación y la adoración son dos cosas diferentes. La salvación demuestra el amor de Dios por nosotros. La adoración demuestra nuestro amor por Él.

Bien, dados todos los argumentos denominacionales sobre los méritos y peligros de la emotividad, es bueno recordar que Jesús es Dios del corazón y que Él quiere moverse a través de nuestras emociones y gobernarlas; pero es la obediencia lo que distingue la adoración de la mera emotividad.

La obediencia es el ingrediente que evita que la adoración se convierta en escapismo. Richard Foster dice: "Así como la adoración comienza en santa expectativa, termina en santa obediencia. La santa obediencia evita que la adoración se convierta en un opiáceo, un escape de las apremiantes necesidades de la vida moderna".

Jesús vino a ganar nuestros corazones, y nuestras emociones fueron redimidas junto con el resto de nosotros. Pero en la Iglesia, nuestras acciones a menudo contradicen nuestras "emociones". Las verdaderas emociones de nuestros corazones son las que comunican señorío. Solo vamos a obedecer al señor que amamos. Si amamos nuestra carne, la obedeceremos. Pero si amamos a Dios, nuestras emociones serán confirmadas por la obediencia.

Digo esto para que podamos juzgarnos a nosotros mismos, no al mundo que nos rodea. Mirémonos a nosotros mismos.

Yo amo a Jesús. Yo quiero que Él haga Su morada conmigo y quiero que se manifieste a mí. Yo amo a Jesús, así que le obedezco. Eso es adoración.

Besad al Hijo, porque no se enoje, y perezcáis en el camino.
Salmo 2:12, RV 1909

Donde no hay obediencia, no hay adoración. No hay amor de Dios, porque no hay una demostración de amor para Dios. La adoración, al igual que todo amor verdadero, comienza con una motivación del corazón, pero debe ser expresada.

POSTRARSE ANTE EL REY

Hay una invitación en el Salmo 95:6. Dice: *Vengan, postrémonos reverentes, doblemos la rodilla ante el Señor nuestro Hacedor* (NVI).

¿Se acuerda de la escena del musical *El rey y yo*, donde el rey (interpretado por Yul Brynner) insiste en que Deborah Kerr nunca debe tener la cabeza más alta que la suya? Él se sigue moviendo a posiciones cada vez más bajas para ver si ella responde de acuerdo a su palabra. Cuando él se sienta, ella se sienta más abajo. Cuando el rey se sienta en el suelo, ella se inclina. Cuando él se reclina sobre un codo, ella se postra.

Esa no es una mala representación de la adoración. Solo un traidor o un tonto busca exaltarse por encima de su rey. Un adorador se asegura que su corazón y su posición estén siempre adecuadamente sujetos a su Señor. Se posiciona de manera que su cabeza esté "más baja" que la de su Rey.

Esto nos lleva a un tema que algunas personas nunca aceptarán. Postrarse.

La palabra hebrea que con mayor frecuencia se traduce como adoración es la palabra *shakjá*. Significa simplemente postrarse. A menudo vemos juntas las palabras "postrarse y adorar", como en Génesis 24:26: *"Entonces el hombre se postró y adoró al Señor"* (LBLA). Literalmente, significa: "entonces el hombre se postró y se postró". Solo para que no haya confusión sobre si se trata de postrarse en sentido figurado o literal, la Biblia lo dice dos veces para cubrir ambas posibilidades.

Cuando la gente adoraba en el Antiguo Testamento, realmente, realmente se postraba; se postraban físicamente además de humillar sus corazones ante el Señor.

Adorar es postrarse.

Usted puede decir: "Bueno, eso es del Antiguo Testamento, Zach. Ellos no estaban bajo la gracia, por lo que pensaban que estaban obligados a postrarse ante el Señor. ¿Cierto?".

Para responder, veamos la palabra griega del Nuevo Testamento para adoración. Ya la hemos estudiado en detalle. Es la palabra *proskunéo*. Si usted recuerda, *proskunéo* significa postrarse delante de Dios y arrojarle besos a Él porque lo adora.

El Nuevo Testamento no nos libera de ello en absoluto. En todo caso, los adoradores del Nuevo Testamento se postran más bajo (postrarse es yacer sobre el rostro, estando extendido en el suelo) y se humillan más que los adoradores del Antiguo Testamento. Y hay una dimensión adicional. Mientras que la adoración del Antiguo Testamento parece referirse principalmente a una sumisión del cuerpo y del corazón al Señor, la adoración del Nuevo Testamento agrega los ingredientes de adoración y demostraciones de amor.

Si la palabra del Antiguo Testamento para adoración significa postrarse en temor reverencial ante Dios, la palabra del Nuevo Testamento significa postrarse aun más bajo porque usted lo ama.

De cualquier forma que se mire, no hay manera de evitar lo obvio. Tanto las palabras hebreas como griegas para adoración significan postrarse delante de Dios. Postrarse es, y siempre ha sido, un ingrediente esencial de la adoración.

Pero, puede decir usted, la gente adora en muchas posturas diferentes en la Biblia. Definitivamente, eso es verdad, pero, ninguna de esas posturas se halla realmente contenida en el significado de la palabra adoración. No hay ninguna palabra para adoración que signifique sentarse, pararse, aplaudir, levantar las manos, encorvarse, moverse libremente o hacer piruetas. ¿Por qué? Porque, en su nivel más elemental la adoración no es estar de pie, sentado, saltando, o arrodillado. Todas esas posturas comunican algo acerca de la postura de nuestros corazones hacia Dios. Y todas están en la Escritura. Pero no son adoración en su forma más pura. La adoración está encapsulada en postrarse, debido a que la adoración es una sumisión total de su ser entero a Dios.

¿Por qué postrarse? Porque los ciudadanos y súbditos se inclinan por igual ante el Rey. Eso comunica el honor y el respeto a la autoridad, majestad y Señorío de Dios. Pero ¿no somos hijos de Dios? ¿Los hijos se inclinan ante el Rey? Sí, así es. Incluso los príncipes y princesas se inclinan ante Su Padre El Rey. La relación familiar no requiere menos respeto por parte de nosotros, sino más. **Dios no solo es nuestro Rey, sino que es nuestro Padre —una autoridad doble en nuestras vidas— y digno de doble honor.**

Simplemente no entiendo por qué los cristianos luchan con este concepto con tanta vehemencia (en realidad sí lo entiendo pero me rompe el corazón). Nos rehusamos absolutamente a postrarnos. ¿Por qué? ¿No es Él nuestro Dios y nuestro Rey? ¿Qué cree que va a ocurrir en el cielo cuando usted llegue allí? ¡Usted se va a postrar! Por favor, observe:

> *Y siempre que aquellos seres vivientes dan gloria y honra y acción de gracias al que está sentado en el trono, al que vive por los siglos de los siglos, los veinticuatro ancianos se postran delante del que está sentado en el trono, y adoran al que vive por los siglos de los siglos, y echan sus coronas delante del trono, diciendo: Señor, digno eres de recibir la gloria y la honra y el poder; porque tú creaste todas las cosas, y por tu voluntad existen y fueron creadas.*
>
> Apocalipsis 4:9-11, RVR 1960

¿Captó eso? A los veinticuatro seres más poderosos en el cielo se les han dado coronas, no para sus cabezas, sino para ornato de los pies de Dios. Se les han dado tronos, no para elevarse a sí mismos, sino para darles una posición más alta desde la cual se humillen y se postren ante el Rey. Ellos no lo consideran un insulto, una vergüenza o un inconveniente. Consideran un honor postrarse ante el Rey, porque Él es digno de más de lo que ellos brindan.

Somos tontas criaturitas orgullosas. Los estadounidenses, sobre todo, tienen un grave problema con postrarse. No nos postramos ante nadie. Y el último rey que intentó obligarnos a pastrarnos logró que lo mandaran a puntapiés de regreso a Inglaterra.

No es nuestra cultura el postrarse. No es de cultura de nuestras iglesias el postrarse. No es de cultura de la adoración moderna el postrarse. Afrontémoslo. Postrarse va contra la corriente de nuestra naturaleza caída.

Pero en algún momento vamos a tener que dejar de esperar que Dios someta la cultura de su Reino a nuestra cultura caída. Él, sencillamente, no puede hacer eso. La razón por la que vemos tan poco poder en nuestras iglesias es porque permanecemos en la doctrina del hombre, esperando que Dios se someta a nuestras valiosas opiniones. Él no lo hará. Y si queremos Su reino en la Tierra como en el cielo, tenemos que hacer las cosas que se están haciendo en el cielo. ¡En el cielo se están postrando! En el cielo no hay discusión sobre si se trata de su cultura o no. ¡Es la cultura del Reino! Cuando nos deshagamos de nuestra cultura caída (nacional, familiar, denominacional y religiosa) y aceptemos la cultura del reino de Dios, veremos que el cielo vuelve a venir a la Tierra.

Mire Filipenses 2:10-11:

> ...para que en el nombre de Jesús se doble toda rodilla de los que están en los cielos, y en la tierra, y debajo de la tierra; y toda lengua confiese que Jesucristo es el Señor, para gloria de Dios Padre.
>
> (RVR 1960)

Si tomáramos este pasaje literalmente, golpearíamos el suelo cada vez que el nombre de Jesús se pronunciara. Por respeto y reverencia nos postraríamos. Y cuando lo hiciéramos, la enfermedad, la pobreza, las ataduras, las adicciones, y la muerte ¡también se postrarían! En cambio, usamos el nombre que es sobre todo nombre como palabrota.

Es tiempo que sometamos nuestra cultura a la cultura de Él.

"Pero esa no es la forma en que lo hacemos, Zach". Sí, lo sé. Y los resultados hablan por sí mismos.

¿Por qué hay tantas iglesias vacías en todo el mundo occidental? ¿Por qué hay pequeños campanarios blancos como lápidas—sepulcros blanqueados, llenos de gente, pero carentes del poder y la presencia de Dios—por toda la faz de nuestra nación? Porque entronizamos el orgullo individual. Y Dios ha prometido que Él resistirá a los soberbios (Santiago 4:6). Él no puede ser entronizado sobre el orgullo del hombre. No lo hará.

Esta es la gota que casi colmó el vaso cuando Moisés guiaba a Israel de su cautiverio en Egipto a la Tierra Prometida. Los israelitas estaban tan orgullosos de que Dios les envió casi por su cuenta, sin Su presencia. Dios les dijo:

Ve a la tierra donde abundan la leche y la miel. Yo no los acompañaré, porque ustedes son un pueblo terco, y podría yo destruirlos en el camino.

Éxodo 33:3, nvi

¿Entendió eso? ¿Qué Él no va con ellos a la Tierra Prometida? ¿Porque podría destruirlos? ¿Porque son de dura cerviz?

¿Qué significa duros de cerviz? Ponga su mano en la parte posterior de su cabeza. Ahora endurezca los músculos del cuello. Ahora trate de empujar la cabeza hacia abajo y hacia adelante, manteniendo rígidos los músculos del cuello. Eso es duro de cerviz.

Los de dura cerviz se niegan a postrarse. Se niegan a someterse a los caminos, las órdenes y el carácter de Dios. Se niegan a someter su corazón a Él. Se rehúsan a postrarse.

¿Se imagina? ¿Qué sentido tiene ir a la Tierra Prometida sin la presencia de Dios? ¿Cómo puede un lugar ser una tierra prometida sin Dios en él?

Esto debería permanecer como una advertencia para nosotros. Dios está dispuesto a cumplir Sus promesas para nosotros, aun si eso significa no entrar con nosotros a la Tierra Prometida. ¿Cuál es la promesa de Dios para usted? ¿Sanidad? ¿Quiere sanidad sin la presencia de Dios en su vida? ¡No! ¿Él ha prometido el crecimiento de su congregación? ¿Un nuevo edificio, quizás? ¿A quién le importa si tenemos una genial instalación nueva si carece de la presencia de Dios? ¿De qué sirve un edificio lleno de gente si Dios no está ahí para salvar, sanar, libertar, transformar e investir de poder? ¡Solamente es un enorme club rotario! ¡Sin Dios, no hay Tierra Prometida!

¿Por qué los cristianos resisten tanto la humildad y la sumisión? ¿Por qué somos tan alérgicos al señorío de Cristo?

Y cuando salió él de la barca, en seguida vino a su encuentro, de los sepulcros, un hombre con un espíritu inmundo,...Cuando vio, pues, a Jesús de lejos, corrió, y se arrodilló ante él. Y clamando a gran voz, dijo: ¿Qué tienes conmigo, Jesús, Hijo del Dios Altísimo? Te conjuro por Dios que no me atormentes.

Marcos 5:2-7, rvr 1960

Es vergonzoso que los demonios se postren a los pies de Jesús, y los cristianos se nieguen a hacerlo. Si tan solo adoráramos como este hombre poseído por el demonio, podríamos cambiar el mundo. Si tan solo cayéramos a los pies de Jesús y preguntáramos: "¿Qué tienes conmigo, Jesús, Hijo del Dios Altísimo?".

Aquí hay un desafío si usted está dispuesto a aceptarlo: pase cuarenta días comenzando su día como el endemoniado. Durante cuarenta días, ruede de la cama, póstrese sobre su rostro ante el Señor y pregunte: "¿Qué tienes conmigo, Jesús, Hijo del Dios Altísimo?". Le garantizo que cambiará su vida; cambiará la vida de todo el que entre en contacto con usted. ¿Por qué? Porque Jesús puede obrar a través de un corazón humilde y sometido.

Ese endemoniado hizo la pregunta correcta en la postura correcta. ¿Y la respuesta? Salvación. Libertad. Restauración. Sanidad. Integridad. Cordura. Vida abundante.

> *Humillaos, pues, bajo la poderosa mano de Dios, para que él os exalte cuando fuere tiempo.*
>
> 1ª Pedro 5:6, RVR 1960

Esa es la historia del endemoniado. Él era un hombre que se humilló a sí mismo para que Dios pudiera levantarlo.

Esa es también la historia de la cruz si usted tiene oídos para oírla. Jesús se humilló a sí mismo para servir a la voluntad de Su Padre en la cruz. Y a su debido tiempo, Dios lo exaltó sobre todo nombre.

La cruz, como pronto aprenderemos, fue el mayor acto de adoración de la historia.

Ese es el ejemplo de adoración que se nos dejó para emular. Los más grandes adoradores de la Biblia eran todos personas que estaban dispuestas a humillarse ante Dios, a someterse a Su manera en vez de la de ellos.

Usted pregunta: "¿Qué es la adoración?".

Jesús la definió en el Huerto de Getsemaní al enfrentar Su muerte inminente: *Pero, no se haga mi voluntad, sino la tuya.* Eso es adoración.

Juan la definió cuando su ministerio se redujo y todos sus discípulos comenzaron, en cambio, a seguir a Jesús: *Es necesario que él crezca, pero que yo mengüe* (Juan 3:30, RVR 1960). Eso es adoración.

María la definió cuando el plan de Dios para su vida significaba que enfrentaría el rechazo absoluto de su comunidad: *He aquí la sierva del*

Señor; hágase conmigo conforme a tu palabra (Lucas 1:38, RVR 1960). Eso es adoración.

La adoración es una postura de nuestros corazones que se comunica a cada acción de nuestras vidas. La adoración es una actitud de amor y sumisión que demanda acción.

¿Por qué los santos del Antiguo Testamento adoraban inclinándose y postrándose? Tenían en sus corazones una actitud de reverencia que se comunicaba inclinando la postura de sus cuerpos. Esa es la verdadera humildad. Y eso es adoración. Para la conformación tanto en el Antiguo como en el Nuevo Testamento, fíjese en esto:

> *Y no **endurezcáis vuestra cerviz** como vuestros padres, sino someteos al Señor y entrad en su santuario, que El ha santificado para siempre, y servid al Señor vuestro Dios para que su ardiente ira se aparte de vosotros.*
>
> 2ª Crónicas 30:8

> *¡**Duros de cerviz**, e incircuncisos de corazón y de oídos! Vosotros resistís siempre al Espíritu Santo; como vuestros padres, así también vosotros.*
>
> Hechos 7:51, RVR 1960

Dios ha tratado antes con gente como nosotros. Irónicamente, son los de corazón religioso, los de la iglesia, quienes se negarán a prestar atención a Su llamado.

Todavía recuerdo la noche en que lideraba la adoración en el santuario de una iglesia para, quizás, unos quince jóvenes. Estaban repartidos por todo el santuario, algunos caminando y adorando, algunos danzando, otros sentados, algunos de rodillas. Yo solo les había indicado que se esparcieran, que encontraran un lugar donde poder relajarse y expresarse ante el Señor. Mientras estábamos adorando, un chico no creyente grande y atlético, entró por la parte trasera del edificio con una mirada de sorpresa en el rostro. Logró llegar a la mitad del pasillo, cayó sobre sus rodillas, levantó las manos al aire, y luego se puso boca abajo sobre la alfombra y adoró a Dios. Durante media hora, ese chico no se movió. A él nunca le habían enseñado sobre la adoración. No sabía nada acerca de Dios, ni de la iglesia, ni de la conducta apropiada. Solo sabía que cuando entró al santuario había un Rey soberano en el recinto, y reaccionó consecuentemente. Ese chico fue salvo esa noche. Y se convirtió en un adorador esa misma noche.

ADORACIÓN: ¿ACTITUD O ACCIÓN?

¿La adoración es una actitud o una acción? La respuesta a esa pregunta es "sí". La adoración es ambas. La adoración es una actitud que motiva cada acción de nuestras vidas. Es por eso que no puede ser realizada por otra persona. Yo no "hago" adoración; me vuelvo adoración. Cuando la adoración se convierte en la actitud de mi corazón, empiezo a ver que se comunica a todas las acciones de mi vida.

En cierto modo, la adoración funciona como lo directamente opuesto al pecado. Tanto el pecado como la adoración tienen una expresión interna y una expresión externa.

La expresión interna del pecado es la iniquidad. La iniquidad es la inclinación del corazón hacia ciertos tipos de pecado. Isaías 53:5, dice que Jesús fue molido por nuestros pecados. Él sufrió, en parte, para sanar nuestros corazones de la atracción al pecado; para quitar lo que nos motiva a amar el pecado.

La expresión interna de la adoración es el amor, como ya lo hemos tratado.

La expresión externa del pecado es la transgresión. Mientras que la iniquidad es una motivación interna, la transgresión es la acción del pecado. Transgredir es sobrepasar un límite o ley. Transgredimos cuando desobedecemos a Dios, al sobrepasar los límites de la justicia. Isaías 53:5, también dice que Jesús fue herido por nuestras transgresiones.

La cruz es la cura tanto para nuestra motivación al pecado como para nuestras acciones pecaminosas. La expresión externa de la adoración es la sumisión al señorío de Cristo; es la obediencia.

Así como la cruz sana tanto las expresiones internas como externas del pecado, también motiva tanto a nuestras expresiones internas como externas de adoración. La adoración es una respuesta a lo que Jesús hizo por nosotros en la cruz.

Así que ¿por qué está adorando usted hoy?

¿Y cómo está adorando hoy?

LA METÁFORA DE DIOS PARA LA ADORACIÓN

¿Cómo sé que la adoración es una respuesta a la cruz? ¡Porque Dios dijo que era como el matrimonio! (Estoy bromeando.) Mi matrimonio es la segundo relación más gratificante de mi vida. Pero sí aprendemos acerca de la adoración por medio del matrimonio. Mire Efesios 5:22-33:

> *Las casadas estén sujetas a sus propios maridos, como al Señor; porque el marido es cabeza de la mujer, así como Cristo es cabeza de la iglesia, la cual es su cuerpo, y él es su Salvador. Así que, como la iglesia está sujeta a Cristo, así también las casadas lo estén a sus maridos en todo.*
>
> *Maridos, amad a vuestras mujeres, así como Cristo amó a la iglesia, y se entregó a sí mismo por ella, para santificarla, habiéndola purificado en el lavamiento del agua por la palabra, a fin de presentársela a sí mismo, una iglesia gloriosa, que no tuviese mancha ni arruga ni cosa semejante, sino que fuese santa y sin mancha. Así también los maridos deben amar a sus mujeres como a sus mismos cuerpos. El que ama a su mujer, a sí mismo se ama. Porque nadie aborreció jamás a su propia carne, sino que la sustenta y la cuida, como también Cristo a la iglesia, porque somos miembros de su cuerpo, de su carne y de sus huesos. Por esto dejará el hombre a su padre y a su madre, y se unirá a su mujer, y los dos serán una sola carne. Grande es este misterio; mas yo digo esto respecto de Cristo y de la iglesia. Por lo demás, cada uno de vosotros ame también a su mujer como a sí mismo; y la mujer respete a su marido.*
>
> (RVR 1960)

Este pasaje no solo se refiere al matrimonio. También se refiere a la adoración. Pablo está tratando de explicarles a los efesios que si quieren tener un buen matrimonio, sus matrimonios tienen que reflejar la buena adoración. ¿Cómo opera la adoración? Jesús se entregó por la Iglesia. Antes de que su Novia se lo mereciera, antes de que ella se sometiera, y antes de que fuera amorosa, respetuosa o amable, Jesús dio su vida por ella. Ese es el amor sacrificial, y de eso se trata la cruz.

¿Cómo responde la Iglesia? Respetando a Cristo y sometiéndose a su señorío. Eso es adoración.

Cuando el mundo mira a un buen matrimonio, esto es lo que ven: un hombre que ama a su esposa desinteresadamente, que se sacrifica por el bien de ella, y la lava (no la critica) con la Palabra de Dios (veremos esto en mayor detalle más adelante). Aun cuando ella no se lo merezca, él la ama, la perdona y se entrega por ella.

Esposo, si usted actúa de esta manera, su esposa se sentirá amada con seguridad. Ella nunca va a buscar otro "señor".

Y cuando el mundo ve una esposa piadosa, ve una esposa que está tan agradecida por el amor sacrificial de su esposo, que responde respetándolo, honrándolo y sometiéndose a él. Ella confía en él y cree que todo lo que él hace, lo hace por amor a ella. Así que ella lo honra, independientemente de sus circunstancias.

Esposa, si usted trata a su marido de esta manera, él se sentirá adorado. Él nunca buscará otra esposa.

Esto no es políticamente correcto, sino que es la cultura del cielo.

Cuando el mundo ve un buen matrimonio, ve una imagen viva del evangelio y ve buena adoración.

Cuando el mundo ve esposos egoístas y esposas irrespetuosas, ve una perversión del evangelio, y una perversión de la adoración. Tenemos que representar con precisión lo mucho que nuestro Señor nos ama al amar a nuestras esposas de la misma manera.

Por lo tanto, cuando falla la adoración de una cultura, sus matrimonios comienzan a fallar.

Si tan solo obedeciéramos lo que Dios dice en Efesios 5, salvaríamos nuestras familias, nuestras iglesias y nuestra cultura. Tanto el evangelio como la adoración son redentivos en naturaleza. Y no solo se aplican a la Iglesia; son lecciones de cómo vivir una vida bendecida en la Tierra.

¿EL PERFECTO ADORADOR?

Aquí tenemos un momento notable en la breve vida y ministerio de Jesús de Nazaret:

> *Uno de los fariseos rogó a Jesús que comiese con él. Y habiendo entrado en casa del fariseo, se sentó a la mesa. Entonces una mujer de la ciudad, que era pecadora, al saber que Jesús estaba a la mesa en casa del fariseo, trajo un frasco de alabastro con perfume; y estando detrás de él a sus pies, llorando, comenzó a regar con lágrimas sus pies, y los enjugaba con sus cabellos; y besaba sus pies, y los ungía con el perfume. Cuando vio esto el fariseo que le había*

convidado, dijo para sí: Este, si fuera profeta, conocería quién y qué clase de mujer es la que le toca, que es pecadora.

Entonces respondiendo Jesús, le dijo: Simón, una cosa tengo que decirte. Y él le dijo: Di, Maestro.

Un acreedor tenía dos deudores: el uno le debía quinientos denarios, y el otro cincuenta; y no teniendo ellos con qué pagar, perdonó a ambos. Di, pues, ¿cuál de ellos le amará más?

Respondiendo Simón, dijo: Pienso que aquel a quien perdonó más.

Y él le dijo: Rectamente has juzgado. Y vuelto a la mujer, dijo a Simón: ¿Ves esta mujer? Entré en tu casa, y no me diste agua para mis pies; mas ésta ha regado mis pies con lágrimas, y los ha enjugado con sus cabellos. No me diste beso; mas ésta, desde que entré, no ha cesado de besar mis pies. No ungiste mi cabeza con aceite; mas ésta ha ungido con perfume mis pies. Por lo cual te digo que sus muchos pecados le son perdonados, porque amó mucho; mas aquel a quien se le perdona poco, poco ama.

Y a ella le dijo: Tus pecados te son perdonados.

Y los que estaban juntamente sentados a la mesa, comenzaron a decir entre sí: ¿Quién es éste, que también perdona pecados?

Pero él dijo a la mujer: Tu fe te ha salvado, ve en paz

Lucas 7:36-50, RVR 1960

Esta historia me conmueve. Tanto es así que escribí una canción de adoración sobre ella, titulada "Alabaster Jar" (Frasco de alabastro). La acción de la mujer puede ser la imagen más completa de la adoración en la Biblia.

Con total menosprecio por las opiniones de los hombres, ella se acercó a Jesús. Por qué lo hizo no se nos dice, pero Jesús debe de haber hecho algo maravilloso por ella porque su corazón estaba embargado de gratitud (algunos dicen que era María Magdalena, de quien Jesús expulsó siete demonios; vea Marcos 16:9 y Lucas 8:2).

De ese corazón agradecido fluyó una de las expresiones de amor más dulces de toda la Biblia. Esta mujer, viendo los pies sucios de Jesús, se postró a Sus pies y comenzó a llorar. Tal vez su corazón se quebró por el poco honor que le daban los ojos de los fariseos que ni siquiera enviaron un sirviente a lavarle los pies, como era la costumbre.

Ella lloró sobre los pies deshonrados de su amado Señor.

¿Le rompe el corazón cuando los miembros más bajos y más pobres del "Cuerpo" son descuidados y deshonrados? Un corazón adorador llora por ellos.

Ella lloró sobre el polvo y los desechos de la calle, surcando Sus pies con lágrimas. Luego hizo algo asombroso. Se soltó el cabello y lo usó como un trapo para lavar los pies de Cristo. Primera de Corintios 11:13 dice que el cabello de una mujer es su gloria. Esta mujer usó su gloria como un trapo para servir a Jesús. Si tan solo pudiéramos adorar así de bien.

Si solo humilláramos nuestra gloria para servir a Su Cuerpo en lugar de usar nuestra gloria como coronas para nuestro propio embellecimiento.

Mientras le secaba los pies, los besaba repetidamente, acariciando los pies de su Salvador donde otros lo habían deshonrado. Luego tomó un aceite muy costoso, abrió la botella, y lo derramó sobre esos pies sucios y manchados por el polvo. ¡Qué extravagancia! ¡Qué humildad! ¡Qué demostración de amor! ¡Qué demostración de valor! Cuánto valor le dio ella a Jesús ese día.

¿Es de extrañar que Jesús se sintiera amado? Si tan solo pudiéramos adorar así de bien, postrándonos ante el Señor, con el corazón ardiente de gratitud, derramar nuestras emociones ante Él, expresarle nuestro amor, usar nuestra gloria para servirle, y darle valor extravagantemente, ¿cómo podría Dios resistir a tal Novia? ¿Cómo podría Él resistir a un pueblo así?

Pero en muchas iglesias somos como los fariseos, sentados en nuestros pedestales y juzgando la "conducta inapropiada" de agradecidos adoradores perdonados. Y nos preguntamos por qué nuestra "adoración" no gana a los perdidos.

Este es el único lugar que conozco en la Biblia donde Jesús dice que alguien demostró amor por Él. Qué terriblemente triste. Solo una vez, en toda la Biblia, Jesús dijo que se sintió amado, y la persona que lo hizo fue criticada y escarnecida por eso.

¿Y si todos lo amáramos así de bien?

Estoy orando para que Dios llegue a ser tan irresistible para nosotros que tales acciones de adoración se conviertan en la norma. Y oro que lleguemos a ser tan irresistibles para Él que Él se sienta cómodo en nuestros hogares, en nuestros corazones y en los tabernáculos de todo el mundo.

PREGUNTAS PARA DEBATIR

1. El significado literal de *proskunéo* es "adorar", pero ¿qué significado de esta palabra griega se discute más en este capítulo? ¿Este significado lo hacer sentir incómodo? Si es así, ¿por qué? ¿Por qué es importante para nosotros mostrar apasionadamente la adoración a Dios?

2. ¿Por qué es importante, en la adoración, la expresión física? ¿Valora usted las expresiones físicas de amor de sus padres, cónyuge, hijos o amigos íntimos? ¿Qué le dice eso acerca de la adoración?

3. ¿Cómo puede usted expresar amor a Dios por medio de los cinco lenguajes del amor?

4. ¿Por qué la obediencia es un componente importante de la adoración? Explique la diferencia entre la obediencia de la verdadera adoración y la obediencia religiosa.

5. ¿Por qué es importante postrarse en un contexto del Nuevo Testamento? ¿Por qué postrarse es un ingrediente esencial y la forma más pura de adoración? ¿Qué nos enseña la disposición a postrarse (o la falta de ella) acerca de nosotros mismos como adoradores?

6. ¿La adoración es una actitud o una acción? ¿Por qué?

7. ¿En qué se asemejan la adoración y el matrimonio?

Capítulo 6

¿QUÉ ES LA ALABANZA?

¡Que todo lo que respira cante alabanzas al Señor! ¡Alabado sea el Señor!
—Salmo 150:6, NTV

■ ■ ■

La alabanza son canciones rápidas, ¿no es cierto? Alabar implica guitarras eléctricas o instrumentos de viento o batería, mientras que la adoración siempre se hace con piano o cuerdas, ¿verdad? La alabanza ara el terreno de nuestros corazones para prepararlos para depositar en ellos la Palabra, ¿verdad?

Comencemos desde el principio. Primero, la alabanza es una expresión de aprobación o admiración. Alabamos a Dios, pero también alabamos a nuestros hijos, cónyuges, compañeros de trabajo, y alguna que otra vez a nuestros perros (pero nunca a nuestros gatos).

Dios, en realidad, no necesita nuestra aprobación ni nuestra admiración, pero siempre hace cosas dignas de admiración. Y Dios es, sin duda, el Ser más admirable del universo, así que lo alabamos por Sus atributos.

Alabar como un acto de adoración, es más específicamente una expresión de respeto o gratitud. En realidad, la alabanza puede ser una expresión de adoración. Vea, la alabanza y la adoración no son excluyentes entre sí. La adoración comienza con la motivación de amar y honrar a Dios. Esa motivación debe tener una expresión, y la alabanza es una de las expresiones que completan el acto de adorar. Tome nota:

Alabaré al Señor con todo mi corazón. Todas tus maravillas contaré.

Salmo 9:1

Note, además, que en ambas definiciones, alabar debe ser una expresión. ¿Por qué será eso tan importante? Porque muchos de nosotros hemos sido enseñados, por mala teología y cultura denominacional, que está perfectamente bien que nos quedemos de pie, con los brazos cruzados, la boca cerrada y los ojos en blanco hacia el techo en señal aburrimiento durante la alabanza. Fuimos engañados cuando nos hicieron creer que podíamos alabar a Dios sin *expresarle* alabanza a Él. No podemos. Por su mismísima definición, la alabanza debe incluir expresión.

Usted podría decir: "Pero, Zach, yo alabo a Dios en mi corazón. Y el Señor conoce mi corazón".

Sí, así es, y Él no puede ser engañado. Él sabe que siempre hay una razón por la que una persona se niega a expresarle alabanza, y nunca es una razón que exalte u honre a Jesús.

En realidad, una vez una persona se me acercó enojada y me reclamó: "¿Y qué pasa con un tetrapléjico mudo? ¿Cómo se supone que esa persona debería expresar su alabanza a Dios? ¿Usted está diciendo que solo porque no puede cantar, o bailar, o levantar sus manos, no está alabando a Dios?".

Bueno, esa es una situación trágica, pero dejemos que Dios decida cómo debería alabar una persona así. El hecho es que usted TIENE manos, y pies, y voz para usarlos para honrar a Dios. Esa situación de la persona tetrapléjica no tiene relación alguna con el hecho de que USTED alabe o no al Señor.

¿Por qué será que las personas siempre están buscando la excepción? ¿Por qué alguien habría de buscar la manera de hacer lo menos posible para honrar a Dios? La respuesta es sencilla. Esa persona no ama mucho a Jesús. Si lo hiciera, no estaría buscando una manera de evitar expresar alabanza a Dios, sino que buscaría toda oportunidad posible para adorarlo.

Necesitamos examinarnos a nosotros mismos en cuanto a esto.

Seamos claros. La alabanza no es un sentimiento, es una expresión. Debe ser expresada para que pueda ser recibida por Dios, presenciada por los perdidos y temida por el infierno. Pronto veremos por qué.

> **Expresión.** *Sustantivo. —El proceso de dar a conocer, transmitir o poner en palabras los propios pensamientos, sentimientos, emociones u opiniones.*

¿Cómo está usted dando a conocer, poniendo en palabras y transmitiendo sus sentimientos y opiniones sobre Dios? Esta pregunta explica lo que es la alabanza. Como sacerdotes, hemos sido llamados a dar a conocer a este Dios en el mundo —a alabar al Único que nos salvó de las tinieblas a la luz.

Pero ustedes son linaje escogido, real sacerdocio, nación santa, pueblo que pertenece a Dios, para que proclamen las obras maravillosas de aquel que los llamó de las tinieblas a su luz admirable.

1ª Pedro 2:9, NVI

Quizás usted sienta admiración en su corazón, ¿pero cómo se la expresa a Dios y al mundo? ¿Cómo la "da a conocer"? ¿Cómo la "manifiesta"? Eso es alabanza.

¿POR QUÉ ALABAMOS?

Primero, alabamos a Dios por quién es Él. Fíjese, las circunstancias cambian. A veces son malas y a veces son buenas. Pero el carácter de Dios nunca cambia. Él es completamente independiente de nuestras circunstancias. Nuestra situación puede parecer mala, pero Dios nunca es malo. Dios es bueno. Yo puedo tener una enfermedad en mi cuerpo, pero eso no cambia el hecho de que Dios es sanador. *Jehová Rafa* significa el Señor que me sana. El doctor puede decir que mi situación no tiene cura, pero Dios es fiel. Él es fuerte y poderoso. Dios nunca miente, nunca abandona, nunca falla. Sin importar cuál sea mi situación, tengo una razón para alabar a Dios, porque Su carácter nunca cambia.

Dios es merecedor de alabanza sin importar cuáles sean nuestras circunstancias. Lea el libro de Apocalipsis y véalo usted mismo (Lea Apocalipsis 4:2–11; 5:6–14; 7:9–12; 15:2–4; 19:1–8). En todo el libro, sin importar lo que esté sucediendo en la Tierra, Dios está siendo alabado. ¿Los santos están en victoria? Dios es alabado. ¿Los santos están enfrentando pruebas? Dios es alabado. ¿Hay plagas, y guerras, y pestilencia? Dios es alabado. ¿Viene el anticristo? Dios es alabado. ¿Y cuando el anticristo es echado? Dios es alabado.

Porque Él es digno, sin importar lo que suceda.

La segunda razón por la que alabamos a Dios es por lo que Él ha hecho. Esto tiene más sentido para muchos de nosotros, porque podemos ver la situación por la que lo estamos alabando. Solo una persona agradecida puede verdaderamente alabar al Señor, porque dar gracias es en esencia alabar. No hay virtud en el pesimismo ni en la ingratitud en el reino de Dios.

La alabanza vuelve a contar las historias de las hazañas de Dios. Es la verdad examinada y las buenas noticias proclamadas. La alabanza es el evangelio hecho canción.

Un líder de alabanza recuerda a la congregación lo que Dios ha hecho y quién es Él de manera que la gente tenga una razón para expresarle su admiración y gratitud.

La tercera razón por la que alabamos a Dios es por lo que Él va a hacer. La Biblia nos dice muchas cosas sobre lo que Dios va a hacer, y lo alabamos por ello. A veces recibimos una palabra por medio de profecía o en oración sobre lo que Dios está haciendo. Esa es una buena razón para alabarlo.

Me encanta la historia de Pablo y Silas en la cárcel (Hechos 16:25–26, RVR 1960). Estaban encadenados de manos y pies en una mazmorra, pero igual alababan a Dios a todo pulmón.

> *Pero a medianoche, orando Pablo y Silas, cantaban himnos a Dios; y los presos los oían. Entonces sobrevino de repente un gran terremoto, de tal manera que los cimientos de la cárcel se sacudían; y al instante se abrieron todas las puertas, y las cadenas de todos se soltaron.*

¿Alababan a Dios mientras estaban encadenados en una mazmorra? ¿Por qué alabaría uno a Dios en semejante situación? Por quién es Él y por lo que usted cree que Él está por hacer. ¿Ellos sabían lo que Dios iba a hacer? No. Pero eso no impidió que confiaran en que haría algo bueno.

La alabanza también puede ser un aspecto de la intercesión que hace que las profecías se cumplan. Pablo le dijo a Timoteo que conforme a las profecías que se habían hecho antes en cuanto a él, militara por ellas la buena milicia (1ª Timoteo 1:18). La alabanza es una de las armas de la milicia. ¿Qué ha dicho Dios sobre su vida? ¡Alábelo porque Él es fiel para completar la obra que comenzó en usted!

¿Dice la Palabra que *por su llaga fuimos nosotros curados* (Isaías 53:5)? Entonces, alabe a Dios porque Él es sanador y sanará la enfermedad que usted está padeciendo en su cuerpo.

Las promesas del Señor son muchas. Úselas para alabarlo.

En ocasiones alabar es el mayor acto de fe de parte del creyente.

Algunas veces, la alabanza es el acto de fe más grande de un creyente. Mi esposa tenía una amiga en la universidad a quien le dijeron, por teléfono, que su madre acababa de morir inesperadamente. Ella colgó el teléfono y dijo: "¡Regocijaos en el Señor siempre! Otra vez digo: ¡Regocijaos!". Se necesita fe para eso. Fe en que Dios es digno de ser alabado sin importar lo que suceda. Fe en que Él puede cambiar el lamento en baile, y puede crear cosas buenas en medio de nuestras circunstancias más oscuras.

Cuando Job había perdido todo excepto a su amargada esposa (que le dijo que maldijera a Dios y se muriera), dijo: *Aunque Él me matare, en Él esperaré* (Job 13:15, RVR 1960). Esa alabanza necesitó mucha fe.

Alabar no es negar nuestras circunstancias. La alabanza declara que Dios es fiel y digno de confianza más allá de nuestra situación. La fe no dice: "Yo confiaré en Dios si Él me ayuda". La fe dice: "Sé que Dios puede ayudarme, pero confío en Dios sin importar lo que pase, porque Él ya probó Su amor por mí en la cruz".

Si usted lee el libro de los Salmos, encontrará que con frecuencia David comienza sus canciones describiendo una situación mala. Está bien ser realista ante Dios. David (que es el autor de la mayoría de las alabanzas de la Biblia) siempre reconoce la realidad de su situación, pero eso nunca le impide tener una actitud de agradecimiento, fe y alabanza a Dios. El Salmo 35 es un gran ejemplo. Comienza con David en problemas: *Defiéndeme, Señor, de los que me atacan* (NVI). Pero termina con alabanza: *con mi lengua proclamaré tu justicia y todo el día te alabaré.*

Nuestras congregaciones y comunidades deben entender que pueden ser realistas ante Dios. Y necesitan ejemplos de personas que pueden confiar en Dios incluso en tiempos difíciles.

Uno de mis momentos preferidos de domingo en la mañana con Dios, sucedió el día después de que mi esposa y yo perdimos a nuestro segundo hijo. Jen comenzó a mostrar señales de que podría perder el embarazo. Hicimos todo lo que pudimos encontrar en la Biblia. Obedecimos todo. Y aún así el niño murió.

Tengo en el cielo un hijo llamado Matías.

Alrededor de un mes antes del aborto espontáneo, Dios me despertó una noche y me dijo su nombre, una y otra vez. ¡Nosotros sabíamos su nombre! ¡Teníamos esperanzas y sueños para él! Él ya era parte de nuestra familia. Era mi hijo. Esa mañana, después de nuestra pérdida, era domingo. Yo estaba destrozado, pero había decidido dirigir la alabanza de todas maneras. ¿Por qué? Porque Dios lo merece. Allí, por la segunda canción, comencé a llorar. A la congregación no se le había dicho lo que había pasado, así que me detuve y les conté. Ellos nos amaban y habían estado orando por nuestro bebé, así que fue difícil para ellos también. Les conté todo lo que habíamos creído, y hecho, y orado, y declarado —y que igual lo habíamos perdido. Luego dije: "Amigos, no creo en Dios porque Él siempre haga lo que yo quiero. Creo en Él porque ya ha probado que me ama. Y aunque no siempre lo entienda, sé que siempre quiere lo mejor para mí".

Y los guié a volver alabar y adorar a Dios. Algo se soltó en la congregación. Había tantas personas cuyas expectativas habían sido destrozadas. Tantas personas que habían sido heridas y les habían robado, y habían confiado en Dios para luego terminar con las manos vacías. Y ese día esas personas perdonaron a Dios. Puede sonar a herejía, pero habían culpado a Dios porque Él no había hecho lo que ellos querían, y necesitaban perdonarlo. Por medio de mi testimonio, Dios sanó los corazones de esas personas y su relación con Él.

Esposos y esposas, cuyos matrimonios estaban en riesgo, se perdonaron mutuamente. Parejas que habían perdido hijos lloraron ante el Señor y lo adoraron por primera vez desde su pérdida.

Dios sanó corazones ese día porque las personas vieron a alguien dispuesto a creer y alabar a Dios independientemente de las circunstancias.

Si la Iglesia dejara de aparentar que a la gente buena no le pasan cosas malas y permitiera que fuésemos auténticos, podríamos tener algo que ofrecer al mundo. Pero mientras nuestra religión sea como un recipiente hermético de plástico y apeste a negación, juicio y falsedad, seguiremos marchitándonos en nuestro propio legalismo.

Si a la gente buena no le pasan cosas malas ¿por qué seguimos a Jesús? Si la vida real no sucede en la iglesia de fantasía, ¿qué hacemos con historias como las de José, David, Jeremías, Daniel y todos los apóstoles?

Jesús es Señor de la vida real. Y Él es digno de alabanza en las situaciones reales de la vida —en todas ellas.

BENEFICIOS DE LA ALABANZA

Quizás debería haber comenzado aquí. A todo el mundo le gusta escuchar lo que puede ganar. ¿Cómo beneficiará mi vida la alabanza? Hay buenas noticias en este frente. La alabanza es una de las actividades más saludables en la que puede involucrarse un cristiano. Estas son algunas de sus ventajas.

Primero: La alabanza nos posiciona para entrar en las promesas de Dios.

¿Recuerda a los 12 espías (Números 13-14) que fueron enviados a reconocer la Tierra Prometida antes de que Israel entrara en ella? Diez de esos espías regresaron con informes sin fe, quejándose: "Esas personas son demasiado grandes. Nosotros somos muy pequeños. La tierra nos va a devorar. No podemos hacerlo. Lloriqueo, lloriqueo, lloriqueo, lloriqueo".

Dos, Caleb y Josué, volvieron con informes realistas, con actitudes positivas y alabanzas en sus labios:

> ...y hablaron a toda la congregación de los hijos de Israel, diciendo: La tierra por la que pasamos para reconocerla es una tierra buena en gran manera. Si el Señor se agrada de nosotros, nos llevará a esa tierra y nos la dará; es una tierra que mana leche y miel. Sólo que no os rebeléis contra el Señor, ni tengáis miedo de la gente de la tierra, pues serán presa nuestra. Su protección les ha sido quitada, y el Señor está con nosotros; no les tengáis miedo.
>
> Números 14:7–9

¡No teman! ¡La tierra es buena! ¡Dios nos va a cuidar! ¡Nos vamos a comer a esa gente de almuerzo porque Dios está con nosotros!

¿Ve la diferencia en la actitud y en la expresión? Lamentablemente, el pueblo de Israel escuchó a los quejosos. La regla número uno en la casa de los Neese es: "Nunca se le da algo a un niño si se queja". Dios debe tener una regla similar porque se negó a darles la Tierra Prometida a estos malcriados y quejosos. Así que pasó 40 años permitiendo que el lloriqueo y la queja se fueran extinguiendo en Israel.

Las únicas personas de esa generación que entraron en la Tierra Prometida fueron los dos que alabaron a Dios: Caleb y Josué.

Dios no ha cambiado. Sigue teniendo promesas guardadas para sus hijos. Para algunos de nosotros, tiene un milagro esperando ser recibido. Para algunos, hay un ministerio, un sueño, o un destino del otro lado del río. Para otros, hay restauración en las relaciones familiares. Todos nosotros tenemos una Tierra Prometida a la que esperamos entrar. Pero Dios no nos llevará a la Tierra Prometida hasta que aprendamos a adorarlo. Para eso está el desierto.

Dios llevó a Israel al desierto para poder encontrarse con ellos, pero ellos se negaron. Él quería enseñarles quién era, pero ellos estaban demasiado concentrados en sí mismos como para verlo. Así que les enseñó cómo eran ellos.

Dios quería que el desierto fuera un lugar de bendición, pero ellos se negaron a recibirla, así que Él usó ese mismo desierto para arrancar las actitudes quejosas, faltas de fe, amargas e idólatras del pueblo de Dios. El desierto nos entrena para alabar a Dios por quién es Él sin importar cuáles sean nuestras circunstancias. Los desiertos nos enseñan a alabarlo por lo que Él va a hacer, y a estar agradecidos por lo que Él está haciendo. Los desiertos preparan nuestros corazones para que sean capaces de aferrarse a las promesas de Dios. Cada uno de nosotros tiene una Tierra Prometida para la que está siendo preparado, y Dios es muy paciente. Nuestra tarea es entrar al desierto con el corazón y la mente abiertos de manera que podamos recibir la lección que Dios quiera que aprendamos.

Si usted está en el desierto en este momento, anímese. No fue diseñado para aplastarlo. Fue hecho para guiarlo hacia la montaña de manera que conozca a Dios. Solo morimos en el desierto si nos negamos a acercarnos más a Dios.

El desierto era el punto de partida para recibir la Tierra Prometida.

La alabanza nos posiciona para recibir las promesas de Dios. ¿Así que cuáles son las promesas que Dios le hizo? ¿Dios ha puesto un sueño en su corazón? ¿Hay sanidad en su futuro? ¿Hay restauración? ¿O su Tierra Prometida es un lugar de mayor intimidad con Dios? Esas promesas quizás no estén tan lejos como usted cree. ¡Alabe al Señor y vea!

Segundo: Dios se presenta cuando Su pueblo lo alaba.

Aquí tiene dos traducciones del Salmo 22:3:

> *Pero tú eres santo, tú que habitas entre las alabanzas de Israel. Sin embargo, tú eres santo, estás entronizado en las alabanzas de Israel.*
>
> NTV

¿Qué nos está diciendo este versículo? Nos revela que donde sea que la gente alabe a Dios, Dios aparece. Deja caer Su trono en ese lugar y establece Su reino. Él vive donde Su pueblo lo alaba. La Nueva Traducción Viviente (NTV) describe a Dios entronizado en nuestras alabanzas.

Él establece allí Su hogar. Y donde está Dios, todo es posible.

Me metí en problemas una vez tratando de explicar esto. Llevé a un amigo barbudo, vestido como si fuera Jesús y se quedó escondido fuera de la puerta de la iglesia. Cuando hice el llamado a adorar, alenté a la congregación a que invitara a Jesús a venir, que fuera entronizado e hiciera Su voluntad en nosotros. Luego les pedí que alzaran la voz para alabar a Dios. Mientras lo hacían, "Jesús" golpeó la puerta trasera de la iglesia.

Una de las escrituras más tristes de la Biblia es Apocalipsis 3:20. La idea de Jesús golpeando la puerta para tener acceso en Su propia Iglesia es aleccionadora y desgarradora.

Me detuve y pregunté: "¿Escucharon a alguien golpear?" Todos miraron a su alrededor y se encogieron de hombros. Comenzamos a alabar otra vez. De nuevo, Jesús golpeó. Dije: "Alguien está golpeando. Puedo oír que golpean a la puerta de la iglesia. Que alguien abra". Nadie se movió. Así que yo salté de la plataforma, corrí hacia la puerta y la abrí. Jesús entró.

Usted debería haber visto las caras de los chicos.

Corrí por el pasillo y extendí mis brazos hacia él. "¡Jesús! ¡Veniste! Estoy tan feliz de verte". Puse mi brazo alrededor de sus hombros y lo acompañé hacia la plataforma, se lo presenté a la gente mientras nos dirigíamos allí. "Jesús, ya conoces a Bob. ¿Y recuerdas a Sandra? Oh, ese es Kirk. Todavía no lo conoces, pero estamos trabajando en ello".

Cuando llegamos a la plataforma, dije: "Jesús, llegas justo a tiempo. Estábamos a punto de alabarte. ¿Te gustaría quedarte?".

"Seguro, me encantaría", respondió Jesús.

Así que busqué en mi bolsillo y saqué una sillita de madera de la casa de muñecas de mi hija. La mostré a la congregación y luego la coloqué en el suelo, en medio de la plataforma, con un ademán ostentoso y una reverencia.

"Jesús, entronízate en las alabanzas de tu pueblo", canté ceremoniosamente.

"¿Qué? ¿En eso?", preguntó él con incredulidad.

Otra vez canté: "Sí, Señor Dios Todopoderoso. Entronizamos tu majestad".

"¿Quieres que me siente sobre eso?".

"Sí, Señor. Ven a habitar en las alabanzas de tu pueblo", seguí cantando con ademanes y reverencias.

Jesús miro su reloj, "Sabes, desearía poder quedarme, pero tengo otras cosas que hacer. De verdad, me tengo que ir".

"Oh, Jesús", dije con tristeza, "realmente, ¿no te puedes quedar?".

Jesús volvió a mirar la silla, luego su reloj. "No, realmente no puedo. Lo siento".

Así que le di un abrazo. "OK, Jesús. Bueno, fue bueno verte", dije con tristeza. "Todos, díganle adiós a Jesús".

Otra vez, usted debería haber visto sus caras, mientras Jesús caminaba hacia la puerta trasera de la iglesia y se iba.

"¿Qué sucedió? ¿Por qué no se quedó?", pregunté a la congregación. Me agaché, levanté la silla y la apoyé sobre la palma de mi mano. "La Biblia dice en el Salmo 22:3 que el Señor está sentado como rey y Su trono son las alabanzas de Su pueblo. Nuestras alabanzas construyen un trono de honor a nuestro Rey para que venga y descanse en Su gloria. Iglesia, tenemos un Dios grande. Cuando lo alabamos, ¿estamos edificando un trono lo suficientemente grande como para que sostenga Su peso?".

Caminé por todo el ancho de la plataforma, sosteniendo la sillita frente a mí. "Mi pregunta para usted hoy es la siguiente: ¿Cuánto quiere usted de Dios? Porque esta silla no entronizará la cantidad de Dios que yo quiero. ¿Cuánto quiere usted de Dios?".

La congregación se volvió loca con la alabanza. De hecho, experimentamos un avivamiento en esa iglesia. Sin embargo, algunos de los líderes no estaban muy contentos conmigo. Aparentemente, ofendí a algunas personas. Pero nadie olvidó esa lección. Un par de años más tarde, el hijo de uno de mis amigos dijo: "Papá, ¿te acuerdas del día que Jesús vino a la iglesia?" Simpático, pero triste. Es triste que él piense que Jesús solo estuvo ese día en su iglesia.

Yo no quiero ir a una iglesia a la que Jesús no va. Sin la presencia de Dios, la iglesia es peor que un ejercicio inútil. Es religión y muerte espiritual. Pero donde Jesús está, todo puede pasar. Los programas pueden fallar; pero la presencia de Dios no fallará. La alabanza da lugar para que Él habite. Ya sea en una iglesia, un corazón, o una casa, la alabanza crea un lugar de encuentro.

¡Así que alabe al Señor!

Tercero: La alabanza es un arma de guerra espiritual.

La alabanza no solo invita la presencia del Dios Poderoso Guerrero, el Señor de los Ejércitos, Jehová-Tzevaot, ella es también un arma en las manos de un cristiano. Debemos recordar que la Palabra de Dios es una espada. ¿Qué es la alabanza, sino la Palabra de Dios, Sus promesas y la naturaleza del Señor expresada? La alabanza es poderosa, activa y agresiva. Derriba a nuestro enemigo aún antes de que lo veamos venir. Lo saca a patadas, confunde su consejo y contradice sus mentiras.

El Salmo 8:2 dice: *Por causa de tus adversarios has hecho que brote la alabanza de los labios de los pequeñitos y de los niños de pecho, para silenciar al enemigo y al rebelde* (NVI). ¿Lo ve? Satanás se queda en silencio y atónito ante la alabanza. No tiene defensa contra ella. ¿Por qué? Porque su principal estrategia es mentir. La alabanza es verdad pura. Un cristiano maduro puede alabar para salir del engaño, el desaliento y la confusión, porque ellos son parte del lenguaje del infierno. La alabanza no solo refuta las mentiras de Satanás, sino que lo abofetea en la boca. La Biblia dice que "hace callar al enemigo": la alabanza hace callar al diablo.

¿Por qué es tan poderosa la alabanza en la boca de los niños? Porque ellos todavía creen lo que están cantando y esperan que Dios sea lo que dice que es y que haga lo que dice que va a hacer. En la fe de un niño no hay engaño: solo fe inocente. Y Dios quiere que nosotros sepamos que hasta un niño puede abofetear al diablo sin parar, si el niño es un chiquito que alaba. ¿Qué podría llegar a hacer un cristiano maduro con la misma arma?

Que broten de su garganta alabanzas a Dios, y haya en sus manos una espada de dos filos para que tomen venganza de las naciones y castiguen a los pueblos; para que sujeten a sus reyes con cadenas, a sus nobles con grilletes de hierro; para que se cumpla en ellos la sentencia escrita. ¡Ésta será la gloria de todos sus fieles! ¡Aleluya! ¡Alabado sea el Señor!.

Salmos 149:6–9, NVI

Un cristiano que alaba puede encadenar poderes y principados, derribar fortalezas y exigir la venganza de Dios contra el mundo de las tinieblas. Esto, dice la Biblia, es la gloria de TODOS Sus santos. Eso se refiere a usted, mi amigo. Así que alabe al Señor y observe el poder de Dios en acción.

Cuando yo era un cristiano recién convertido, Dios empezó a enseñarme el valor de la alabanza. Dios a veces me habla en sueños, (Hechos 2:17 dice que lo haría, y como cristiano joven, yo era lo suficientemente nuevo en la Palabra para creerlo con todo mi corazón).

(Si usted no cree que Dios hable por medio de sueños, quizás quiera omitir esta parte —oh, también omita las historias de José, Salomón, Job, Daniel, Ezequiel, Pedro, Pablo y las historias sobre la Natividad. Todas a

Dios hablando en sueños. Bueno, tal vez usted deba pasar por alto todo el libro de los Hechos, completo, porque Dios hace muchas cosas extrañas allí. Y ni siquiera quiero mencionar el libro de Apocalipsis.)

Una noche estaba durmiendo y tuve un sueño muy vívido. En él yo parecía un soldadito de juguete —un GI Joe— en la mano de Dios. Estaba vestido con ropa de fajina, pero en vez de camuflaje, la ropa estaba pintada y embadurnada con rojo. Le pregunté a Dios por qué yo estaba vestido de esa manera y me dijo que yo estaba vestido con un manto de justicia (Isaías 61:10) y cubierto por la sangre del Cordero (Apocalipsis 7:14). Yo tenía una espada en cada mano. Dios me llevaba sobre lo que parecía ser un enorme (a mí me parecía enorme, pero para Dios no lo era, para nada) edificio a medio terminar: solo los pisos, los travesaños y las vigas. No tenía paredes ni ventanas. Él se dirigía hacia uno de los pisos, y a medida que me llevaba más cerca, yo podía ver que todo el piso se sumía en una batalla campal. Ocupaba varias millas. De hecho, cuanto más me acercaba, más grande se hacía, hasta que ya no pude distinguir sus límites. Y toda la batalla me pareció como un mar de demonios negros.

Dios me estaba sosteniendo, Su mano estaba sobre mi espalda, pero al llevarme más cerca de la batalla, mi perspectiva cambió, y me vi como una persona de tamaño normal. Dios alzó Su mano a través de las hordas enemigas y me colocó justo en medio de los demonios —cientos de miles de ellos.

Tan pronto como mis pies tocaron el suelo, comencé a blandir las espadas. Se agitaban con tanta velocidad que parecía que estuviera cortando hierba, y yo cortaba demonios como si fueran césped, cortaba extremidades y cabezas, como una máquina imparable que abría paso, kilómetros delante de mí. Era absolutamente emocionante.

Yo peleaba solo, pero de vez en cuando, sobre la multitud de cabezas, veía una nube negra de extremidades demoníacas volando a través de otra sección de la horda, y sabía que había otros cristianos peleando en la batalla. Pero no eran muchos.

Los demonios me tenían terror. Ellos se aventaban, tratando de huir, pero eran demasiados y no tenían a dónde escapar. Así que ya fuera luchando o huyendo, de todas maneras caían.

En algún momento del sueño ocurrió un cambio. ¿Recuerda la escena de *En busca del arca perdida* cuando el montón de egipcios se abre e Indiana Jones enfrenta a un espadachín enorme? Algo así pasó. Los demonios empezaron a alejarse de mí, dejando un camino adelante. Y a medida que la multitud se iba abriendo, se veían las monstruosidades más repugnantes que jamás hubiera imaginado (en la vida real o en el mundo de los sueños). No sé si era el poder de un principado, pero era enorme, feo y aterrador.

Este demonio medía casi 2.5 m de alto y parecía un cruce entre un enorme y grotesco bebé y un jabalí. Tenía carne rosada y rollos de grasa. Hediondo, cubierto de heridas que le supuraban del cuero, con cuernos que le surgían de diferentes lugares. Sus ojos estaban hundidos, inyectados en sangre y gordos, con capas de bolsas por debajo. Su nariz era como el hocico de un jabalí y le colgaban colmillos y dientes irregulares. Y sus pies y manos eran gigantescos, garras negras que formaban la mitad del largo de cada dedo.

La abominación emanaba podredumbre y la intimidación le salía en oleadas. Avanzaba hacia mí, y con cada paso sentía que mis rodillas se debilitaban, hasta que parecían de agua. Cuanto más se acercaba, más se confundía mi mente, y un velo negro parecía caer sobre mí. Al final, perdí el conocimiento, era demasiado temor, no lo pude soportar.

Sentía como si estuviera dormido en el sueño, flotando en las tinieblas. Y luego empecé a escuchar voces. Eran tranquilas y suaves al principio, pero el canto crecía en intensidad como si un coro se acercara en la oscuridad. Reconocí la canción que entonaban, era del cuarto capítulo de Apocalipsis. "Santo, Santo, Santo, es el Señor Dios Todopoderoso, el que era, el que es y el que ha de venir". Sonaba como un ejército de ángeles, el ejército celestial alabando al Señor. Y a medida que se intensificaba el volumen, una luz brillante empujaba la oscuridad hacia atrás. El volumen y el brillo crecían a un nivel tal que abrumaban mis sentidos.

Y de repente estuve de nuevo en batalla, caminando otra vez entre las hordas de demonios. La abominación no se podía encontrar en ninguna parte, y supe que la alabanza había derrotado al enemigo que yo no había podido enfrentar con mis propias fuerzas.

La lección que soñé nunca me ha dejado. La alabanza es un arma de guerra.

Cuando el peso de las tinieblas nos oprime —cuando nuestro enemigo es mayor que nuestras fuerzas— la batalla le pertenece al Señor, y alabar es el arma que hace que Sus enemigos se postren. ¡Así que alabe al Señor!

Cuarto: La alabanza causa pánico y confusión en las filas de Satanás.

No pensamos mucho en esto, pero en realidad es bastante obvio. Si Satanás se comunica con el lenguaje de las mentiras, y la alabanza es lo opuesto a una mentira, entonces la alabanza puede ser muy útil para derribar las líneas de comunicación de nuestro enemigo. Corte esas líneas de comunicación, y las estrategias de Satanás se harán pedazos. Cuando las estrategias del infierno se caen en pedazos, comienza a destruirse a sí mismo.

Le mostraré cómo funciona esto. ¿Recuerda el endemoniado en Marcos 5? Estaba poseído por legiones de demonios. Cuando Jesús salió de la barca y colocó Su pie en la orilla, una orden ejecutiva salió del mundo espiritual y esos demonios tenían que ir a presentarse ante Su autoridad. El hombre endemoniado cayó ante los pies de Jesús y los demonios (por medio de él) preguntaron: "¿Qué tienes conmigo, Jesús, Hijo del Dios Altísimo?" Los demonios son rebeldes, pero aún así saben quién manda. La Biblia dice que TODA rodilla se doblará ante el nombre de Jesús —eso incluye también a los demonios.

Bueno, luego de algo de conversación, la legión le pidió que no la mandara prematuramente al infierno, sino que la enviara a un hato de cerdos. Cuando Jesús les dijo "vayan", ellos fueron, y los cerdos inmediatamente corrieron hacia el océano y se arrojaron por un despeñadero. ¿Por qué?

Lo único que saben los demonios es matar, robar y destruir (vea Juan 10:10). Estaban invirtiendo sus talentos en robar, matar y destruir a ese hombre endemoniado hasta que llegó Jesús y sacó al hombre de esa situación. Entonces los confundidos demonios colocaron sus tendencias destructivas en sus siguientes anfitriones. Lo único que saben es destruir, y eso es exactamente lo que sucedió. Los cerdos murieron.

Satanás quiere destruirlo. La presencia de Jesús es tan aterradora para los demonios que Él efectivamente lo elimina a usted como blanco de la escena. Cuando Dios hace eso, Satanás hace lo que mejor sabe hacer. Cuando los demonios no tienen un huésped humano para destruir, ¿qué hacen? Destruyen lo que tienen más a mano. La destrucción está en su naturaleza y no pueden evitarla.

La alabanza invita a la presencia de Dios y confunde al enemigo, y lo que pasa a continuación siempre es entretenido de ver.

La Biblia nos da un gran ejemplo de esta confusión en 2ª Crónicas 20:4-10. El rey Josafat de Judá estaba siendo amenazado por tres ejércitos y su situación parecía desesperante. Observe lo que hace Josafat en esta situación.

Los habitantes de todas las ciudades de Judá llegaron para pedir juntos la ayuda del Señor... y dijo: *Señor, Dios de nuestros antepasados, ¿no eres tú el Dios del cielo, y el que gobierna a todas las naciones? ¡Es tal tu fuerza y tu poder que no hay quien pueda resistirte!... Nosotros no podemos oponernos a esa gran multitud que viene a atacarnos. ¡No sabemos qué hacer! ¡En ti hemos puesto nuestra esperanza!* (NVI).

Josafat y el pueblo de Judá comenzaron a alabar a Dios. ¿Por qué? Por quién es Él. Recuerde, sin importar cuáles sean nuestras circunstancias, el carácter de Dios nunca cambia, así que Él siempre es digno de alabanza. Ellos alabaron a Dios y declararon su fe en Él.

> *Entonces el Espíritu del Señor vino sobre Jahaziel... que se encontraba en la asamblea. Y dijo Jahaziel: «Escuchen, habitantes de Judá y de Jerusalén, y escuche también Su Majestad. Así dice el Señor: "No tengan miedo ni se acobarden cuando vean ese gran ejército, porque la batalla no es de ustedes sino mía... Pero ustedes no tendrán que intervenir en esta batalla. Simplemente, quédense quietos en sus puestos, para que vean la salvación que el Señor les dará. ¡Habitantes de Judá y de Jerusalén, no tengan miedo ni se acobarden! Salgan mañana contra ellos, porque yo, el Señor, estaré con ustedes".*
>
> vs 14–17, NVI

A continuación, Dios les dio una palabra. Él se va a encargar de todo, solo obedezcan, vayan contra su enemigo. Y les da una orden; no tengan miedo:

> *Josafat y todos los habitantes de Judá y de Jerusalén se postraron rostro en tierra y adoraron al Señor, y los levitas de los hijos de Coat y de Coré se pusieron de pie para alabar al Señor a voz en cuello".*
>
> vs 18–19, NVI

¡Guau! Mire lo que pasó después. El rey se postró y adoró a Dios (¿recuerda *shakjá* y *proskunéo*?). Luego los sacerdotes (esos somos usted y yo) se levantaron y alabaron al Señor a voz en cuello. ¿Por qué lo alabaron?

Claramente, ellos alabaron a Dios por lo que Él iba a hacer. Ellos lo alabaron en fe y creyeron que Él cumpliría esas promesas:

> *Al día siguiente, madrugaron...Mientras avanzaban...Josafat designó a los que irían al frente del ejército para cantar al Señor y **alabar el esplendor de su santidad** con el cántico: "Den gracias al Señor; su gran amor perdura para siempre".*
>
> vs 20-21, NVI

Josafat es sabio. Sabe que la batalla es del Señor. Pero también sabe que el Señor está entronizado en las alabanzas de Su pueblo. Josafat quiere que la presencia del Señor de los Ejércitos esté con Su pueblo, así que hace algo loco. En vez de enviar arqueros, o carrozas, o lanceros al frente de su ejército, ¡él manda un equipo de alabanza! ¿Se lo puede imaginar? ¡Pone las arpas y los tambores y los clarinetes en el frente y nombra cantantes para que entonen alabanzas mientras van hacia el enemigo! ¡Qué visión! ¡Cuánta fe!

> *Tan pronto como **empezaron a entonar este cántico de alabanza, el Señor** puso emboscadas contra los amonitas, los moabitas y los del monte de Seír que habían venido contra Judá, y los derrotó. De hecho, los amonitas y los moabitas atacaron a los habitantes de los montes de Seír y los mataron hasta aniquilarlos. Luego de exterminar a los habitantes de Seír, ellos mismos se atacaron y se mataron unos a otros. Cuando los hombres de Judá llegaron a la torre del desierto para ver el gran ejército enemigo, no vieron sino los cadáveres que yacían en tierra. ¡Ninguno había escapado con vida!".*
>
> vs 22–24, NVI, énfasis añadido

Dios va al frente de Su ejército y pelea por él. Totalmente confundido con su blanco, Judá, quitado del cuadro, esos ejércitos de las tinieblas recurrieron a lo que mejor sabían hacer: destruir. Pero como no podían destruir a Judá, se destruyeron entre ellos. La batalla es ganada antes de que Judá llegue a poner un pie en el campo de pelea. La alabanza es como un misil balístico intercontinental. Gana la batalla antes de que las tropas pisen el suelo.

*Entonces Josafat y su gente fueron para apoderarse del botín... Era tanto el botín, que tardaron tres días en recogerlo. El cuarto día se congregaron en el valle de **Beracá**, y alabaron al Señor; por eso llamaron a ese lugar el valle de Beracá, nombre con el que hasta hoy se le conoce.*

versículos 25-26, NVI, énfasis añadido

Lo único que le quedaba hacer a Josafat era llevarse el botín. ¿Entonces qué hacen? Alaban a Dios todavía más. ¿Por qué? Lo alaban por lo que acaba de hacer por ellos. Llaman a ese valle Beracá, que significa *alabar* en hebreo.

*Más tarde, todos los de Judá y Jerusalén, con Josafat a la cabeza, regresaron a Jerusalén llenos de gozo porque el Señor los había librado de sus enemigos. Al llegar, **entraron en el templo del Señor al son de arpas, liras y trompetas**.*

vs 27–28, NVI, énfasis añadido

Y cuando llegaron a casa, fueron al templo y agradecieron y alabaron a Dios otra vez por lo que había hecho por ellos. Y, en caso que en su denominación esté mal visto el uso de instrumentos, note que usaron instrumentos para alabar al Señor.

Qué pasaje tan profundo. Esta historia es un ejemplo clásico del poder y los beneficios de la alabanza que disfruta el pueblo de Dios.

Con semejante peso de evidencia, ¿por qué resistimos algo que es tan beneficioso para nosotros? ¡Alabe al Señor!

Quinto: Alabar nos alinea con el cielo.

Como ya he sugerido antes, si queremos que las cosas del cielo sucedan en la Tierra, tenemos que hacer las cosas en la tierra como se hacen en el cielo. ¿Qué está pasando en el cielo mientras hablamos? Se alaba. De hecho, lo único que podemos garantizar que está ocurriendo en cada momento, de cada día, por el resto de nuestra existencia infinita (con la excepción de la media hora de silencio que se menciona en Apocalipsis 8:1) es esto: Dios está en el trono siendo alabado.

Como nosotros siempre hemos existido en este túnel llamado tiempo, a los humanos nos resulta difícil ver más allá de las circunstancias que están justo frente a nosotros. Andamos por nuestro valle de sombra y de muerte, y nuestra perspectiva es tan terrenal y tan baja, que solo podemos ver las murallas que se levantan en nuestros valles. Tenemos la tendencia a responder emocional, mental y físicamente a los "hechos" de la vida que enfrentamos. Peor aún, tendemos a reaccionar más al temor de lo que pueda pasar que a las promesas de Dios.

Nuestras perspectivas nos mantienen atados en el miedo y la ansiedad que nos paralizan. El pastor Marcus Brecheen tiene una perspectiva profunda del miedo. "El miedo", dice él, "es la profecía del diablo".

El miedo es un pronóstico falso de que Dios va a ser infiel.

La alabanza abofetea a Satanás en sus labios mentirosos, lo desarma, y niega sus mentiras y acusaciones (vea Isaías 54:17). Derriba todo argumento y toda altivez que se levanta contra el conocimiento de Dios, y lleva cautivo todo pensamiento a la obediencia a Cristo (vea 2ª Corintios 10:5).

La alabanza le da una paliza a los enemigos y hace una lista de los que le falten.

Pero también hace otra cosa. La alabanza alza nuestros ojos del valle y los coloca sobre el monte de Dios. Nos da una visión aérea de la eternidad. Nos da una perspectiva celestial de nuestras circunstancias. Como David en el Salmo 23, quizás estemos en el valle de sombra de muerte, pero la alabanza refuerza nuestra fe para que no temamos al mal. Creemos que Dios está con nosotros, y que el enemigo que enfrentamos en la tierra ya está condenado a la destrucción eterna. Vemos la perspectiva de Dios, que este débil enemigo será un espectáculo de entretenimiento cuando nos sentemos a la mesa del Señor. Y estamos destinados, no a ser derrotados, sino a ser victoriosos y a morar en la casa de nuestro Señor para siempre — en el tabernáculo eterno con nuestro Dios.

La perspectiva del cielo muestra que ganamos. La perspectiva del cielo revela la impotencia y la pequeñez de nuestro enemigo y el poder y la fidelidad de nuestro Dios. La perspectiva del cielo nos muestra que esto será pasajero, y que solo es un momento en la larga historia de nuestra eternidad. Nuestros valles son, en la realidad de Dios, oportunidades para que se muestre Su esplendor en nuestras vidas. Esos valles, que originalmente fueron destinados para el mal por Satanás, son escenarios para que se muestre al mundo la gloria y la bondad de Dios (Romanos 8:28).

Las protestas, las quejas y el temor nos ponen de acuerdo con el falso pronóstico de Satanás. La alabanza nos pone de acuerdo con la perspectiva de Dios. La alabanza es el supremo "amén".

Así que abra sus ojos a la realidad espiritual de su situación. ¡Alabe al Señor!

> *No tengas miedo —respondió Eliseo—. Los que están con nosotros son más que ellos. Entonces Eliseo oró: "Señor, ábrele a Guiezi los ojos para que vea." El Señor así lo hizo, y el criado vio que la colina estaba llena de caballos y de carros de fuego alrededor de Eliseo.*
>
> 2ª Reyes 6:16–17, NVI

Sexto: La alabanza es evangelística.

Ya hemos visto que la alabanza, a veces, es el evangelio hecho canción. De una manera similar, es cierto, también, que muchas de nuestras alabanzas clásicas son testimonios hechos melodía.

Como declaró el salmista: *Puso en mi boca un cántico nuevo, un canto de alabanza a nuestro Dios; muchos verán esto, y temerán, y confiarán en el Señor* (Salmo 40:3).

Me encanta este versículo. Los dos anteriores describen el testimonio de una persona que clama a Dios, es rescatada del pozo de la desesperación, del lodo cenagoso y puesta firme sobre la peña que es Cristo. Eso es un testimonio. Y cuando tenemos un testimonio como ese, es fácil encontrar una canción de alabanza en nuestros labios.

A veces me pregunto si la falta de sincera alabanza en nuestras congregaciones es realmente un reflejo de nuestra falta de testimonios. Las personas que no han clamado al Señor y no han sido rescatadas no tienen mucho de qué alabar a Dios. Pero una persona salva tiene mucho de qué cantar. Una persona salva está demasiado agradecida como para quedarse en silencio. La persona salva se enorgullece en Dios.

Si usted tiene una congregación que no alababa, quizás quiera averiguar si son salvos. Ese problema debe tratarse primero. ¿Cuán a menudo tratamos de inspirar o fomentamos la alabanza sin llevar primero a la gente a Jesús? Sin la obra de la cruz en sus vidas, ¿de qué van a cantar?

Me encanta que el versículo tres dice que Dios (no el pastor de alabanza) pone en mi boca cántico nuevo y alabanza. Es por Su Espíritu que yo alabo, así como es por Su Espíritu que somos Su tabernáculo. Jesús es el supremo líder de la alabanza.

Sigue diciendo que muchos VERÁN. ¿Por qué no dice que oirán? Porque la alabanza es más que una canción. Es una expresión que abarca todo nuestro ser, así como lo hace la adoración. Muchos verán mi alabanza y la expresión de mi pasión por Jesús. Muchos me verán salvado del lodo y parado firme sobre la roca, declarando Su verdad y alabando.

Muchos verán y TEMERÁN. ¿Por qué temerán? Porque Dios es real. Porque hay un Rey en el trono. Porque Jesús es el que salva. Porque el infierno es derrotado y el pecado es aplastado. El juicio se acerca. Y el Rey es digno de más que solamente buenas palabras y consentimiento mental: Él es digno de reinar en cada vida individual. Él debe ser el Señor de todo o no es el Señor de nada.

Esa es una razón para temer.

La alabanza demanda una respuesta. La alabanza demanda una decisión de quienes la ven y la oyen. ¿Es este Evangelio verdadero o no? ¿Jesús es quien esta persona dice que es o no? Piénselo cuidadosamente. Tema. Esta es la decisión de la que depende toda la eternidad.

Una persona que alaba es como un llamado al altar ambulante. Y muchos, al ver la verdadera alabanza y experimentar la presencia de Dios que habita en ellos, pondrán su confianza en el Señor.

Mi primer puesto como líder de alabanza a tiempo completo fue cuando serví en una preciosa pequeña iglesia rural de Pensilvania. La iglesia estaba en la cima de una colina, pero la comunidad vivía en el valle y la mayoría de las familias llevaban allí varias generaciones. Todos eran blancos, descendientes de alemanes. Hay mucha tierra de cultivo en esa zona, y los trabajadores migrantes iban por la temporada de cosecha de manzanas. Vivían en pequeñas chozas proporcionadas por los agricultores y se mantenían apartados, ya que solo hablaban español y los lugareños (aunque de gran corazón) eran lentos para sentirse en confianza con los extranjeros.

Nadie en la comunidad les hablaba ni se acercaba a ellos.

Yo pasaba todos los días y veía a esos trabajadores cuando conducía hacia la iglesia, y un de Dios me redarguyó. Alguien tenía que acercarse a ellos, y yo era el hombre que Dios ofreció como voluntario para esa tarea.

Al día siguiente pasé por allí con algunas cajas de vegetales y comida enlatada. Un grupo de hombres estaba sentado en el cobertizo de la galería charlando. Algunos eran personajes bastante sombríos, por decirlo de alguna manera, (Había habido un asesinato entre ellos esa temporada) pero Dios dijo que fuera, así que…les di la comida, y luego me involucré, tratando de comunicarme. Sé algunas palabras en español, ya que nací en Texas, pero no lo suficiente como para este trabajo. Así que con gestos los invité a la iglesia, luego les hice un mapa (con montones de ilustraciones y guías) para ayudarlos a encontrarla. "Camino arriba, pasando la granja de búfalos. Tomen a la izquierda en el establo de ganado. Sigan el camino y giren, pasen dos puentes, y cuando vayan por la mitad de la colina, podrán ver el campanario."

Escribí los horarios de las reuniones en la parte superior del mapa, les di la mano a todos, y, diciendo *adiós*, me fui de allí.

Pensé que había cumplido con mi deber, pero seguramente nadie respondería a una invitación como esa, viniendo de un estúpido chico blanco que casi no hablaba *español*.

¡Sorpresa! Estaba equivocado. Ese domingo, mientras estaba ensayando para el servicio, tres de ellos aparecieron en el vestíbulo. Inmediatamente recurrí a la ayuda de la única lugareña que hablaba español, una dulce anciana, vasca, llamada Nieves. Se las presenté y le pedí que les tradujera. Ella habló brevemente con ellos, y luego se volvió a mí y dijo: "Elloz no hablan ezpañol, hablan mejicano". Sea como fuera, era la más calificada para el trabajo, así que no la dejé salir de allí. Los llevó a la primera fila, y le pedí que les tradujera todo lo que pasara y cada palabra que se pronunciara. Si Dios tenía algo para ellos, yo no quería que se lo perdieran.

Comenzó el servicio, alabamos a Dios. Yo había estado trabajando en esa iglesia por algo más de tres años, y se había convertido en una verdadera iglesia de adoración. Alababan a Dios, y esperaban encontrarse con Él al hacerlo.

Cuando entramos en la alabanza, miré a Nieves, esperando verla traducir la letra de las canciones rápidamente, pero ella no estaba haciendo nada de eso. Tenía sus manos en el aire, su cabeza echada hacia atrás, y estaba alabando a Dios con todos sus pequeños pulmones. Simplemente es difícil encontrar buena ayuda en estos tiempos.

Supuse que Dios lo resolvería, así que me relajé y me concentré en dirigir la adoración. No había pasado mucho tiempo de la adoración musical, cuando me perdí en la presencia de Dios y me olvidé por completo de nuestros amigos hispanos. En algún momento, oí un sollozo a mis pies. Abrí los ojos, y vi a dos de nuestros invitados en la escalera del altar, sollozando.

Le hice señas al pianista para que siguiera, me arrodillé frente a ellos, y le hice señas a Nieves para que se acercara: "Pregúntales qué están haciendo", le pedí. Ella recitó algunas palabras en su *ezpañol zezeozo*. Ambos levantaron la vista hacia ella, con lágrimas en sus ojos, y respondieron.

Nieves volvió a mirarme y me explicó: *"Dizen que no entienden nada de lo que uzted eztá cantando, pero zaben que Dioz eztá aquí y quieren zer zalvoz"*.

¿Qué? Nadie les había compartido el Evangelio (excepto por medio de la alabanza). No se les había predicado ningún mensaje (excepto por medio de la alabanza). Y no se había dicho nada en un lenguaje que esos hombres pudieran entender. ¿Qué había pasado?

Había pasado el Salmo 22:3: *Pero Tú eres santo, tú que habitas entre las alabanzas de Israel.* Luego pasó el Salmo 40:3: *Puso en mis labios un cántico nuevo, un himno de alabanza a nuestro Dios. Al ver esto, muchos tuvieron miedo y pusieron su confianza en el Señor* (NVI).

El movimiento Seeker Sensitive (Sensibles al buscador) tiene que aprender algunas cosas sobre evangelismo. Una de ellas es esta: los perdidos no se ofenden por la presencia de Dios; son redargüidos y reciben salvación en la presencia de Dios. Nuestras iglesias no carecen de importancia porque no sean modernas o no se puedan relacionar con nuestra cultura. Carecen de importancia porque les falta la presencia de Dios. Donde hay alabanza, Dios viene, y la gente se salva.

Dios encuentra a las personas donde estén, eso es lo importante.

Ese día Nieves y yo tuvimos el honor de ayudar a dos hombres a quienes Dios ama para que llegaran a conocerlo. Él los ama tanto que dirigió toda la situación y los trasladó a miles de kilómetros para llevarlos a Su presencia.

La alabanza en una herramienta poderosa para el evangelismo. ¡Así que alabe al Señor!

Siete: La alabanza es una herramienta para la enseñanza.

En Colosenses 3:16, encontramos esta orden: *Que habite en ustedes la palabra de Cristo con toda su riqueza: Instrúyanse y aconséjense unos a otros con toda sabiduría; canten salmos, himnos y canciones espirituales a Dios, con gratitud de corazón* (NVI).

¿Cuántas escrituras ha memorizado? ¿Cuántas canciones sabe de memoria? Quizás nunca se haya puesto a pensar en ello, pero la mayoría de las Escrituras que las personas saben de memoria son las que tienen música. Eso es porque la música es un poderoso recurso mnemotécnico (memoria). Nuestras mentes recuerdan las cosas mucho mejor cuando tienen música.

Yo enseñaba matemáticas y a los estudiantes les costaba aprender las ecuaciones de segundo grado. Un día tuve un ataque de genialidad. Le puse a la ecuación cuadrática el ritmo de *Rema, rema, rema tu bote*. En solo veinte minutos todos los niños de la clase habían memorizado la ecuación. X es igual a B negativo más o menos raíz cuadrada de B al cuadrado menos 4 AC, dividido por 2 A. Apuesto que todavía se acuerdan.

La mente de la mayoría de la gente tiene memoria musical. ¿Por qué los soldados cantaban "Cristo me ama, eso lo sé" en las trincheras, durante generaciones? Porque en su momento de necesidad, cuando las balas pasaban silbando sobre sus cabezas y las explosiones sacudían el suelo en el que ellos corrían, la verdad que mejor recordaban era la que sus madres les cantaban, una y otra vez, cuando los arrullaban para que se durmieran. Toda la teología de esos soldados se reducía a la verdad básica de una canción infantil. Eso es lo que ellos recuerdan.

¿Por qué los cristianos mayores aman sus himnos? Porque hay recuerdos y sentimientos adheridos a ellos. Esos himnos son las bandas sonoras de su caminar con Dios. Y cada vez que cantan uno, experimentan la riqueza de su historia.

Esta es la misma razón por la que los reformadores pusieron música a su doctrina para que la congregación la cantara. ¿Qué mejor manera de grabar la Palabra de Dios en los corazones de la gente que ponerle música? ¿Y qué mejor manera de hacer de una nueva doctrina una parte de la vida diaria que ponerle una melodía popular y atractiva?

Calvino y Lutero eran brillantes. Al día de hoy, yo apostaría que el 80% de la teología cristiana de quienes asisten a la iglesia se forma no por los sermones que oyen, sino por las canciones que cantan. Es raro que un cristiano sea capaz de recitar los puntos del mensaje del pastor, pero es muy común que los cristianos sepan todos los versos de cientos de alabanzas. Por eso es esencial que cantemos y escribamos canciones bíblicamente ricas, para que nuestro pueblo pueda cantarlas. Cuando le damos nuestro repertorio a la congregación —un himnario— le estamos enseñando la Palabra de Dios. Los instruimos en la fe. Los alentamos a tener esperanza y a seguir adelante. Los equipamos para que tengan éxito en la vida.

La alabanza nos enseña las formas, la Palabra y el carácter de Dios. ¡Así que alabe al Señor!

Ahora exploremos algunas formas de expresar esa alabanza.

PREGUNTAS PARA DEBATIR

1. ¿Qué es la alabanza y cómo se relaciona con la adoración? ¿Por qué alabamos a Dios? ¿Cómo se relaciona la expresión con la alabanza?

2. Lea la historia de los doce espías en Números 13–14. ¿Cómo ilustra esta historia que la alabanza nos posiciona para entrar en las promesas de Dios? ¿Está usted en un desierto esperando entrar en una Tierra Prometida? ¿Cómo puede alabar a Dios en ese desierto?

3. ¿Qué revela la ilustración de Jesús y la pequeña silla de madera de la casita de muñecas sobre la alabanza?

4. ¿Por qué la alabanza es tan poderosa en la boca de los niños? ¿Qué pasaría si usted adorara como un niño?

5. ¿Qué debemos hacer si queremos que las cosas del cielo sucedan en la tierra? ¿Qué está pasando en el cielo en este preciso momento? ¿Cómo puede eso ayudarlo a usted en medio de los valles de la vida?

6. ¿Por qué a una congregación podría faltarle una alabanza sincera? ¿Cómo se puede remediar eso?

7. ¿Qué elemento clave haría que nuestras iglesias fueran relevantes y llevaran a la salvación?

8. ¿Qué es lo que más puede formar la teología de quien asiste a la iglesia? ¿Por qué?

Capítulo 7

EXPRESIONES BÍBLICAS DE ALABANZA

Lo más valioso que los Salmos hacen por mí es expresar el mismo deleite en Dios que hizo danzar a David.

—C. S. Lewis

■ ■ ■

No quiero ser un pesado, pero algunas personas son muy legalistas en cuanto a qué podemos y qué no podemos hacer al alabar. Francamente, muchas denominaciones han andado en desobediencia en esta área por tanto tiempo que se ha convertido en parte de su cultura de "fe" (o falta de ella).

Una vea más, no podemos esperar que Dios someta Su reino a nuestra cultura. Si lo llamamos Señor, debemos someter nuestra cultura (nacional, regional, étnica, familiar, denominacional o religiosa) a la cultura de Su reino. No hacer eso es tonto y arrogante en el mejor de los casos, y en el peor, es pura rebelión.

Cuando recién comenzaba a asistir a la iglesia, eso me resultaba un problema, como a cualquiera. Estas personas se movían de manera tonta, aplaudían a destiempo, apretaban los ojos como si estuvieran agonizando por un calambre en el estómago. ¿Por qué hacían semejante espectáculo? ¿Por qué una reunión de adoración tenía que parecer un circo de tres pistas? "¡En la pista central, desde las estepas de la antigua Rusia, llegan los descendientes de los antiguos cosacos! ¡Hoy aquí, para su asombro y entretenimiento, los pastores voladores Stroganoff!"

Poco después de ser salvo, Dios me condujo hacia unos amigos, cristianos firmes y compasivos. Siempre trataban de convencerme para que fuera a los servicios dominicales, y yo siempre me negaba. Iba a los estudios bíblicos y adoraba en grupos pequeños, pero el "asunto iglesia" no me atraía para nada. Leí la Biblia cuatro veces antes de que por fin pudieran arrastrarme hasta un servicio.

Cuando finalmente tuvieron éxito, Dios abrió mis ojos ese mismo día. Solía ver a los cristianos cantando alabanzas a Dios y pensaba: "Son un montón de personas que pretenden que les gusta la mala música. ¿Qué aplauden?". Pero ese día vi algo diferente.

Volví a mirar a los que aplaudían y vi que no aplaudían la mala música; estaban demostrando la postura de sus corazones hacia Dios: admiración y alabanza. Volví a mirar otra vez a las personas que levantaban las manos y pensé: "Esta debe ser la expresión física de la postura de sus corazones hacia Dios: entrega y exaltación". Entonces miré y vi, por aquí y por allá, unas pocas personas postradas en el suelo. ¿Estaban tratando de llamar la atención? Solo la atención de Dios. Estaban demostrando la postura de sus corazones hacia Él: sumisión total al Señorío del Rey.

Luego miré hacia la plataforma. Allí, contra la pared trasera de la iglesia, había una cruz donde Jesús sirvió a Su Padre derramando Su vida por un mundo que no se hacía amar: por mí. La cruz es la expresión física de la postura del corazón de Dios hacia mí. Él me amó…hasta la muerte.

¿Cómo podría negarme a demostrar la postura de mi corazón hacia Él cuando Él demostró tan completamente y con tanta pasión la postura de Su corazón hacia mí?

Ese día me arrepentí por tener un corazón mezquino, ignorante y criticón. Ese día mi alabanza y mi adoración cambiaron. Empecé a expresar libremente a Dios lo que había en mi corazón.

Escapa de mi comprensión por qué esto sigue siendo un punto de fricción entre tantas denominaciones. Jesús oró para que nos amemos unos a otros y nos mantengamos unidos. Yo propongo que juntos sigamos lo que enseña la Biblia sobre estos temas, y dejemos atrás los argumentos de los inconformistas y los autoproclamados "teólogos".

Aquí encontrará, en síntesis, algunas de las posturas y expresiones bíblicas de la alabanza. Esta lista no pretende ser exhaustiva, porque cada actividad de nuestras vidas debería ser una expresión de alabanza y adoración a Dios. Simplemente es una lista para acabar con algunos de los argumentos absurdos entre denominaciones. Dejaremos que la Palabra decida.

CANTAR ALABANZAS

Cantar al Señor no es una sugerencia en la Escritura, es una orden. Aquí hay solo algunos de los muchos lugares de la Escritura en que se emite esa orden:

*Cantad al Señor, toda la tierra; proclamad de día en día las bue-
nas nuevas de su salvación.*

1ª Crónicas 16:23

*Daré gracias al Señor conforme a su justicia, y cantaré alabanzas
al nombre del Señor, el Altísimo.*

Salmo 7:17

Cantaré al Señor, porque me ha colmado de bienes.

Salmo 13:6

*Cantad alabanzas al Señor, vosotros sus santos, y alabad su san-
to nombre.*

Salmo 30:4

*Cantad a Dios, oh reinos de la tierra; cantad alabanzas al Señor.
(Selah)*

Salmo 68:32

Si quiere llamar más testigos al estrado, vea Éxodo 15:1; Jueces 5:3; Salmo 27:6; Salmo 30:12; Salmo 89:1 y Apocalipsis 15:3. Honestamente, hay
tantos, que finalmente me cansé de enumerarlos.

Si usted no canta alabanzas a Dios, el problema lo tiene usted, no la
práctica de cantar. Entiendo que algunas personas no canten a Dios porque sienten que no tienen buena voz. Los corazones de algunas personas
han sido desanimadas por las críticas. Pero no cantamos a Dios porque
seamos buenos cantantes, cantamos porque Él es un Dios bueno.

Me encantaría verle libre del temor al juicio del hombre para que pueda considerar primeramente el placer de Dios. Para algunos, quizás alabar
sea un sacrificio, pero cada sacrificio tiene un costo. A veces es tan solo
salir de nuestra zona de comodidad.

Los sacrificios se hacen para honrar y valorar a Dios, no para nuestra conveniencia. Los sacrificios siempre son incómodos. Su canto no tiene que ser el mejor del mundo, solo el mejor que usted tenga. Mis hijos no
son vocalistas entrenados, pero me da tanto placer oírlos elevar sus voces
a Dios. Confunden las canciones, inventan canciones, cantan cosas que no
tienen sentido. Pero para su padre, sus canciones no tienen precio.

Las canciones de usted tampoco tienen precio para su Padre. No se preocupe si canta lo suficientemente bien como para entonar en un equipo de adoración o en la radio. Esa no es su audiencia. Su Padre es su audiencia. Y a Él le encanta oírlo cantar a usted.

¡Así que cante alabanzas a Su Nombre!

ALABAR CON INSTRUMENTOS

Si usted quiere seguir el modelo bíblico para alabar, no involucra solo la voz humana. Aquí tenemos una muestra de lo que la Biblia dice:

Cuando los trompeteros y los cantores, al unísono, se hacían oír a una voz alabando y glorificando al Señor, cuando levantaban sus voces acompañados por trompetas y címbalos e instrumentos de música, cuando alababan al Señor diciendo: Ciertamente Él es bueno porque su misericordia es para siempre, entonces la casa, la casa del Señor, se llenó de una nube,

2ª Crónicas 5:13

David y toda la casa de Israel se regocijaban delante del Señor con toda clase de instrumentos hechos de madera de abeto, y con liras, arpas, panderos, castañuelas y címbalos.

2ª Samuel 6:5

David y todo Israel se regocijaban delante de Dios con todas sus fuerzas, con cánticos y liras, con arpas, panderos, con címbalos y trompetas.

1ª Crónicas 13:8

Asimismo dijo David a los principales de los levitas, que designasen de sus hermanos a cantores con instrumentos de música, con salterios y arpas y címbalos, que resonasen y alzasen la voz con alegría.

1ª Crónicas 15:16, RVR 1960

Así todo Israel iba subiendo el arca del pacto del Señor con aclamaciones, con sonido de bocina, con trompetas, con címbalos muy resonantes, con arpas y liras.

1ª Crónicas 15:28

Vea también 1ª Crónicas 25:6; 2ª Crónicas 29:25; Nehemías 12:27; Isaías 30:32; Apocalipsis 14:2 y Apocalipsis 15:2.

Una vez más, me canso de enumerar las Escrituras. Son muchísimas. El uso de instrumentos en la alabanza no es simplemente una anomalía cultural (israelí). Se nos dice en 1ª Crónicas 25:6 que Dios ordenó a los sacerdotes que lo adoraran con toda clase de instrumentos, incluyendo (¡horror!) tocar címbalos. Tanto en el Antiguo como en el Nuevo Testamento, y en la eterna adoración celestial, los santos usan instrumentos para alabar al Señor. Isaías 30:32 incluso revela que Dios castigará a Sus enemigos ¡al sonido de nuestra alabanza instrumental! ¡Eso es formidable!

¡La alabanza instrumental es el azote de Satanás!

¿Debe usted tocar un instrumento para alabar a Dios? No, (aunque usted fue creado con instrumentos en su cuerpo con ese preciso propósito). Pero, ¿debemos prohibirlos en la Iglesia? ¡De ninguna manera! ¿Cómo podríamos prohibir lo que la Palabra respalda? Esta es una intervención teológica peligrosa.

Así que tome una guitarra, aprenda a tocar esa guitarra eléctrica, si eso es lo que le gusta, ¡y alabe al Señor!

GRITAR ALABANZAS A DIOS

Como ya mencioné, Dios lo construyó a usted con instrumentos incorporados para alabarlo. Uno de ellos es tan simple que un niño de cuatro años puede usarlo. Me refiero a sus gritos.

> Y aconteció que cuando el arca del pacto del Señor entró al campamento, todo Israel gritó con voz tan fuerte que la tierra vibró. Al oír los filisteos el ruido del clamor, dijeron: ¿Qué significa el ruido de este gran clamor en el campamento de los hebreos? Entonces comprendieron que el arca del Señor había llegado al campamento.
>
> 1ª Samuel 4:5–6

> Entonces los de Judá gritaron con fuerza; y así que ellos alzaron el grito, Dios desbarató a Jeroboam y a todo Israel delante de Abías y de Judá.
>
> 2ª Crónicas 13:15, RVR 1960

Y entonaron un cántico de alabanza y gratitud a YHVH: Porque es bueno, porque para siempre es su misericordia sobre Israel. Entonces todo el pueblo gritó con gran alegría alabando a YHVH porque los cimientos de la Casa de YHVH habían sido echados.

Esdras 3:11, BTX

Pero alégrense todos los que en ti confían; den voces de júbilo para siempre, porque tú los defiendes; en ti se regocijen los que aman tu nombre.

Salmo 5:11

¡Así que alégrense mucho en el SEÑOR y estén contentos, ustedes los que le obedecen! ¡Griten de alegría, ustedes de corazón puro!.

Salmo 32:11, NTV

¡Alábenlo con buena música! Cántenle canciones nunca antes escuchadas, y lancen gritos en su honor.

Salmo 33:3, TLA

Pero que se alegren y griten de alegría los que quieren verme victorioso; que digan constantemente: "¡El Señor es grande, y le agrada el bienestar de su siervo!".

Salmo 35:27, DHH

Pues el Señor mismo descenderá del cielo con un grito de mando, con voz de arcángel y con el llamado de trompeta de Dios. Primero, los cristianos que hayan muerto se levantarán de sus tumbas.

1ª Tesalonicenses 4:16, NTV

Para ver cuán penetrante es el "gritar" en las Escrituras, usted puede revisar también Salmo 66:1; Salmo 98:4; Salmo 98:6; Salmo 132:9; Isaías 12:6; Zacarías 9:9; Números 23:21; 2ª Samuel 6:15 y Salmo 47:5, para citar solo algunos.

El gritar advierte al mundo que hay un Rey en nuestro campamento. Es el rugido del león de la tribu de Judá, el llamado de victoria y el llamado a la guerra. Dios derribó Jericó al grito de Su pueblo. Derribó a sus enemigos con el sonido de sus gritos.

¿Por qué hacemos el ridículo en eventos deportivos, incluso frente a la televisión, pero nos da demasiada vergüenza gritar para honrar a nuestro Dios? Hemos sido engañados y robados, muchachos. El honor que es para Dios está siendo dado a hombres que se arrojan pelotas unos a otros. Es hora de traer de vuelta el grito de victoria, traerlo al campamento de Dios y observar cómo tiembla el infierno.

¡Grite gozosamente ante el Señor, nuestro Rey, y alabe Su nombre!

BATIR PALMAS EN ALABANZA A DIOS

Usted tiene otro instrumento estratégicamente ubicado al final de cada brazo.

Pueblos todos, batid las manos; aclamad a Dios con voz de júbilo.

Salmo 47:1, RVR 1960

Los ríos batan las manos, los montes todos hagan regocijo.

Salmo 98:8, RVR 1960

Porque con alegría saldréis, y con paz seréis vueltos; los montes y los collados levantarán canción delante de vosotros, y todos los árboles del campo darán palmadas de aplauso.

Isaías 55:12, RVR 1960

Aunque la evidencia de que batir las palmas como señal de alabanza no sea tan abundante como la de otras expresiones, podemos ver en estos versículos que es una orden en el libro de los Salmos.

Batir palmas es la alabanza rítmica de ríos sin voz y árboles susurrantes. También es una de las formas en que nosotros, los seres humanos, hemos sido diseñados: con instrumentos de percusión en nuestros cuerpos. Quizás no toquemos un instrumento en la congregación, pero todo individuo ha sido equipado por Dios con instrumentos para alabar. Primero, tenemos la música melódica de nuestras voces. Luego, tenemos los instrumentos rítmicos de nuestras manos y pies.

Así que use esos instrumentos que Dios le ha dado y corresponda dándole gloria. ¡Pueblos todos, batid las manos; aclamad a Dios!

ALZAR LAS MANOS EN ALABANZA

Entonces Esdras bendijo al Señor, el gran Dios. Y todo el pueblo respondió: ¡Amén, Amén!, mientras alzaban las manos; después se postraron y adoraron al Señor rostro en tierra.

Nehemías 8:6, RVR 1960

Oye la voz de mis ruegos cuando clamo a ti, cuando alzo mis manos hacia tu santo templo.

Salmo 28:2, RVR 1960

Alzad vuestras manos al santuario y bendecid al Señor.

Salmo 134:2, RVR 1960

Que suba a tu presencia mi plegaria como una ofrenda de incienso; que hacia ti se eleven mis manos como un sacrificio vespertino.

Salmo 141:2, NVI

Levantemos nuestros corazones y manos a Dios en los cielos.

Lamentaciones 3:41, RVR 1960

Y los sacó fuera hasta Betania, y alzando sus manos, los bendijo.

Lucas 24:50, RVR 1960

Quiero, pues, que los hombres oren en todo lugar, levantando manos santas, sin ira ni contienda.

1ª Timoteo 2:8, RVR 1960

Vea también Salmo 63:4; Salmo 119:48 y Lamentaciones 2:19.

Cuando mis hijos quieren que yo los alce, me miran y levantan sus manos.

Levantar nuestras manos es uno de los actos bíblicos que más expresan alabanza. Comunica acuerdo con Dios, rendición a Su voluntad, súplica, arrepentimiento e intercesión. Las manos alzadas representan nuestras vidas levantadas como sacrificio a Dios. Representan que estamos dedicando nuestras manos a actos de santidad. Las manos son levantadas para dar y recibir bendiciones. Y las manos son levantadas simplemente para bendecir el corazón del Señor.

Nuestras manos son una de las partes más expresivas de nuestros cuerpos. ¿Es de sorprenderse que le comuniquen tanto a Dios?

Para muchas personas, levantar las manos frente a otra gente es un paso difícil de dar. Requiere, para muchos de nosotros, someterse de la cultura denominacional, en la que hemos sido educados, a la cultura de la Palabra. Demanda que depongamos nuestro orgullo y nuestro miedo al hombre, y sometamos nuestros corazones y nuestra postura física a Dios. Y demanda que demostremos físicamente, para que todo el mundo lo vea, nuestros sentimientos y convicciones hacia el Rey, que es exactamente lo que se requiere de nosotros en la adoración.

Como dice Pablo: "Quiero, pues, que los hombres oren en todo lugar, levantando manos santas". Después de todo, Él es digno de esa expresión.

DANZAR ES UNA EXPRESIÓN BÍBLICA DE ALABANZA

¡¿Danzar?! "Bueno. Ahora te estás metiendo conmigo, Zach. Yo soy bautista (o lo que fuere). Nosotros no bailamos".

Personalmente, tengo un problema mayor que ese en lo que concierne al baile. Soy descoordinado y me veo ridículo cuando bailo.

Sea nuestro problema tradición denominacional o miedo a aparecer como "ese muchacho" en un video de YouTube, tenemos que ver la evidencia y dar a la Biblia más peso que a nuestros mitos u orgullo.

No me importa lo que usted sea. Si se identifica como ser de una denominación antes de identificarse como ser de Cristo, ya está en un error. Así que continuemos con esto y tomemos nuestra medicina como niños buenos.

Como ya he dicho, tengo seis hijos, y me he dado cuenta de que lo más inocente y natural del mundo para un niño es bailar y batir palmas cada vez que escucha música. No trate de eludir esto como la naturaleza caída del hombre. Usted sabe que lo que digo es verdad. No hay nada de malo en que un niño baile. Y no tiene por qué haber nada de malo tampoco en que un hijo de Dios baile. Podemos reivindicar el baile así como reivindicamos la Palabra, el sacerdocio y la adoración. Solo necesitamos la voluntad y el Espíritu para hacerlo.

Y María la profetisa, hermana de Aarón, tomó un pandero en su mano, y todas las mujeres salieron en pos de ella con panderos y danzas.

Éxodo 15:20, RVR 1960

David danzaba con toda su fuerza delante del Señor, y estaba vestido con un efod de lino.

2ª Samuel 6:14

Alaben su nombre con danza; con pandero y arpa a él canten.

Salmo 149:3, RVR 1960

Alabadle con pandero y danza; alabadle con cuerdas y flautas.

Salmo 150:4, RVR 1960

Has cambiado mi lamento en baile; desataste mi cilicio, y me ceñiste de alegría.

Salmos 30:11, RVR 1960

Tiempo de llorar, y tiempo de reír; tiempo de endechar, y tiempo de bailar.

Eclesiastés 3:4, RVR 1960

Aún te edificaré, y serás edificada, oh virgen de Israel; todavía serás adornada con tus panderos, y saldrás en alegres danzas.

Jeremías 31:4, RVR 1960

La danza no comenzó como recreación o como entretenimiento para el hombre. La danza comenzó como adoración. Es una expresión de una persona gozosa, una persona que ha sido libre de sus cadenas.

Nuestro problema es que las tradiciones del hombre nos han perjudicado, y pensamos que como nuestros antepasados restringieron el baile, la Palabra también debe hacerlo. Eso no es así.

La danza no tiene que ser sensual. No tiene que ser algo que llame la atención ni ser un espectáculo. Puede ser santa, apropiada y excelente.

No estoy sugiriendo que establezcamos una doctrina de cómo, y cuándo y con qué estilo deberíamos bailar. No tengo las respuestas a esas preguntas. Solo quiero que el pueblo de Dios sepa que puede danzar ante su Rey, como hacía David, y que Él acepta esta danza como alabanza.

Ahora, veamos mi versículo favorito sobre la danza, en Sofonías 3:17:

El Señor tu Dios está en medio de ti, guerrero victorioso; se gozará en ti con alegría, en su amor guardará silencio, se regocijará por ti con cantos de júbilo.

¿Pero no dice nada sobre la danza, no es cierto? Bueno, ¿Ve usted la palabra "regocijará"? Esa palabra en hebreo es *sus*, y literalmente significa regocijarse y estar contento saltando y brincando en el aire. En otras palabras, significa "bailar con alegría". Es decir que Sofonías 3:17 dice que Dios baila por nosotros y canta. Nuestro Dios es un Dios que baila, canta y celebra. Y apuesto a que incluso danza por nosotros en Su santuario, si usted puede imaginar algo semejante. Si esto no termina con el debate, no sé qué lo hará.

Así que si su corazón lo lleva a ello, dance ante el Señor. Sospecho que Él estará bailando con usted.

POSTRARSE ES UNA EXPRESIÓN BÍBLICA DE ADORACIÓN

Ya hemos hablado de inclinarse en detalle, así que no quiero volver a ese terreno. En realidad es una expresión de adoración más que de alabanza. Aún así, demos un vistazo a las Escrituras sobre postrarse. Es uno de los actos de adoración más ordenados en la Biblia, así que debe ser importante.

Entonces el hombre se postró y adoró al Señor,

Génesis 24:26

Y sucedió que cuando el siervo de Abraham escuchó sus palabras, se postró en tierra delante del Señor.

Génesis 24:52

Y Moisés se apresuró a inclinarse a tierra y adoró,

Éxodo 34:8

Entonces David dijo a toda la asamblea: Bendecid ahora al Señor vuestro Dios. Y toda la asamblea bendijo al Señor, al Dios de sus padres, y se inclinaron y se postraron ante el Señor y ante el rey.

1ª Crónicas 29:20

Entonces Esdras bendijo al Señor, el gran Dios. Y todo el pueblo respondió: ¡Amén, Amén!, mientras alzaban las manos; después se postraron y adoraron al Señor rostro en tierra.

Nehemías 8:6

Pero yo, por tu gran amor puedo entrar en tu casa; puedo postrarme reverente hacia tu santo templo.

Salmo 5:7, NVI

Venid, adoremos y postrémonos; doblemos la rodilla ante el Señor nuestro Hacedor.

Salmo 95:6

Por esta causa, pues, doblo mis rodillas ante el Padre de nuestro Señor Jesucristo.

Efesios 3:14

Para profundizar en este tema, vea Éxodo 4:31; 2ª Crónicas 29:30; Salmos 22:27; Salmos 66:4 y Romanos 14:11.

PALABRAS BÍBLICAS PARA "ALABAR"

El idioma español es realmente muy ágil, pero no tan preciso como el hebreo. Lo que nosotros traducimos como alabanza en realidad son varias palabras con una variedad de significados e implicaciones. Agrego esta información en este capítulo para proveer un cuadro completo de lo que estoy diciendo. Esta es otra área tan rica que daría para medio año de sermones.

1. Jalál: Resplandecer, enorgullecerse, gloriarse, celebrar ruidosamente o ser un tonto ruidoso.

De esta raíz obtenemos la palabra aleluya. Es gracioso que tan a menudo cantemos el *Aleluya* como algo fúnebre, cuando se hizo para ser una celebración clamorosa. Esta palabra significa enorgullecerse de Dios y celebrarlo. Es una palabra ruidosa y estrepitosa, que probablemente no sería bienvenida en algunas de nuestras iglesias.

El Salmo 69:30, 34 dice: *Alabaré (jalál) yo el nombre de Dios con cántico, lo exaltaré con alabanza… Alábenle (jalál) los cielos y la tierra, los mares, y todo lo que se mueve en ellos* (RVR 1960).

2. Yadá: Dar gracias, loas, confesar, alabar con las manos en alto. Esta el la palabra traducida como alabanza en el Salmo 9:1:

Alabaré al Señor con todo mi corazón; Todas tus maravillas contaré.

Esta palabra significa que usted usará sus manos para lanzar alabanza a Dios y confesar su nombre. Muestra una actitud de manos en alto como un gesto de gratitud. Cuando usted alaba de esta manera no solo levanta las manos para alabarlo a Él, es como si estuviera lanzando brazadas de alabanza hacia Él.

3. Todá: Acción de gracias, ofrenda de agradecimiento, sacrificio de alabanza, himno de alabanza, o un coro de adoradores.

¡Tanto significado envuelto en una palabra tan pequeña! Este tipo de alabanza es musical por naturaleza, y también es sacrificial en esencia. Eso significa que nos cuesta algo practicarla. No es fácil ni barato, pero demuestra gratitud a Dios y le da gloria. Se suele traducir como acción de gracias y ofrenda en español. Es muy importante que entendamos que la alabanza y la adoración implican, por naturaleza, dar. Implica presentar algo de nosotros mismos a Dios. Un corazón tacaño será, invariablemente, un corazón que se niega a expresar alabanza a Dios.

El que sacrifica alabanza me honrará.

Salmo 50:23, RVR 1960

Ofrezcan sacrificios de alabanza, y publiquen sus obras con júbilo.

Salmo 107:22, RVR 1960

4. Zamar: Cantar y rendir alabanza mientras se toca un instrumento.

Por tanto, te alabaré, oh Señor, entre las naciones, y cantaré alabanzas a tu nombre.

2ª Samuel 22:50

Daré gracias al Señor conforme a su justicia, y cantaré alabanzas al nombre del Señor, el Altísimo.

Salmo 7:17

Entonces será levantada mi cabeza sobre mis enemigos que me cercan; y en su tienda ofreceré sacrificios con voces de júbilo; cantaré, sí, cantaré alabanzas al Señor.

Salmo 27:6

Zamar literalmente se encuentra en todo el libro de los Salmos. David usa esa palabra siempre, lo que tiene mucho sentido si usted se da cuenta de lo que él estaba haciendo. David no solo le estaba escribiendo canciones a Dios, estaba componiendo la himnodia de Israel (y de la Iglesia). Él, en obediencia a Dios, nombró equipos de sacerdotes para que tocaran instrumentos y alabaran al Señor durante todo el día. La idea de alabanza de David casi siempre incluía un instrumento.

Esta palabra, por sí misma, desarma la falsa enseñanza de que los instrumentos no son apropiados para adorar en el santuario.

5. Tejilá: Alabanza entusiasta, adoración, gloria, renombre, fama, elogios públicos.

Pero tú eres santo, tú que habitas entre las alabanzas. (tejilá) de Israel

Salmo 22:3, RVR 1960, paréntesis añadido

En los íntegros es hermosa la alabanza. (tejilá)

Salmo 33:1, RVR 1960

Se les dé … manto de alegría. (tejilá) en lugar del espíritu angustiado

Isaías 61:3, RVR 1960

Aparte de ese placer culposo, esa palabra es PROFUNDA. Pone el sello de aprobación de Dios en el entusiasmo (que significa literalmente "estar lleno de Dios": *dséos*). La alabanza pública, entusiasta brinda honor, renombre, fama a Dios. Es un acto público de adoración.

Es el tipo de alabanza que entroniza a Dios. Es a esta adoración entusiasta a la que Él responde, se acerca y en la que habita.

El Salmo 33 dice que en los íntegros la alabanza *tejilá* es hermosa. ¿Es hermosa para quién? Para Dios, para el mundo, para los ángeles. Para todos, menos para los religiosos.

Isaías dice que esta alabanza entusiasta es la que Dios usa para alegrar el espíritu angustiado de Su pueblo. Él no usa religión estoica, densa, categórica. Usa alabanza entusiasta para cubrir a Su pueblo. Dios toma nuestra alabanza y la cambia por la angustia. Buen cambio, ¿no?

Qué palabra tan poderosa e importante.

6. Barak: Bendecir, alabar, arrodillarse, adorar.

> *Venid, adoremos y postrémonos; doblemos la rodilla ante el Señor nuestro Hacedor.*
>
> Salmo 95:6, RVR 1960

> *Bendice, alma mía, al Señor, y bendiga todo mi ser su santo nombre.*
>
> Salmo 103:1, RVR 1960

> *Que viva, pues, y se le dé del oro de Sabá, y que se ore por él continuamente; que todo el día se le bendiga.*
>
> Salmo 72:15, RVR 1960

Esta palabra casi siempre se traduce como bendecido, y es la palabra que se usa cada vez que usted ve que la Biblia dice que algo o alguien *bendice al Señor* (como en el Salmo 103).

Significa alabar y adorar a Dios arrodillándose ante Él. Una vez más, tenemos una palabra que por sí misma desmantela un error del Cuerpo de Cristo. Cada vez que usted vea las palabras "bendice al Señor" en la Biblia, recuerde, esa persona estaba arrodillada ante el Señor en adoración y alabanza.

Quizás recuerde que después que Dios liberó al Rey Josafat y a Judá de sus enemigos en 2ª Crónicas, ellos llamaron a ese lugar el valle de *Beraca* (la misma palabra: Barak), que traducida significa el valle de alabanza. ¿Por qué? Porque Dios derrotó a sus enemigos mientras el pueblo alababa y bendecía Su Nombre.

7. Shabákj: Alabar en voz alta, elogiar, presumir triunfantemente —con el sentido de calmar y aquietar a alguien.

Porque mejor es tu misericordia que la vida; mis labios te alaba-
rán. (shabákj)

Salmo 63:3, RVR 1960

Generación a generación celebrará (shabákj) tus obras, y anuncia-
rá tus poderosos hechos.

Salmo 145:4, RVR 1960, paréntesis añadido

Alabad al Señor, naciones todas; alabadle, pueblos todos.

Salmo 117:1

Esta es una palabra muy interesante. Describe no un acto de alabanza silenciosa, sino una alabanza triunfante, jactanciosa. Pero también conlleva la implicación de aquietar y calmar el corazón de quien la oye. ¿Es posible que este tipo de alabanza tranquilice el corazón de Dios? Esa es una pregunta para otro libro (aunque David insinúa la respuesta en 2ª Crónicas 6:41 y en el Salmo 132:8: *Levántate, Señor, al lugar de tu reposo; tú y el arca de tu poder*), pero definitivamente hay una diferencia en este tipo de alabanza. Si no, ¿por qué el Salmo 117 usa dos palabras hebreas diferentes en lugar de simplemente repetir *jalál*?

Fíjese en el Salmo 145:4, dado más arriba, que anima a las generaciones a *shabákj* el nombre del Señor. ¿Qué significa eso? Quiere decir que las madres, los padres y los abuelos deben invertir tiempo en alabar lo que Dios ha hecho en sus vidas. ¿Por qué la Iglesia tiene que volver a empezar cada cierta cantidad de años, desarrollar nuevas estrategias para salvar a la siguiente generación? Porque la generación anterior gastó tanto tiempo, dinero y esfuerzo moldeando su adoración de acuerdo con sus propios gustos que descuidó enseñar a la siguiente generación. Se olvidó de mostrar un Dios real a sus hijos y nietos. Este versículo tiene que ver con mantener el esplendor y la realidad de Dios constantemente frente a sus hijos. Porque Dios es Dios de generaciones, no de una sola generación.

Así que *shabákj*: alabe celebrando las obras y el carácter de Dios y mantenga fresco el testimonio de Cristo entre las generaciones.

Quizás usted note que solo hemos hablado de palabras hebreas para la alabanza. También hay algunos términos griegos, pero sus definiciones son mucho menos coloridas y variadas. A lo sumo denotan tributo verbal, aprobación o (en el caso de *doxa*), "gloria".

DÉLE A LA GENTE UNA RAZÓN PARA ALABAR

Para terminar, quiero resaltar la importancia y el poder de la alabanza. Alabanza es una palabra de acción. Debe tener expresión a fin de exaltar a Dios y darlo a conocer. La alabanza es una respuesta apropiada a quien Dios es, lo que Él ha hecho y lo que va a hacer.

Como padre y líder de adoración, debo tener en cuenta esto. Quiero que mi familia sea una familia que alabe a Dios. Quiero que la congregación sea un pueblo que alabe a Dios. Para que así sea, tengo que darle una razón para alabar.

Paso bastante tiempo preguntándole a Dios cómo puedo recordarle a la gente que Él es digno de alabanza y adoración. Como ministro de adoración, no puedo pretender una congregación llena de gente que venga al servicio ya lista para alabar al Señor (deberían, pero la realidad es que muchos de ellos no lo están). Parte de mi trabajo es ayudarlos a estar listos para alabar a Dios —darles algo a qué responder, recordarles quién es Él, lo que ha hecho y lo que podemos esperar que haga.

Descubriremos más sobre ello en las páginas siguientes.

PREGUNTAS PARA DEBATIR

1. "Cuando comencé a asistir a la iglesia, esto me resultaba un problema, como a cualquiera. Estas personas se movían de manera tonta, aplaudían a destiempo, apretaban los ojos como si estuvieran agonizando por un calambre en el estómago. ¿Por qué hacían semejante espectáculo? ¿Por qué un servicio de adoración tenía que parecer un circo de tres pistas?" ¿Se puede identificar con esta sensación? Más allá de lo que nos haga sentir incómodos, ¿por qué no podemos esperar que Dios adapte la alabanza a nuestras preferencias?

2. "Me encantaría verle libre del temor al juicio del hombre para que pueda considerar primeramente el placer de Dios." Quizás usted no tenga la mejor voz para cantar, ¿pero cuál es la verdadera razón por la que usted debería cantar a Dios?

3. ¿Por qué prohibir instrumentos para la alabanza en la iglesia es "una intervención teológica peligrosa"?

4. ¿Cómo se ha distorsionado el acto de gritar en nuestra cultura? ¿Cómo estamos desatendiendo el dar a Dios el honor que se merece?

5. ¡Dios ya nos ha equipado con instrumentos! ¿Cuáles son y cómo podemos usarlos?

6. ¿Qué representa levantar las manos en adoración?

7. Lea nuevamente Sofonías 3:17. La palabra "regocijo" en hebreo es *sus*. ¿Cuál es el significado literal de esa palabra? ¿Qué dice esto sobre el lugar que ocupa la danza en la alabanza y en la adoración?

8. Tomen una de las palabras bíblicas hebreas para alabanza (¡o todas, si gustan!) y conversen sobre las diferentes formas en que puede expresar cada una de ellas.

Capítulo 8

ENTRAR

El hombre, que a pesar de la enseñanza de las Escrituras, procura orar sin un Salvador insulta a la Deidad. Y aquel que imagina que su propio deseo natural puede llegar a la presencia de Dios, sin ser rociado con la sangre preciosa, y que será un sacrificio aceptable delante de Dios, comete un error. No ha traído una ofrenda que Dios pueda aceptar.

—Charles Spurgeon

■ ■ ■

Ahora ya estamos listos para dar una mirada al tabernáculo del que hemos estado hablando. Recuerde, parte de su tarea como sacerdote es establecer lugares de encuentro entre Dios y el hombre. En eso consiste el tabernáculo. Es el proceso de la revelación de Dios que nos conduce a adentrarnos más profundamente en Su presencia.

Este tabernáculo es extremadamente detallado, y los eruditos han hecho un trabajo realmente bueno al describir el simbolismo de los materiales utilizados en su construcción (todo significa algo —por eso Dios fue tan específico cuando se construyó). Usted puede leer los relatos bíblicos sobre la construcción del tabernáculo en Éxodo 25-40. Personalmente, me parece que aunque es fascinante, también es una segura cura para el insomnio.

En realidad no me interesa explicar el significado de cada vara y cada hebra, (aunque cada detalle está empapado de significado). Estoy mucho más interesado en cómo el tabernáculo nos enseña a acercarnos a Dios y honrarlo mediante la adoración. El tabernáculo es el orden de un servicio celestial para la adoración. Es eterno y sucede ahora mismo en el cielo. Yo quiero adoración, presencia y poder celestial aquí en la tierra. Así que ¿qué puedo aprender de estudiar el tabernáculo?

Si yo fuera un israelita de los tiempos de Moisés, lo primero que notaría es que hay distintas secciones en el tabernáculo. Desde afuera puedo ver los atrios. Es la zona descubierta, exterior del tabernáculo. Es como un patio rodeado por un vallado de columnas de plata y cortinas de lino.

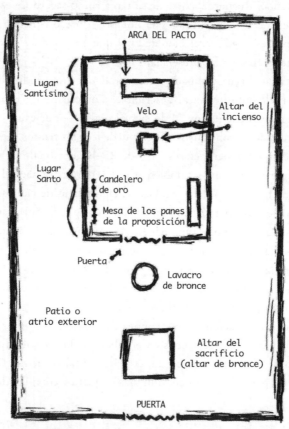

Hay mucha actividad en el atrio, y los sacerdotes se mueven entre la multitud, inspeccionando las ofrendas, lavando, y haciendo sacrificios. Yo podría oír los sonidos de las personas, hablando, llorando, orando y alabando. Oigo el balido de las cabras y los corderos, el mugido de los bueyes y el arrullo de los pájaros. Y puedo oír sus gárgaras de muerte al ser sacrificados en el altar.

Probablemente huela el hedor de los animales, vísceras, sangre y carne quemada. Como esto es a la intemperie, también estoy expuesto a los elementos. Si está soleado y caluroso, espero mi turno al calor. Si llueve, me mojo. Si sopla viento, me da frío. Pero espero mi turno. Es parte de mi adoración. Nunca vengo con las manos vacías. (Éxodo 23:15, 34:20, Deuteronomio 16:16). A veces traigo un diezmo, a veces una ofrenda, a veces un sacrificio para representar mi gratitud por un nuevo hijo, y a veces conduzco a un animal a la muerte, sabiendo que soy yo quien la merece.

Estos son los sonidos, los aromas y el sentimiento de pecado y sacrificio. Y ellos obran en mi corazón mientras me acerco al altar de Dios.

ARCA DEL PACTO

Lugar Santísimo

Velo

Altar del incienso

Lugar Santo

Candelero de oro

Mesa de los panes de la proposición

Puerta

Lavacro de bronce

Patio o atrio exterior

Altar del sacrificio (altar de bronce)

PUERTA

LAS PUERTAS

Comencemos en un territorio conocido, el Salmo 100:

*Entren por sus puertas con acción de gracias; vengan a sus atrios
con himnos de alabanza; denle gracias, alaben su nombre.*

v 4, NVI

Imagine la casa de Tom Sawyer, rodeada por un patio, vallada por una cerca de maderas blancas. Si yo, Huck, voy de visita, tengo que atravesar el patio para llegar a la casa. Y tengo que atravesar la puerta para entrar al patio.

El tabernáculo es como la casa de Tom. Antes que pueda entrar a su "casa" debo pasar por su "patio": el atrio. Para hacerlo, tengo que atravesar la puerta.

En términos de adoración, ¿cuál es la "puerta"? ¿Y cómo la atravieso?

La respuesta a la primera pregunta es la respuesta a todas las preguntas que le hacía siempre su maestra de escuela dominical: Jesús. Él dice de sí mismo:

Yo soy la puerta; el que entre por esta puerta, que soy yo, será salvo. Se moverá con entera libertad, y hallará pastos.

Juan 10:9, NVI

Quizás usted se frustre conmigo y diga en su corazón: "Si este libro solo me va a decir lo obvio, estoy perdiendo el tiempo". Deme un momento, porque esto puede sonar obvio, pero actualmente no veo evidencia de que esta verdad esté representada en nuestro liderazgo.

Lo ve, Jesús es la puerta; solo podemos entrar a la presencia de Dios a través de Él. No puedo decirle la cantidad de veces que me he sentado en reuniones de adoración y he observado a los líderes y pastores tratando de empujar a la gente a la presencia de Dios sin llevarlos a la puerta.

Le decimos a la gente que venga confiadamente a la presencia de Dios, y luego cantamos una canción sobre el fuego, o el viento, el río o la libertad, o cantamos una canción que en realidad ni siquiera está dirigida a Dios: ¡cantamos una canción para nosotros mismos! No hay nada inherentemente malo en esas canciones, y hay un lugar y un momento para ellas, pero no servirán para el propósito con el que las estamos usando.

¡El fuego no está en la puerta! ¡La libertad no está en la puerta! ¡Y por supuesto, yo no soy la puerta! Veo pastores que conducen al rebaño justo contra una pared, luego se colocan detrás de las ovejas y las empujan por las ancas, frustrados porque no se acercan más a Dios.

Mi primera sugerencia sería que, si usted quiere que vayan al atrio (o al redil de las ovejas), las lleve a la puerta. Cante canciones para Jesucristo y sobre Él y lo que ha hecho. ¡Él es el Camino, la Verdad y la Vida, nadie va al Padre, sino por Él (Juan 14:6)! Jesús sabía lo que estaba diciendo. Estaba hablando del camino hacia la presencia de Dios: el acceso a los lugares de encuentro con Su Padre.

Es lo mismo en el evangelismo. Ya sea que esté en una iglesia o en la sala de mi casa, en la calle o en un negocio. El camino a Dios es a través de Cristo. Si usted realmente quiere ser un Seeker Sensitive, sea un "descubridor sensible". Debemos dejar de tratar que—sin cristo y sin razonar la cruz—podamos hacer que la gente se sienta atraída por medio de razones, lisonjas y consuelo para que entren al reino. Jesús es el único camino y no puede ser excluido de la receta.

No se puede saltar la cerca en la casa de Dios. Jesús dijo: "*Ciertamente les aseguro que el que no entra por la puerta al redil de las ovejas, sino que trepa y se mete por otro lado, es un ladrón y un bandido*" (Juan 10:1, NVI).

No hay ninguna manera, en absoluto, de ir a Dios sin pasar por Jesús. ¿Eso hace de Dios un intolerante? No. Lo hace amable. Solo un Dios cruel le mostraría la eternidad a alguien para luego no darle acceso a ella. Solo un Padre cruel ofrecería una relación con Él a Sus hijos para luego dejarlos que adivinen cómo encontrarlo. Nuestro Dios no es cruel, confuso, ni poco claro. Es compasivo, clemente y piadoso, y es preciso. En Su gran amor, nos ha mostrado exactamente cómo llegar a Él.

EL PESTILLO

No basta con llegar a la puerta y quedarse allí, para poder entrar, el pestillo debe funcionar bien y la puerta debe abrirse.

A mis hijos les sigue gustado mirar los antiguos dibujos animados de Popeye. En un episodio, Popeye, está tratando de rescatar a la bella Olivia de las garras de Alí Babá y sus 40 ladrones. Los observa entrar a su escondite en la montaña por una puerta secreta, pero ésta se cierra detrás de ellos. Popeye se acerca a la puerta secreta e intenta una contraseña: "¡Ábrete, salami!" No pasa nada. "¡Ábrete, sardina!" ¡Nada! "¡Ábrete, digo yo!"

Nada. Finalmente, usa su pipa como soplete, corta su propia puerta, derrota a los ruines villanos y rescata a su desgarbada amada.

¿Sabía usted que hay una contraseña que abre la puerta del tabernáculo de Dios? El Salmo 100:4 dice:

Entren por sus puertas con acción de gracias; vengan a sus atrios con himnos de alabanza; denle gracias, alaben su nombre.

NVI

La NTV dice: *Entren por sus puertas con acción de gracias; vayan a sus atrios con alabanza. Denle gracias y alaben su nombre.*

¿Qué significa esto? Hay una actitud para acceder. Cuando llevamos a las personas hasta la puerta (Jesús), la manera de conducirlas debería inspirarles alabanza y gratitud. El Evangelio inspira gratitud.

Ya hemos hablado mucho sobre la alabanza. Vimos cómo la alabanza nos posiciona para entrar a la Tierra Prometida de Dios. La presencia de Dios es la Tierra Prometida para el pueblo de Dios. Y así como Dios pasó 40 años en el desierto cambiando la actitud de Israel, Él usará las circunstancias y la Verdad en nuestras vidas para asesinar el descontento y la queja que impiden que nos acerquemos más a Él.

¿Por qué? Porque el primer paso hacia Él es el paso de fe en Cristo. La fe inspira gratitud y alabanza. Y esa acción de gracias y alabanza posiciona nuestros corazones para acercarnos más todavía. Estas cosas nos abren a lo que Dios quiere seguir haciendo en nuestras vidas.

¿Así que cómo conduzco a las personas al atrio de Dios? Simplemente llévalas hacia Jesús, testifique las cosas que Él ha hecho (especialmente la cruz) y exprese gratitud y alabanza porque Él es quien es y porque ha hecho lo que ha hecho.

JESÚS: EL MEJOR LÍDER DE ADORACIÓN QUE EXISTIÓ JAMÁS. PARTE 1

Cuando comencé a estudiar a Jesús como líder de adoración tuve un cambio radical en mi perspectiva. Vea, Jesús es el Sumo Sacerdote del Cielo, el Liturgista celestial, el Ministro de Adoración de Dios. Comencé a leer los evangelios y a buscar todo lo que Él hizo o dijo como líder de adoración. Cada vez que Él hacía algo, llevaba a la gente a encuentros con Su Padre.

Él inspiraba, adoraba y alababa, llevando la presencia de Dios, ministrando el corazón de Su Padre y bendiciendo a la gente.

Jesús es el mayor líder de adoración que jamás haya existido.

Si ese es el caso, y si el tabernáculo es el mapa de ruta celestial para los adoradores, como he asegurado, deberíamos ver ejemplos de los elementos del tabernáculo en el ministerio de Jesús. Y eso es precisamente lo que encontramos.

¿Cómo ministraba Jesús cuando entraba por las puertas con alabanza? La Entrada Triunfal. Durante la última semana de la vida de Jesús, cuando Él se acercaba al templo, bajando del monte de los Olivos hacia Jerusalén, se sentó sobre un burrito y la gente se alineó en el camino con sus capas, agitando ramas de palmeras y gritando alabanzas tan fuerte que los líderes religiosos de ese tiempo se sintieron avergonzados y ofendidos.

¿Por qué Jesús entró a Jerusalén con semejante fanfarria y celebración? Él nos estaba enseñando algo sobre la adoración.

Jesús es el Rey, y los reyes entran a su reino con honor, alabanza, celebración y triunfo. De la misma manera en que entró Jesús a la ciudad ese día es como entrará a nuestras ciudades. Es la manera en que entrará a nuestros vecindarios y hogares. Es la manera en que entrará a nuestras iglesias y a nuestra nación. Y es la manera en que entrará en nuestros corazones.

Jesús nunca entra a hurtadillas a una ciudad. Jesús nunca entra a hurtadillas a un corazón. Él no viene con canto fúnebre y no entrará en personas que viven a medias tintas o con falta de convicción.

Jesús es el Rey de toda la creación. Él viene con triunfo y alabanza, como Majestad y Señor, o no viene.

Jesús no entró a Jerusalén para un servicio fúnebre. Solo se fue de esa manera.

Líder de adoración, mientras nuestras denominaciones discuten sobre si la alabanza y la celebración son o no relevantes o apropiadas para nuestros "servicios", tenemos un mundo que está muriendo. El mejor líder de adoración que existió jamás nos enseñó cómo viene Él, y sería sabio que aprendiéramos de Él.

Necesitamos acercarnos más a Él. Nuestras iglesias y familias se están marchitando por la falta de Su presencia y de Su poder. ¿Estamos dispuestos a hacer las cosas a la manera de Dios para ver Sus promesas?

¿O vamos a seguir en caminos que han probado ser infructuosos?

En cuanto a mí y mi casa, que las rocas nunca necesiten alabar porque nosotros hayamos fallado en hacerlo.

Cuando llegaban ya cerca de la bajada del monte de los Olivos, toda la multitud de los discípulos, gozándose, comenzó a alabar a Dios a grandes voces por todas las maravillas que habían visto, diciendo: ¡Bendito el rey que viene en el nombre del Señor; paz en el cielo, y gloria en las alturas! Entonces algunos de los fariseos de entre la multitud le dijeron: Maestro, reprende a tus discípulos. Él, respondiendo, les dijo: Os digo que si éstos callaran, las piedras clamarían.

LUCAS 19:37–40, RVR 1960

PREGUNTAS PARA DEBATIR

1. Al estudiar el tabernáculo, ¿qué podemos aprender sobre los servicios de adoración?

2. En los tiempos bíblicos, ¿qué tendría que atravesar usted para llegar al atrio y al tabernáculo? ¿A qué o a quién representa esta estructura? ¿Cómo podemos aplicar ese simbolismo en nuestros modernos servicios de adoración modernos?

3. ¿Cuál es la contraseña que abre las puertas del tabernáculo de Dios? ¿En qué salmo encontramos la respuesta?

4. ¿Quién es el mejor líder de adoración que ha existido jamás? ¿Cómo esta persona modeló la entrada a través de las puertas de alabanza?

Capítulo 9

EL ALTAR

Amados amigos, no hay Jesús sin derramamiento de sangre; no hay Salvador si no hay sacrificio... Sin la expiación, ningún hombre es cristiano, y Cristo no es Jesús. Si usted ha quitado la sangre sacrificial, ha extraído el corazón del evangelio de Jesucristo y lo ha despojado de su vida.

—Charles Spurgeon

• • •

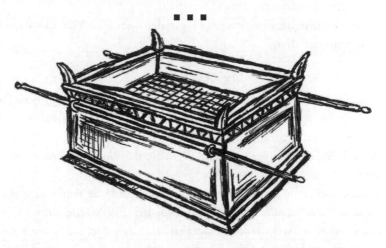

Lo primero que usted ve cuando atraviesa las puertas del tabernáculo es el Altar de los sacrificios. Brilla por el bronce que lo recubre (Éxodo 27:2), el altar está hecho de madera de acacia. Tiene entre 1.5 y 1.8 metros de altura (la longitud del codo es un tema para que debatan los estudiosos) con una base cuadrada. Cada esquina del altar está cubierta por un cuerno de bronce. Los fieles llevaban sus sacrificios al tabernáculo y los ataban con cuerdas a los cuernos del altar (Salmo 118:27), luego transferían sus pecados al animal colocando una mano sobre la cabeza de este y pronunciado sus pecados. La garganta del animal era cortada y la sangre derramada a los pies del altar y el cuerpo era colocado sobre los cuatro cuernos (Éxodo 29:12). Después de sacrificar al animal, los sacerdotes quemaban una porción sacrificial en el altar como "olor grato" al Señor.

Y eso es adoración.

Nunca me voy a olvidar de la primera vez que leí *Mientras no tengamos rostro*, de C.S. Lewis. Su descripción del olor del templo en ese libro me dejó sin habla. Él describe el olor de los animales sacrificados y de la sangre, la carne quemada y el incienso. Esto, dijo, es el aroma de la santidad.

Selah. [Deténgase y reflexione]

Qué imagen profunda, visceral. Imagine lo que comunicarían los sentidos a ese adorador mientras se acercaba al altar. Los sonidos de la vida y la muerte entremezclados. Los olores de los desechos, la sangre y la carne quemada. El espectáculo del destripamiento. Las emociones envueltas en el requerimiento de que otro muera en su lugar. Y el peso que desaparecía del corazón cuando terminaba el sacrificio.

No se equivoque; el altar era el lugar del sacrificio. Y la adoración tiene que tener un altar.

CONSTRUCCIÓN

Consideremos brevemente de qué estaba hecho el altar. Una vez más, Dios fue específico y meticuloso en Sus instrucciones para la construcción. ¿Por qué? Porque cada detalle del tabernáculo es una lección. El tabernáculo enseña. Fue diseñado para instruir al pueblo de Dios sobre cómo conocer y adorar al único Dios santo y Rey.

Como mencioné antes, el altar estaba construido de madera, de acacia para ser exacto. Es muy importante que los israelitas obedecieran a Dios y usaran este tipo particular de madera en lugar de roble, cedro, olivo u otra madera disponible en mayor abundancia. Vea, la acacia no se pudre fácilmente. Es un símbolo de pureza del alma, o de la humanidad incorruptible. Debido a su solidez y resistencia a la descomposición, también es un símbolo de la resurrección y la inmortalidad.

El bronce recubría la madera de acacia. El bronce es un símbolo bíblico de juicio. En Deuteronomio 28:22–23, Dios explica Sus juicios sobre el pecado. Parte de ese juicio incluye esta descripción:

> *Y los cielos que están sobre tu cabeza serán de bronce, y la tierra que está debajo de ti, de hierro.*
>
> v 23, RVR 1960

¿Alguna vez sintió como si sus oraciones rebotaran en las nubes? ¿Cómo si no llegaran hasta Dios? Aquí Dios les dice a los israelitas que si escogían desobedecerlo, ese sentimiento se haría realidad. El juicio al pecado requiere un pago, si no, separa a Dios y al hombre.

Otro pasaje interesante es la historia de las serpientes en Números 21. El pueblo de Israel se estaba quejando y hablaba "en contra" de Dios. Las serpientes venenosas llegaron al campamento, y mataron a muchos de ellos. El pueblo pidió perdón a Dios, y Dios le ordenó a Moisés que hiciera una serpiente de bronce y la colocara sobre una asta. Si alguno era mordido y miraba a la serpiente de bronce, esa persona viviría.

En Juan 3:14–15, Jesús nos dice que la serpiente de bronce era un símbolo de Él mismo, quien pronto sería levantado en una cruz para cargar con el juicio por nuestros pecados. Todo el que crea en Él será salvado de ese juicio.

Coloque juntos el altar revestido de bronce y la serpiente en el asta y obtendrá un cuadro precioso y bastante completo del sacrificio de Jesús en la cruz. El altar está construido de una madera incorruptible cubierta de bronce. Del mismo modo, Jesús—puro, inmortal e incorruptible—cargó (o fue cubierto) con nuestros pecados. Su vida perfecta cargó con el juicio de Dios por nosotros. Esta es la imagen suprema del altar. *El Cordero de Dios que quita el pecado del mundo* (Juan 1:29).

¿Para qué sirven los cuernos?

Los cuernos del altar representan la misericordia. Cuando una persona en el campamento de Israel merecía juicio, pero necesitaba perdón, corría al santuario y se aferraba a los cuernos del altar y clamaba: "¡Misericordia!" (Vea 1ª Reyes 1:49–53; 1ª Reyes 2:28).

De la misma manera, un pecador corre hacia la cruz, se arroja sobre sus brazos y clama por misericordia. La cruz es verdaderamente el altar de Dios. Y sobre él, Su Hijo, sin pecado, fue ofrecido como sacrificio para cargar con el juicio por los pecados de la humanidad. Su sangre fue derramada a los pies de la cruz y sobre los "cuernos" (brazos) donde Sus manos y pies fueron clavados. Y es por medio de Su sangre que nosotros recibimos perdón.

LÍDERES DE ADORACIÓN

¿Por qué el altar está situado justo frente a la puerta del santuario de Dios? Recuerde, el santuario nos enseña algo sobre el acceso a Dios. El primer paso dentro del santuario de Dios es el paso del sacrificio. Y es imposible acceder a Dios sin un sacrificio de sangre.

La adoración comienza con la muerte de Cristo en la cruz. ¡Fuera de esto, no hay ACCESO ni MINISTERIO a Dios!

La adoración sin cruz no es adoración. Por eso me duele cuando estoy sentado durante todo un servicio y no escucho ni una sola referencia a la cruz. Me duele que los líderes de adoración piensen que han aprendido a llevar a las personas a Dios sin reconocer ni recordar el cuerpo partido, lacerado y ensangrentado de Cristo.

¿Tiene problemas para llevar a la gente a la presencia de Dios? Intente llevarlos primero a la cruz.

PRESENTAR NUESTRO SACRIFICIO

Así que, si Jesús es el sacrificio por mi pecado, entonces no hay nada más que hacer, ¿correcto?

Equivocado. Vea, el altar siempre ha sido para contener, matar y quemar la carne. Y nosotros seguimos teniendo algo para quemar. Dios no será entronizado sobre el orgullo del hombre, así que para que nos podamos acercar más a Dios, tenemos que matar nuestro orgullo, quemarlo y dejarlo en la puerta.

En todas las cosas nos hemos convertido en imitadores de Cristo, y hay un ejemplo que debemos seguir en esta sombra del Antiguo Testamento. Es en el altar de bronce que restringimos nuestras emociones y nuestro cuerpo, los sometemos a Dios y ofrecemos nuestras vidas en sacrificio de alabanza y acción de gracias.

Eso es de lo que habla Pablo en Romanos 12:1 cuando dice: *"Por lo tanto, hermanos, tomando en cuenta la misericordia de Dios, les ruego que cada uno de ustedes, en adoración espiritual, ofrezca su cuerpo como sacrificio vivo, santo y agradable a Dios"* (NVI).

Vemos la misericordia de Dios cuando recordamos que Él se entregó a Sí mismo como sacrificio en la cruz. Nuestra respuesta a Su sacrificio debe ser presentar nuestro propio sacrificio. Y Dios no será apaciguado con corderos y bueyes. Jesús nos enseñó que *presentemos nuestros cuerpos como sacrificio vivo, santo y agradable a Dios.*

Algunas versiones dicen que este es nuestro "aceptable" acto de adoración. En otras palabras, esta es la clase de sacrificio que Dios acepta. La adoración que no implica sumisión, no es adoración. Esta clase de adoración es "agradable" a Dios porque le dice que lo entendemos. Él no está

buscando nuestras cosas. Él no envió a Su Hijo a morir para que le llevemos cosas. Él envió a Su Hijo para ganar nuestras almas, ganar nuestros
corazones, y SALVAR NUESTRAS VIDAS.

Devolver esas vidas salvas a Dios es buena adoración.

Haré una pausa por un momento para tratar un razonamiento absurdo. Hay algunos desacuerdos sobre lo que constituye "adoración espiritual". Estos desacuerdos giran en torno a la afirmación de Jesús sobre que
Dios está buscando adoradores que lo adoren *en espíritu y en verdad* (Juan
4:23–24). ¿Qué significa eso? Una denominación dice que debemos hablar
en lenguas, otra dice que debemos usar shofares y aros de gloria, otra dice
que solo debemos cantar himnos antiguos y otra dice que debemos cantar
canciones nuevas. Otra dice que todas esas cosas son malentendidos y que
simplemente debemos aprender más escrituras.

Quizás esto aclare la confusión. De acuerdo con Romanos 12:1, adorar
en "espíritu" significa ofrecer nuestro cuerpo como sacrificio vivo, uno que
sea santo y agradable a Dios. Adorar es sumisión total al señorío de Cristo. Sin sumisión solo nos estamos engañando a nosotros mismos con que
somos adoradores— no engañamos a Dios. Entonces ¿qué es adorar en
"verdad"? Es simple. Juan 14:6 dice: *Yo soy el camino, y la verdad y la vida;
nadie viene al Padre, sino por mí.* Adorar en verdad es adorar por medio
de Jesús y tomar conciencia que el Hijo es la única vía verdadera de acceso al Padre.

Si no adoro sometiéndome a Jesús, no estoy adorando al Padre.

La sumisión es una palabra confusa, y no quiero dejarlo a usted con
abstracciones sin sentido, así que permítame describir cómo se lleva a cabo
esto en mi vida. Transformó mi vida cuando descubrí que Jesús murió
para redimir cada parte de mí que Dios había creado. Y un día, simplemente empecé a devolver a Dios cada parte de mí por la que Él había pagado un precio en la cruz.

Me bajé de la cama, caí de rodillas y pedí: "Dios, por favor, muéstrame
Tu cruz. Ayúdame a reconocer el cuerpo de Tu Hijo de manera que pueda recordar lo que Tú has hecho por mí". Luego esperaba. Dios empezaba
a poner imágenes de la cruz en mi mente. Veía los pies de Jesús, traspasados por mí, y oraba: "Jesús, gracias porque permitiste que Tus pies perfectos fuesen traspasados por mí cuando ellos nunca dieron un paso en
falso en todos Tus días. Hoy, someto mis pies y los caminos de mi vida a
Ti. Ayúdame a caminar en Tus caminos de justicia por amor a Tu nombre.

Ordena y dirige las citas y reuniones que tenga el día de hoy, y guárdame de todo camino que lleve a la tentación o el pecado".

Mis ojos subieron por su cuerpo y vi la herida en Su costado, donde la lanza atravesó su quebrantado corazón y derramó una fuente de vida, sangre y agua. Oré: "Gracias, Señor, por entregar Tu corazón sin pecado como un sacrificio por mí cuando Tú nunca albergaste ningún sentimiento impuro. Hoy someto mi corazón, para amar lo que Tú amas y odiar lo que Tú odias. Someto mis sentimientos y mis pasiones a Ti hoy. Someto mi voluntad a la Tuya. Y hoy, permíteme no ser gobernado por mis emociones. Someto mis emociones a Ti. Oro para que me ayudes a sentir lo que Tú sientes y que Tus emociones guíen las mías".

Usted capta la idea. Vi Sus manos y le ofrecí la obra de mis manos. Ofrecí mis manos como instrumento de sanidad y servicio en vez de violencia y pecado.

Vi Su espalda, que representa la fortaleza en la Biblia, y ofrecí amarlo y servirlo con todas mis fuerzas. Pero también le ofrecí mi debilidad para que Su gracia y Su poder pudieran perfeccionarse en mí y mostrar Su gloria a través de mis imperfecciones. Y le agradecí la sanidad que Él ganó para mí por Sus llagas y las apliqué donde fuera necesario en mi vida y en las de mis seres queridos.

Vi una corona de espinas sobre Su frente y sometí mis pensamientos y mi mente a Su autoridad. Vi Su barba arrancada y Sus labios rotos y ofrecí mi boca como vasija de alabanza y edificación de Su Palabra y amor. Sometí mi boca para edificar Su reino y ayudar a Su pueblo y para derribar al reino de las tinieblas.

Sometí mis ojos para ver lo que Él ve y mis oídos para oír lo que Él oye. Él se dejó colgar allí, desnudo y humillado así que le sometí mi orgullo y me humillé. Por favor, no se ofenda, pero sometí incluso mis partes privadas a Él para usos santos y no para usos egoístas o pecaminosos.

Nuestras partes privadas y sus malos usos son la causa de mucho del pecado en nuestras vidas y en nuestra cultura. Necesitan ser sometidas a Dios. Nuestra sexualidad necesita ser sometida a Dios y a Su Palabra.

Jesús compró, pagó y redimió CADA parte de usted en la cruz.

Compró cada parte de mí, así que simplemente le sometí lo que ya le pertenecía. Esto se convirtió en parte de mi disciplina diaria, y mi andar con Dios fue totalmente "altarizado", (¡Ja!)

¿Qué le pasaría al "cuerpo" de Cristo si realmente se sometiera a Su placer y servicio? Como líder veo a tanta de mi gente sufriendo bajo la opresión de hábitos y compulsiones pecaminosos. No pueden controlarse. Están gobernados por la tentación y las emociones quebrantadas. Los caminos de sus vidas son caóticos, sus manos obran destrucción, sus bocas obran ruina y sus mentes repiten duda y pecado. Sus ojos solo ven las circunstancias, sus oídos solo oyen mentiras y condenación y sus fuerzas se gastan en cosas inútiles.

¿Cuál es la cura? La adoración. Someternos a Jesús nos lleva a la obediencia, a Su verdad. La obediencia nos lleva más profundamente a la presencia y corazón de Dios. Y pronto veremos los beneficios que vienen de ello.

Líderes de adoración, sacerdotes: aprendan a guiar a la gente en sumisión y ministrarán la libertad que viene con el Señorío de Jesús. Cada vez que lidero la adoración, le pido a Dios que me enseñe cómo guiar a Su pueblo en el sacrificio de sumisión. ¿Cómo preparo sus corazones para Tu presencia, Señor? Cada vez, Él me muestra lo que ellos necesitan. A veces es una canción, a veces una Escritura, a veces un testimonio. Él conoce a Su pueblo y sabe lo que necesita.

Nunca descuide la sumisión. Como Pablo nos exhortó…

Por tanto, hermanos míos, les ruego por la misericordia de Dios que se presenten ustedes mismos como ofrenda viva, santa y agradable a Dios. Este es el verdadero culto que deben ofrecer. No vivan ya según los criterios del tiempo presente; al contrario, cambien su manera de pensar para que así cambie su manera de vivir y lleguen a conocer la voluntad de Dios, es decir, lo que es bueno, lo que le es grato, lo que es perfecto.

Romanos 12:1–2, DHH

LIBERTAD A TRAVÉS DE LA SUMISIÓN

La libertad tiene mucho que ver con de quién es el arenero en el que usted juega. Cuando yo era niño, tenía un vecino que tenía un arenero maravilloso. Tenía arena profunda, limpia. Estaba bien a la sombra y equipado con baldes, potes de mantequilla, palas, camiones de volteo, soldados y personajes de aventura. El arenero representaba oportunidades sin fin. Había mundos que podíamos crear y destruir, ejércitos que podían levantarse y caer —todo al alcance de la poderosa imaginación de niños de siete años.

El único problema era que si yo quería jugar en el arenero, tenía que jugar con mi vecino. Él era tramposo, llorón, un mocoso malcriado —pero si yo quería jugar en su arenero, tenía que hacerlo bajo sus reglas. Sus reglas eran simples: él siempre ganaba y yo siempre perdía.

Aburrido.

Así que le pedí a mi papá si podíamos tener un arenero en nuestro patio. Papá y yo construimos un fuerte, luego cavé un enorme hoyo en el suelo, que podía llenar con agua, arena, sapos rugosos o lo que quisiera. Mi arenero era el más maravilloso del mundo, y lo mejor era que jugábamos con las reglas apropiadas, es decir, reglas que aseguraban que yo siempre ganara.

Muchas veces los cristianos son como los niños que juegan en el arenero del diablo. Seguimos construyendo nuestros mundos y jugando a vivir, pero no nos damos cuenta de por qué siempre nos sentimos derrotados. Hay áreas de nuestras vidas que no parecen tener libertad y no logramos entender por qué. La respuesta es simple: estamos jugando en el arenero incorrecto.

La mejor manera de entrar el arenero correcto es por medio de la adoración. Vea, la adoración no es solo cantarle canciones a Dios. De hecho, eso probablemente sea lo menos de lo que es la adoración. Como ya ha visto, la palabra hebrea traducida más a menudo como adoración es *shakjá*. Significa inclinarse. La palabra griega para adoración, *proskunéo*, significa demostrar su amor a Dios postrándose ante Él. Estas dos palabras tienen una cosa en común: el concepto de postrarse. Los adoradores son personas que se humillan ante Dios. Los adoradores se someten al señorío de Jesús.

Antes de convertirme en un adorador, había pasado toda mi vida sometido a un sistema caído: atado a sus reglas caídas. No podía obtener libertad en ese sistema porque sus maestros eran el pecado, la muerte, la tumba y el diablo mismo. Mientras yo jugara en su territorio con sus reglas, ellos siempre ganaban y yo siempre perdía.

Pero cuando me convertí en un adorador, sucedió algo que me transformó. Mi corazón se volvió a Dios y sometí mi vida (TODA MI VIDA) a Su señorío. Cuando hice eso, experimenté un desplazamiento total de mis paradigmas. De repente, ya no vivía alineado a las leyes del pecado; ahora estaba alineado a las leyes de la vida. En el arenero de Dios, jugamos con las reglas de Dios, y la victoria de Su Hijo lo define todo. Las adicciones dan paso a la libertad, la lujuria da paso al amor, la ira da paso a la paciencia, la codicia da paso a la caridad; la amargura, al perdón; las maldiciones, a las bendiciones; la muerte, a la vida; la enfermedad a la sanidad y el pecado da paso a la gracia.

En el arenero de Dios las reglas dicen que yo vivo. En el arenero de Dios las reglas dicen que yo gano. Soy más que un participante de la vida. De acuerdo con Romanos 8:37, yo soy un vencedor.

El Altar de los Holocaustos nos enseña adoración. Una lección clave es que la adoración es sumisión. La adoración nos coloca en el arenero del Padre porque la adoración es una cuestión de señorío. ¿En el reino de quién estamos viviendo? ¿A las reglas de quién estamos atados? Los adoradores son ciudadanos del reino de Su Padre, se someten a Sus deseos y reglas y tienen derecho a toda la protección y beneficios de Su trono.

Si usted tiene necesidad de liberación en alguna área de su vida, vea a su alrededor y chequee para ver en el arenero de quién está jugando. Luego levántese y váyase a casa. Es tan fácil como decir: "Dios, no he estado viviendo la vida a Tu manera, y esto no está funcionando para mí. Quiero adorarte a Ti. Quiero seguirte como Señor y vivir a Tu manera. Así que de ahora en adelante, haré todo lo que Tú me digas que haga. Haz que Tu reino, Tu amor y Tu poder sean evidentes en mi vida. Me someto totalmente a Ti. En el nombre de Jesús, amén".

JESÚS: EL MEJOR LÍDER DE ADORACIÓN QUE EXISTIÓ JAMÁS. PARTE 2

Muy bien, así que ¿cómo Jesús, el Sumo Sacerdote y principal liturgista celestial, mostró el Altar de los Holocaustos? Obviamente, Él fue muerto por los pecados del mundo, pero quiero mostrarle otra instancia en la cual Él demostró adoración al estilo de Romanos 12:1.

En el capítulo anterior hablamos de la entrada triunfal. ¿Sabía usted que inmediatamente después de entrar a Jerusalén, Jesús fue directamente al templo? De hecho, la entrada triunfal no terminó en las calles de la ciudad, sino en el atrio del templo. Fue allí donde los fariseos le pidieron a Jesús que reprendiera a Sus seguidores mientras ellos gritaban: "¡Hosanna al Hijo de David!"

Jesús fue, literalmente, de las puertas de alabanza al Altar de los Holocaustos. No debemos ir a la presencia de Dios con las manos vacías.

Debemos ir siempre llevando una ofrenda, pero Jesús no llevó un cordero, un buey o una paloma. No hay evidencia de que llevara una ofrenda por el pecado al altar, porque Él nunca pecó. Pero quédese tranquilo, sí llevó una ofrenda. *Él era la ofrenda.*

Y nos dejó un ejemplo para que hagamos lo mismo. Cuando usted vaya a la presencia de Dios, lleve sus diezmos y ofrendas, pero no descuide la ofrenda más importante: usted mismo.

Jesús prosiguióa hacer algo bastante controversial:

> *Y entró Jesús en el templo de Dios, y echó fuera a todos los que vendían y compraban en el templo, y volcó las mesas de los cambistas, y las sillas de los que vendían palomas; y les dijo: "Escrito está: Mi casa, casa de oración será llamada; mas vosotros la habéis hecho cueva de ladrones".*
>
> Mateo 21:12–13

¿Puede imaginar la expresión de los rostros de los discípulos? "Jesús, ¿qué estás haciendo?" ¿Estaba Jesús teniendo una rabieta? ¿Perdió los estribos? No creo. Jesús reivindicaba que Él solo hacía lo que veía hacer al Padre y solo decía lo que Padre decía (Juan 5:19). Si eso es verdad, entonces Él debe haber recibido instrucciones de Su Padre, lo cual significa que este episodio era deliberado y calculado.

Jesús sabía exactamente lo que estaba haciendo. Él les estaba enseñando algo. Les estaba enseñando adoración.

Una vez más, la Biblia enseña que nuestros cuerpos son templos del Espíritu Santo. El tabernáculo, que alberga la presencia de Dios, está dentro de nosotros. Jesús sabía que esto era así y les estaba enseñando algo sobre administrar la casa de Dios y crear un ambiente donde Él sea bienvenido.

Enseño con regularidad una clase en mi iglesia llamada "La adoración importa" (MENSAJE DE ALERTA). Siempre incluyo una lección sobre barrer el templo, mantener limpio el templo de Dios como un acto de adoración y como una invitación a la presencia de Dios. Para esa clase, preparo una mesa de 2.1 metros y la cubro con toda clase de cosas. TV, ropa, comida, juegos de video, revistas, películas, una plancha, una raqueta de tenis, una pelota de golf, una muñeca Barbie, una computadora, un teléfono celular, etc. Explico que ninguna de estas cosas es necesariamente mala por naturaleza. ¿A quién le gusta comer? ¿A quién le gusta mirar televisión? ¿Quién usa computadoras, practica deportes, hace ejercicio, se junta con amigos y valora un maravilloso ejemplar del sexo opuesto?

Todo el mundo. ¿Hay algo de malo en ello? No lo creo.

El problema surge cuando esas cosas empiezan a atraer nuestros afectos. Cuando nuestros corazones se inclinan más hacia el ejercicio que hacia la oración, es porque algo no está en el orden correcto en nuestros corazones. Cuando nuestros corazones se inclinan más hacia la comida, el entretenimiento, o cualquier otra cosa que hacia Dios, hay un problema.

Una "casa de oración" es una vida de abierta comunicación y comunión (relación) con Dios. Nosotros somos los templos, los tabernáculos del Espíritu Santo. Como pregunta 1ª Corintios 6:19: *¿O ignoráis que vuestro cuerpo es templo del Espíritu Santo, el cual está en vosotros, el cual tenéis de Dios, y que no sois vuestros?* Fuimos hechos para la comunión y la comunicación. Dios quiere sintonizar nuestros oídos y nuestros corazones con la frecuencia de Su voz. Cuando eso sucede, nos convertimos en una casa de oración.

Cualquier cosa que robe esa comunión y comunicación con Dios, nos roba, a Dios y a mí de nuestra relación mutua. Mi templo se convierte en una "cueva de ladrones" cuando está lleno de cosas que me roban mi relación con Dios.

Cualquier cosa de mi vida que compita con la voz de Dios para mi oido es un ladrón. Si mi programa de televisión preferido atrae mi corazón más fuertemente que la Palabra o la oración, se ha convertido en un impedimento para mi relación con Dios. Cualquier cosa que compita con Dios por el afecto de mi corazón es un ladrón.

Levanto comida y pregunto: "¿Esto habla más fuerte que la Palabra de Dios?" Sostengo un cepillo para el cabello: "¿La vanidad habla más fuerte que Dios?" Una pelota de fútbol: "¿Los deportes atraen su corazón y su mente más que Jesús?" Una computadora, un teléfono celular, la TV, un DVD, un CD. "¿Su corazón se inclina más hacia estas cosas que hacia su lugar secreto de oración?"

"¿Cuándo es que una bendición se convierte en un ídolo? Cuando compite con la voz y el afecto de Dios."

Luego digo: "Todos, levanten sus lápices y alístense para escribir esto. Estoy por darles una definición nueva de adoración. ¿Están listos?"

Entonces, cuando todos están prestando atención y listos para escribir, agarro la mesa y le doy vuelta tan alto y enérgicamente como pueda.

Los CDs y la ropa y las pelotas de golf vuelan en todas las direcciones. Los chocolates y las golosinas caen como lluvia. Los televisores, las computadoras y los adornitos caen al suelo con la cacofonía de un accidente de tren. Todos se asustan y alguno siempre grita. No me sorprendería que alguien se orinara un poquito. Todos se sientan con los ojos bien abiertos, sorprendidos por la venta de garaje desparramada en el piso de la iglesia. Se sientan en silencio mientras sus ojos evalúan el desastre. Entretenimiento, glotonería, vanidad, relaciones impuras, distracciones, lujuria y codicia yacen como cadáveres sin gloria en el suelo.

Luego defino *adoración* para ellos.

"Esto es adoración. La adoración voltea las mesas de la transigencia en mi corazón. La adoración invita a Jesús a venir a Su templo, a mi vida, y examina la mesa de mi corazón. Si Él encuentra algo que roba nuestra relación, nos recuerda que la adoración dice: 'Te amo, Dios, más que a estas chucherías'. Y voltea las mesas".

Luego les pregunto: "¿Le gustaría que les definiera *santidad*?" Acomodo la mesa, paso mi mano por su superficie lisa y limpia y digo: "Esto es santidad. Santidad es cuando presento las mesas de mi corazón a Dios y digo: 'Señor, este corazón es tuyo. Tú lo compraste a precio muy alto. Es tuyo para que lo uses como desees. Puedes colocar encima de él lo que quieras. Y puedes quitar de él lo que gustes: Eso es santidad".

> ...*sin la santidad, nadie podrá ver al Señor.*
>
> Hebreos 12:14, DHH

Adorar es voltear la mesa. Adorar es barrer el templo. Y la adoración hace que Dios sea bienvenido en Su casa.

En lo que a mí respecta, hay pocos ejemplos de adoración en la Biblia mejores que ese.

Hasta este momento de nuestra travesía hacia el trono de Dios, Jesús nos ha enseñado a entrar a Sus puertas con alabanza. Esa actitud de gratitud prepara nuestros corazones para su siguiente lección: someter nuestras vidas como sacrificio de adoración. ¿Cree que la sumisión nos acerca un paso más a Su trono? Todo comienza a cobrar sentido ahora. Y no puedo esperar para contarle lo que sigue.

PREGUNTAS PARA DEBATIR

1. ¿De qué material estaba hecho el Altar de los Holocaustos? ¿Por qué era importante esto y qué simbolizaba cada elemento en forma separada? ¿Qué simbolizan todos juntos?

2. ¿Por qué el Altar de los Holocaustos estaba justo frente a la puerta del santuario de Dios? ¿Qué dice esto del lugar de la cruz en la adoración?

3. A la luz del sacrificio de Jesús por nosotros, ¿hay algo que nosotros debamos sacrificar? ¿Qué debemos sacrificar? ¿Cómo podría esto curar al Cuerpo de Cristo de hábitos pecaminosos?

4. Explique bíblicamente qué significa adorar "en espíritu" y "en verdad".

5. Jesús obviamente mostró el altar de los holocaustos muriendo por nuestros pecados, pero ¿cómo mostró también la adoración por medio del sacrificio? ¿Cómo se convierte esto en un ejemplo para nosotros?

6. ¿Qué es santidad?

Capítulo 10

LA FUENTE DE BRONCE

Porque el Señor es el Espíritu; y donde está el Espíritu del Señor, allí hay liber-
tad. Por tanto, nosotros todos, mirando a cara descubierta como en un espejo la
gloria del Señor, somos transformados de gloria en gloria en la misma imagen,
como por el Espíritu del Señor

—2ª Corintios 3:17–18

Entre el altar de los holocaustos y la tienda de reunión (tabernáculo) encontramos el lavacro o fuente de bronce. *Harás también una fuente de bronce, con su base de bronce, para lavar; y la colocarás entre el tabernáculo de reunión y el altar, y pondrás en ella agua…*(Éxodo 30:18).

El lavacro probablemente se parecía (perdóneme, pero es lo mejor que se me ocurre) a una gran bañera para pájaros. Éxodo 38:8 nos informa que fue construido con un tazón en la parte superior y que tenía también un pie. Algunos eruditos creen que tanto la parte superior como la base con- tenían agua de manera que los sacerdotes pudieran lavarse las manos y los pies antes de entrar al Lugar Santo para ministrar ante el Señor o antes de ir a servir al altar.

El mismo versículo también dice: *También hizo la fuente de bronce y su base de bronce, de los espejos de las mujeres que velaban a la puerta del tabernáculo de reunión.* En otras palabras, el lavacro estaba hecho con espejos de las mujeres que servían en la puerta del tabernáculo.

Si usted se imagina un espejo de mano moderno, se va a confundir mucho. Los espejos de la época de Moisés no se hacían con vidrio. Estaban hechos con bronce muy pulido. A Moisés se le ordenó tomar los espejos de esas mujeres, fundirlos y hacer un lavacro con ellos. La fuente de bronce entonces tenía una superficie altamente reflectante de manera que cuando los sacerdotes se acercaban al lavacro a lavarse, veían su reflejo en el agua. Después se lavaban en esa agua.

Los sacerdotes **no ministraban nada en el tabernáculo sin lavarse primero en el lavacro.** ¿Y usted qué es? Un sacerdote. Así que lo que estamos a punto de conversar, ¿se aplica a usted? ¡Sí!

Si usted es un sacerdote, y esto simboliza algo, entonces necesitamos prestar atención. El lavacro es un prerrequisito para toda actividad ministerial:

> *Y con ella se lavarán las manos y los pies Aarón y sus hijos. Al entrar en la tienda de reunión, se lavarán con agua para que no mueran; también cuando se acerquen al altar a ministrar para quemar una ofrenda encendida al Señor. Y se lavarán las manos y los pies para que no mueran,*
>
> Éxodo 30:19–21ª

SIMBOLISMO

La fuente de bronce representa el ministerio de la Palabra. No es solo un prerrequisito para ministrar, es también un aspecto necesario de la vida de adoración de cada creyente.

Fíjese que Efesios 5:25–27, dice esto:

> *Maridos, amad a vuestras mujeres, así como Cristo amó a la iglesia, y se entregó a sí mismo por ella, para santificarla, habiéndola purificado en el lavamiento del agua por la palabra, a fin de presentársela a sí mismo, una iglesia gloriosa, que no tuviese mancha ni arruga ni cosa semejante, sino que fuese santa y sin mancha.*

Hablaremos de la segunda parte de este versículo en el capítulo siguiente. Por ahora, concentrémonos en la primera porción. Una de las razones por las que Jesús se entregó a Sí mismo por nosotros (la Iglesia) fue para salvarnos y pagar por nuestros pecados. Pero nosotros somos personas que vivimos en un mundo caído. Andamos en la suciedad, y eso se junta en nuestros pies. Tocamos cosas que ensucian nuestras manos. Es inevitable que la mugre y los desechos del mundo se nos peguen.

Seguimos pecando aun después de ser salvos. Seguimos estando expuestos a la maldad del mundo.

El altar de los holocaustos se encarga del pago por nuestros pecados. La fuente de bronce es el lavado continuo: el lavado diario que proviene del ministerio de la Palabra de Dios en nuestras vidas. Esto es el resultado de una vida sometida al proceso de Dios, el producto de una vida de santidad. Recuerde:...*la santidad, sin la cual nadie verá al Señor* (Hebreos 12:14). Esto no significa que no podamos ver a Dios si no nos volvemos perfectos, significa que no podemos acercarnos más a Él sin someternos al proceso de santificación: separarnos, consagrarnos a Sus caminos.

Eso es buena adoración.

¿Por qué Dios le ordenó a Moisés que hiciera la fuente de bronce con espejos? Los espejos generalmente se usan para una de dos cosas: vanidad o revelación.

A mi abuela le gustaba contarme historias sobre mi papá cuando era adolescente. Aparentemente él solía pararse frente al espejo mientras se peinaba, se guiñaba un ojo y se decía: "Tú, diablo guapo". He visto fotos de mi padre a esa edad, y lo creo.

La Biblia es como un espejo (Santiago 1:23). Y, como un espejo, puede ser usada para vanidad. Podemos mirar la Palabra y decir: "Hombre, ¡qué bien me veo! Estoy haciendo un gran trabajo en este tema de la religión. Mejor que antes. Y me veo mejor que la mayoría de la gente que me rodea. Definitivamente mejor que ese muchacho".

Pero la Biblia no nos fue dada para que nos comparemos con otros (ni siquiera con nosotros mismos).

Segunda Corintios 10:12, dice: *Pero ellos, midiéndose a sí mismos por sí mismos, y comparándose consigo mismos, no son juiciosos.*

Las personas nunca fueron ni pueden llegar a ser la referencia para nuestro éxito. ¿Por qué? Porque las personas son deshonestas. Si usted trata de compararse con una medida falsa, siempre va a obtener un resultado falso. Sesgará la perspectiva que tenga de usted mismo. Pensará que es mejor de lo que en realidad es o peor, pero nunca sabrá la verdad.

Por eso es que Jesús es nuestra referencia. Él es verdadero: el artículo legítimo. Si usted va a compararse con alguien, compárese con el Único que siempre hizo todo bien.

Un espejo también puede utilizarse como una herramienta de autorrevelación. Puede reflejar cómo se ve usted en verdad. Yo soy un imán para situaciones vergonzosas. Así que si alguna vez trató de coquetear con brócoli entre los dientes, me identifico con usted. Si alguna vez trató de causar una buena impresión con un enorme moco colgando de la nariz, puedo entenderlo. ¿No detesta pasar frente a un espejo, ver ese moco y darse cuenta que ella no le estaba sonriendo porque usted se pareciera a Rico Suave, sino porque se veía como un come-pegamento?

¿No desearía haberse mirado en el espejo cinco minutos antes? Un espejo puede ser la salvación. Nos revela la verdad sobre nosotros mismos.

La fuente de bronce, como la Palabra de Dios, cumple dos funciones. Cuando los sacerdotes se inclinaban para lavarse en el agua, veían sus rostros. Eso les daba un momento para reflexionar. La Palabra de Dios, cuando nos sometemos a ella, nos revela dos imágenes. Nos revela cómo somos y cómo es en verdad Dios.

Me encanta leer las Escrituras de esta manera. Abro las páginas y digo: "Háblame hoy, Dios. Muéstrame cómo me veo en verdad y cómo te ves Tú realmente".

Cada vez que busco en la Palabra que da vida, veo algo en mí que no se parece a Dios y algo en Dios que no se parece a mí. La belleza de la Palabra es que nunca lo deja a uno en ese lugar. La misma Palabra que nos trae revelación también nos lava, de manera que podamos parecernos más a Jesús. Eso es exactamente lo que experimentaban los sacerdotes. Ellos se miraban en la fuente de bronce y veían que quedaban cortos, pero luego se lavaban en esa misma agua y eran limpiados para ministrar.

Amo la Palabra, y me encanta conducir a la gente a la Palabra. Cuanto más me acerco a Dios, más veo. Y cuanto más veo, más me parezco a Él. Es por eso que 2ª Corintios 3:18 dice: *Por tanto, nosotros todos, mirando a cara descubierta como en un espejo la gloria del Señor, somos transformados de gloria en gloria en la misma imagen, como por el Espíritu del Señor* (RVR 1960).

En el capítulo anterior sometimos la obra de nuestras manos, los caminos de nuestras vidas, nuestras mentes y corazones al Señor. Detenernos en la fuente de bronce hace que tomemos esos aspectos de nuestras vidas y los limpiemos para el servicio. Dios lava nuestras manos para que Su obra sea limpia. Lava nuestros pies para que nuestros caminos sean justos. Y lava nuestras mentes y corazones para hacernos más parecidos a Él.

Romanos 12:1, puede ser de hecho la Escritura perfecta para adorar, pero está seguida de Romanos 12:2: *No os conforméis a este siglo, sino transformaos por medio de la renovación de vuestro entendimiento, para que comprobéis cuál sea la buena voluntad de Dios, agradable y perfecta* (RVR 1960). Lavarnos con la Palabra es lo que renueva nuestras mentes, nos transforma para que seamos más como Cristo y nos capacita para que conozcamos la voluntad de Dios.

BUEN JUICIO

Cuando estudiamos el altar, vimos que el bronce es un símbolo bíblico de juicio. El juicio se ha convertido en una mala palabra en nuestra cultura posmoderna, pero hay un tipo de juicio que en realidad nos salva de una forma de juicio más severa. Es autojuzgarse o autoexaminarse. Primera Corintios 11:31 dice: *Si, pues, nos examinásemos a nosotros mismos, no seríamos juzgados* (RVR 1960).

Esto es parte de lo que hace la Palabra. Examinar a Cristo lleva a autoexaminarnos. El autoexamen lleva al autodescubrimiento, lo que posibilita que seamos honestos para con Dios, que a su vez, permite que Dios nos limpie.

En otras palabras, antes de que usted pueda tener los dientes limpios, debe aprender lo que es una buena higiene. Entonces sabrá cómo mirarse en el espejo y ver si sus dientes están suficientemente limpios o no. Ver el brócoli entre sus dientes le permite sacárselo.

Ver esos aspectos en los que no nos parecemos a Dios permite que nos pongamos de acuerdo con Él. El pecado es realmente cualquier acción o actitud que no sea como Dios. Cuando veo pecado en mí mismo, lo juzgo como impío. Es impropio de Dios y por lo tanto es impropio de mí. No quiero ser así. De modo que le pido a Dios que me haga más parecido a Su Hijo. Le pido que me limpie de lo que es desagradable y me ayude a vivir de una manera que refleje mejor Su naturaleza y Su carácter.

CABEZA DE TEFLÓN

Uno de mis primeros trabajos fue como lavaplatos en una enorme cafetería. Pasaba mis días sumergido hasta los codos en agua jabonosa, frotando la corteza quemada de las sartenes de tamaño industrial, las bandejas para galletas y las ollas. En la noche me iba a casa con dolor en la espalda y en los dedos, y la piel agrietada y ensangrentada. Mi experiencia lavando ollas fue corta, pero alimentó mi determinación de ir a la universidad.

No se imagina el gozo que se siente comparativamente al limpiar una olla de teflón. El teflón es una superficie antiadherente. Usted puede limpiarla con un trapo y seguir con la próxima. No necesita refregar, raspar ni cincelar. El teflón fue entregado de lo alto para guardar la cordura de los lavaplatos.

Imagine que su mente estuviera recubierta de teflón. Las enseñanzas y las prédicas entrarían por una oreja y saldrían por la otra. Podría leer la Biblia y no retendría nada, oiría la voz de Dios y no cambiaría en absoluto. ¿Por qué? Su mente sería una superficie antiadherente.

¿Qué pasaría si su corazón estuviera hecho de teflón? La convicción se asentaría un momento para deslizarse un momento después. Sentiría la inspiración de Dios durante la adoración—Su atracción y entusiasmo— pero apenas se detuviera la música, esos sentimientos se deslizarían y usted quedaría sin cambio alguno.

¿Alguna vez se ha sentado durante un buen sermón, pero cuando le preguntaron qué enseñó el pastor, no fue capaz de contar el mensaje? Teflón.

¿Alguna vez fue a la presencia de Dios durante la adoración, pero no sintió ningún cambio, ningún desafío, no se sintió más parecido a Jesús cuando se fue que cuando llegó? Teflón.

¿Alguna vez leyó una página de la Biblia y luego se dio cuenta de que no tenía ni idea de lo que acababa de leer? Teflón.

Dios sabe lo que hace cuando se trata de procesos.

Las puertas de la alabanza nos permiten recordar lo que Él ha hecho por nosotros e ir a Jesús con gratitud y alabanza. La alabanza prepara nuestros corazones y nuestra actitud para ir al altar de los holocaustos. Está allí para que reconozcamos el sacrificio de Jesús y nos sometamos a Cristo como adoración viva.

La sumisión prepara nuestras mentes y corazones para el siguiente aspecto de la adoración: La fuente de bronce. Ésta representa el lavamiento de agua por la Palabra. Es imposible recibir la Palabra sin someternos primero a Dios. Una mente no sometida es una mente recubierta de teflón, y la Palabra le resbala. Un corazón no sometido es un corazón recubierto de teflón, y la guía y la convicción de la Palabra le resbalarán.

¿Por qué es importante presentarse ante el altar antes de ir a la fuente de bronce? La sumisión nos prepara para prestar atención y recibir la Palabra.

UNA PALABRA PARA EL LÍDER DE ADORACIÓN

Seamos claros en esto: La razón por la que a los pastores les gusta tener alabanza y adoración antes de que prediquen es porque es muy difícil predicar a una congregación que no está sometida. Es casi inútil. Si vamos a llevar a las personas a la presencia de Dios y esperamos que lo experimenten y salgan más parecidos a Él, es poco realista e irresponsable pretender hacerlo sin ayudarlos primero a someterse a la voluntad del Señor y a Su Palabra.

¿Cómo ministro esto? A veces Dios solo quiere que lleve a las personas a un lugar de sumisión, de manera que el pastor pueda ministrar eso. Eso está bien, pero conozca su tarea y hacia dónde está conduciendo a las personas.

Pero muchas veces, Dios quiere acercar a la congregación más a Él durante la adoración musical. Si ese fuera el caso, entonces necesito comprender que a la gente le resulta difícil ir al Lugar Santo sin primero haber sido lavada con la Palabra.

Siempre le pregunto a Dios cómo quiere que ministre la Palabra a Su pueblo. A veces Él me da escrituras que revelan cómo es Él. A veces me da una que revela la verdad sobre nosotros mismos. Las escrituras sobre la identidad (las que revelan quién dice Dios que somos) son muy útiles aquí. Y a veces eso se hace por medio de una canción o una oración, pero debo recordar que las personas primero deben ser lavadas con el agua de la Palabra. Muchas personas no lo hacen en sus casas, y muchos pastores ya tampoco lo hacen en la iglesia, así que puede recaer en usted, líder de adoración.

Pueblo de Dios, aunque usted no sea oficialmente un "líder de adoración" en la iglesia, sigue siendo un sacerdote. No es la función del pastor digerir y regurgitar la Palabra de Dios para usted. Es su propia responsabilidad y honor ir diariamente a la fuente de bronce y lavarse en el agua de la Palabra.

Una de las razones por las que el Cuerpo de Cristo es tan inmaduro, insensato e ignorante sobre la verdad es porque la mayoría de los cristianos ayuna la Palabra durante toda la semana, y luego vive de las migajas de la mesa de otra persona. No existe un cuerpo que pueda crecer fuerte y maduro comiendo sobras una vez por semana. Estará desnutrido. El Cuerpo de Cristo tampoco puede crecer de esa manera. No podemos vivir con las sobras de la relación de nuestros pastores con Dios. Cada uno de nosotros debe aprender a ir a Dios por sí mismo, dejar que Él llene nuestros platos, tomar nuestros tenedores y alimentarnos nosotros mismos.

Tampoco podemos esperar mantenernos limpios si nuestros pastores nos bañan una vez a la semana. Un cuerpo maduro y sano necesita bañarse a sí mismo.

Sacerdote, adorador, venga a la Palabra y lávese.

TRATAR CON VASIJAS SANTAS

Los sacerdotes se lavaban en la fuente de bronce sabiendo que estaban por entrar al Lugar Santo y que tratarían con "vasijas santas": tazas y cucharas, cuencos y otros implementos sagrados para el servicio sacerdotal. Un sacerdote no podía manipular esas vasijas con manos sucias. La consecuencia sería la muerte.

Usted y yo, como sacerdotes, tratamos con "vasijas santas" todos los días. La Biblia enseña que todos somos vasijas de barro. En 2ª Corintios 4:7, se nos dice: *Pero tenemos este tesoro en vasos de barro, para que la excelencia del poder sea de Dios, y no de nosotros.*

Dios pone Su presencia dentro de nosotros aunque estamos hechos de tierra —vasijas de barro. Lo único que nos hace santos es el Espíritu que tenemos.

Mi esposa y mis hijos son vasijas de barro. Son frágiles y "de tierra". Pero aunque se vean como vasijas de barro para el mundo, Dios los ve como vasos de oro. ¿Por qué? Porque Su mirada se basa en cuánto estima que valemos. Para Dios, valemos Su Hijo. Somos inestimables y santos.

¿Qué sucede cuando yo, un sacerdote, manipulo una de estas vasijas preciosas, frágiles, con manos sucias? Podría romperla o ensuciarla.

¿Alguna vez le ha dicho a alguien que ama, algo que desearía no haber dicho? ¿Alguna vez ha tocado a alguien de una manera que comunicaba algo aparte de amor? Todos lo hemos hecho. Y he visto cómo una mano brusca puede romper una vasija frágil. He visto cómo una palabra dura o asquerosa puede ensuciar el interior de una vasija, cómo puede dejar una mancha en el alma de una persona.

Trae muerte.

No quisiera que la gente que más amo se viera perjudicada porque la traté de manera incorrecta. El lavado de la Palabra prepara mis manos y mi corazón para ministrar y manejar de modo seguro las vasijas santas de Dios.

Como líder de adoración, no me lavo con el agua de la Palabra para tener un mensaje que comunicar a la congregación. Me lavo para que Dios pueda hacerme fiable y limpio—para que me haga más parecido a Él—de manera que no cause ningún daño a Su congregación de vasijas santas.

He visto la destrucción que puede venir de un líder de adoración con manos sucias que maltrata a los hijos de Dios. Y con ello mata el espíritu de las personas. Mata el corazón de los jóvenes, los ancianos y los enfermos. Mata iglesias.

Líderes de adoración, padres, esposos, esposas, sacerdotes: parte de su adoración personal debe incluir someterse al lavamiento del agua de la Palabra.

¿Qué pasaría si fuéramos diariamente al Señor en alabanza y gratitud, sometiéndonos a Él, y permitiendo que nos limpie por medio de la Palabra? ¿Cambiaría eso nuestras vidas? ¿Cambiaría la forma en que tratamos a las personas? ¿Cambiaría a la Iglesia?

VASIJAS ROTAS

Por favor, fíjese en las palabras de 2ª Timoteo 2:20:

> *Pero en una casa grande, no solamente hay utensilios de oro y de plata, sino también de madera y de barro; y unos son para usos honrosos, y otros para usos viles.*

Me gustaría tomar un momento para tratar un asunto bastante común. Si usted se parece a mí, es una vasija que ha sido maltratada unas cuantas veces. Quizás incluso haya puesto en su vasija o hecho cosas que teme puedan invalidar su garantía.

Quizás esté pensando: "¿Qué pasa si no soy una vasija para uso honroso? ¿Qué pasa si soy una vasija para uso deshonroso?"

Algunos han pensado: "Sabiendo lo que he hecho, ¿cómo podría Dios hacer algo a través de mí? ¿Cómo podría poner algo tan precioso como Su Espíritu dentro de mí sin mancharse?"

No quiero meterme en la discusión sobre los méritos relativos del calvinismo versus el armenianismo. Pero sí diré lo suficiente como para calmar su corazón. Si usted entiende esto, se amará más a sí mismo y amará más a las otras personas.

Colosenses 3:12, dice: *Por lo tanto, como escogidos de Dios, santos y amados, revístanse de afecto entrañable y de bondad, humildad, amabilidad y paciencia* (NVI).

Usted es escogido y amado. Dios lo escogió y le ama. Y ya vio en 2ª Corintios 4:7, que Dios eligió poner Su presencia en vasos frágiles. ¿Por qué habrá hecho eso? ¿Por qué habrá permitido que la perfección fuera transportada en semejante imperfección? El versículo siete dice que Él lo hace para que la excelencia del poder sea de Dios y no de nosotros.

¿Qué pasa cuando el perfecto Dios es glorificado y poderoso por medio del inútil de Zach? Todo el mundo se da cuenta que la excelencia del poder no viene de la vasija, sino del Dios que habita en esa vasija.

Si usted es como yo, su corazón parece un mapa de rutas, surcado con grietas y fisuras, zanjas y terrones, lejos de ser lindo o perfecto. Pero, lo ve, tenemos un Dios que saca belleza de nuestras cenizas.

Romanos 8:28, dice: *Y sabemos que a los que aman a Dios, todas las cosas les ayudan a bien, esto es, a los que conforme a su propósito son llamados* (RVR 1960). ¿Qué quiere decir todas las cosas en este pasaje? Quiere decir TODAS LAS COSAS. Aún las grietas y los terrones. Todas las cosas. ¿Hasta las fisuras y los fracasos? Todas las cosas. En realidad hay un beneficio al poner agua en una vasija rota, cascada, SI el propósito de la vasija es regar el mundo: ésta, gotea.

Dios ha tomado esta vasija de barro, agrietada y desagradable, y la llenó a rebosar con agua de vida. Luego toma este mismo cacharro rechazado de un mercado de pulgas y lo lleva por todo el mundo. Y adondequiera que yo vaya, goteo a través de esos mismos errores que creía que me descalificarían. El agua sale por esas mismas heridas que el diablo pensó que me destruirían. Esas mismas rajaduras que el mundo dice que disminuyen mi valor.

Dios se derrama a través de todas ellas.

¿Sabía usted que Dios puede tomar su terrenos baldíos y convertirlos también en pozos de agua? Él toma nuestras heridas y nuestros errores, y las áreas donde caímos más duramente, las redime y las usa para ministrar Su amor y Su poder al mundo.

Usted, el quebrantado, es de gran valor en las manos de Dios. Él le llamó sacerdote, conociendo sus imperfecciones y su historia y sus fracasos. Y lo llamó para que lleve Su presencia, sabiendo que usted no se la guardaría para sí mismo: que adondequiera que vaya, la derramará en las personas que le rodean.

Esa es una de sus mayores contribuciones al reino de Dios. Sus caídas, que el diablo quiso usar para mal, pueden ser tomadas para bien por Dios.

Ahora, si usted es un pastor, padre o cónyuge, la próxima vez que mire a alguien en su vida, asegúrese de no valorarlo de acuerdo con la economía del mundo. A veces la vasija con más rajaduras es la que Dios pretende usar para las tareas más honorables.

Embellecida por la intimidad
(Seleccionado de "Transfigured" —G *magazine*)

Algunos de nosotros hemos estado tan destrozados y hemos juntado tanta suciedad en nuestro interior que resulta difícil ver cómo Dios podría llegar a limpiarnos lo suficiente para que valgamos la pena. Yo tuve ese problema hasta que Dios me mostró cómo me veía a través de Sus ojos. ¿Le gustaría saber cómo lo ve Dios a usted?

Solo llevábamos dos años de casados cuando vi a mi esposa, Jen, transfigurada. No me refiero a que ella hubiera cambiado o madurado, me refiero a que vi a mi esposa TRANSFIGURADA.

Sucedió porque le hice a Dios una pregunta metafórica y Él lo tomó como algo literal. Jen y yo peleábamos como peces Beta y yo no sabía cómo dejar de hacerlo. Así que una noche, antes de dormirme, le pedí a Dios que me mostrara cómo se veía ella a través de Sus ojos. Debo de haber hecho la pregunta correcta, porque esa noche Él me mostró algo que cambió mi vida.

¿Conoce la sensación de cerrar los ojos y voltear la cara hacia el sol de primavera? Usted puede ver a través de los párpados y sentir cómo el calor hormiguea en la piel de su rostro. Esto es lo que me despertó esa noche. Sobre el lado izquierdo de mi cara brillaba una luz fuerte y cálida. Cuando abrí los ojos, la habitación estaba iluminada por un resplandor dorado, y al volverme hacia mi izquierda vi por qué. Jen estaba hecha de oro. Allí yacía, descubierta sobre la cama, a mi lado, lo más bello que he visto en mi vida. Se veía como si su piel y su cabello fueran hilos de oro. Pero no era oro, era perfección; era gloria que irradiaba de sus poros y brillaba en un halo que rodeaba su forma dormida. El cutis de Jen era suave y sin defectos, ni una arruga, marca o mancha. Su forma era de exquisita perfección femenina. Su rostro era el retrato de la calma, la paz y la elegancia. Y a su

alrededor había un halo que brillaba y palpitaba como un círculo de hadas alrededor de la luna. ¡Jen estaba completamente envuelta en gloria!

Ahora entiendo por qué Pedro dijo cosas tan tontas en el monte de la Transfiguración. Jen estaba tan hermosa que se me revolvían los sesos. Tan bella que olvidé que era mi esposa. Ella era inefablemente bella.

Toda tú eres hermosa, amiga mía, y en ti no hay mancha.
Cantares 4:7, RVR 1960

El único pensamiento que se pudo formar en mi mente embelesada fue: "Me pregunto si puedo tocarla". Despacio, deslicé mi mano a través de las mantas hacia mi esposa, como un niño que toca a escondidas un objeto prohibido. Cuando las puntas de mis dedos se encontraron con su piel, sentí como si corriera agua electrificada por mi brazo izquierdo, a través de mi pecho y por mi otro brazo hacia la punta de los dedos. Me gustaría hacer eso todo el día si pudiera, pero mi corazón estaba tan cautivado por esa mujer que estaba a mi lado que solo tocarla no fue suficiente. Pensé: "¿Me pregunto si podré besarla?"

No había nada sexual en esto. Simplemente tenía que besar la perfección. Ni siquiera sabía si estaba permitido, pero tenía que intentarlo. Al acercarme a ella, sentí que la gloria de su presencia se intensificaba a cada pulgada, toqué con mis labios el costado de su boca angelical. Cuando lo hice, fue como si me hubiera derribado una ola —como si me hubiera conectado a la fuente de todo el amor. La intensidad sobrecargó mi corazón y me desmayé.

El resplandor de mi cita con la amada de Dios permaneció hasta mucho después que desperté. Decir que mis ojos se abrieron no sería suficiente. Mi corazón se había abierto. Nunca vi a Jen de la misma manera. Nunca vi nada de la misma manera.

¿Qué diría usted si le digo que Dios lo ve de esa manera? Dios no lo ve a través de los ojos de la carne, lo ve a través de la sangre de Jesús, que hace mucho más que limpiarlo, lo baña en Su Palabra y Su gloria y revela la belleza esencial de quién Dios creó para que usted fuera. Y Dios lo creó de acuerdo con Sus especificaciones de belleza, no las del mundo.

¿Le sorprendería saber que uno de los mayores deseos de Dios es expresar Su amor por usted? En eso consiste la cruz (Romanos 5:8): una demostración de amor. Sus bendiciones son besos colocados sobre Su amado, Su sangre es una promesa de fidelidad eterna y la vida eterna es Su regalo de bodas.

¿Y puede ser posible que el mayor placer de Dios sea recibir amor de usted?

Cada tanto escucho a alguien comentar que mi adoración es demasiado demostrativa. Acúsenme por ser demostrativo, pero nunca me acusen de ocultar el afecto que se le debe a Dios. Canto para hacer que el corazón de mi Señor se agite, no para que mi prójimo esté cómodo. Vivo para captar la atención de mi Señor, sabiendo que Él se deleita en mirarme. Esa pasión es recíproca, porque mi Dios es amor, y la pasión es el lenguaje de Su corazón. ¡Eso es adoración! Amaré al Señor con todo mi corazón, con toda mi mente, con toda mi alma y con todas mis fuerzas. Porque menos que ese amor demostrativo no es amor en absoluto.

Mi percepción de cómo me ve Dios tiene que ver con cómo lo adoro. Por eso venimos a la fuente de bronce para lavarnos antes de entrar al Lugar Santo para tener intimidad.

Me gustaría invitarlo, amado de Dios, a que se vea a sí mismo con los ojos de la fe. Véase usted mismo como la niña de los ojos del Señor, y deléitese sabiendo que Él se gloría en su amor. Una vez que se vea a sí mismo transfigurado, verá todo transfigurado. Amo a los demás por cómo los ve Dios. Me amo a mí mismo por cómo Dios me ve. Amo a Dios porque Él me ha hecho hermoso.

Soy una vasija limpia y gloriosa. Y usted también.

De hoy en adelante sepa que su belleza ha llamado la atención de Dios, su amor ha cautivado Su corazón, y su adoración es como un beso en Sus labios.

Prendiste mi corazón, hermana, esposa mía; has apresado mi corazón con uno de tus ojos, con una gargantilla de tu cuello. ¡Cuán hermosos son tus amores, hermana, esposa mía! ¡Cuánto mejores que el vino tus amores, y el olor de tus ungüentos que todas las especias aromáticas! Como panal de miel destilan tus labios, oh esposa; miel y leche hay debajo de tu lengua; y el olor de tus vestidos como el olor del Líbano.

Cantares 4:9-11, RVR 1960

JESÚS: EL MEJOR LÍDER DE ADORACIÓN
QUE EXISTIÓ JAMÁS. PARTE 3

Hemos visto a Jesús mostrarnos cómo entrar por las puertas con Su vida y Sus acciones. Lo hemos visto mostrar el altar de los safrificios. Así que, ¿cómo muestra la fuente de bronce?

Se podría argumentar que Jesús demostró la fuente de bronce cuando fue bautizado por Juan, pero yo no lo creo. Me parece que lo hizo durante la Última Cena. Vea, si el tabernáculo es un verdadero proceso, usted esperaría que Jesús mostrara esos pasos en cierto orden y que se sucedieran dentro de un tiempo razonable entre uno y otro. Eso es exactamente lo que veo en los últimos días de la vida de Jesús, Su crucifixión y Su resurrección: el proceso del tabernáculo celestial conducido por el líder de adoración del cielo y de la tierra, Jesús.

¿Cómo mostró Jesús la fuente de bronce durante la Última Cena?

Esa noche, después de haber comido su cena de Pascua, antes de que instaurara la Santa Cena, Jesús se levantó de la mesa, se colocó una toalla en la cintura y comenzó a lavar los pies de los discípulos.

> *Llegó la hora de la cena. El diablo ya había incitado a Judas Iscariote, hijo de Simón, para que traicionara a Jesús. Sabía Jesús que el Padre había puesto todas las cosas bajo su dominio, y que había salido de Dios y a él volvía; así que se levantó de la mesa, se quitó el manto y se ató una toalla a la cintura. Luego echó agua en un recipiente y comenzó a lavarles los pies a sus discípulos y a secárselos con la toalla que llevaba a la cintura.*
>
> Juan 13:2–5, NVI

Usted podrá decir: "Pero Zach, Jesús les estaba dando un ejemplo y ordenando que se sirvieran unos a otros".

Sí, eso es cierto. Él les está enseñando que el mayor de ellos será el siervo de todos. Pero hay un sentido más profundo en este episodio.

¿Recuerda lo que dijo Jesús cuando Pedro se negó a ser lavado, aunque luego trató de arrojarse adentro del recipiente para que Jesús lo lavara por completo? *Jesús le dijo: 'El que está lavado, no necesita sino lavarse los pies, pues está todo limpio…'* (vea Juan 13:10, RVR 1960).

¿Qué? ¿Cómo que ya estaban limpios? De la misma manera que usted ya está limpio. Ellos fueron salvos al creer y seguir a Jesús. Él no los estaba lavando para salvarlos. Estaba quitando la suciedad del mundo, de sus pies. ¿Por qué? Porque les estaba enseñando los protocolos del sacerdocio. Él estaba por compartir la Santa Cena con ellos, pero antes de que un sacerdote pueda entrar al Lugar Santo y tener comunión con Dios, primero debe lavarse en la fuente de bronce.

Al lavar los pies de los discípulos, Jesús hizo algo extraordinario. Él llamó a un grupo de pescadores, campesinos, recaudadores de impuestos y perdedores al sacerdocio.

Vea, solo un sacerdote podía lavar en la fuente de bronce, solo un sacerdote puede entrar al Lugar Santo para encontrarse con Dios. Los discípulos estaban por hacer las dos cosas, así que Jesús los consagró como sacerdotes.

Ellos fueron literalmente lavados con agua por la Palabra misma, Jesucristo en persona. Entonces Él les dijo que hicieran lo mismo unos a otros. No solo para que se laven unos a otros los pies, sino que se laven unos a otros en la verdad y el amor de la Palabra.

> *Así que, después que les hubo lavado los pies, tomó su manto, volvió a la mesa, y les dijo: ¿Sabéis lo que os he hecho? Vosotros me llamáis Maestro, y Señor; y decís bien, porque lo soy. Pues si yo, el Señor y el Maestro, he lavado vuestros pies, vosotros también debéis lavaros los pies los unos a los otros. Porque ejemplo os he dado, para que como yo os he hecho, vosotros también hagáis.*
>
> Juan 13:12–15, RVR 1960

Él continúa en el capítulo siguiente explicando el ministerio al que los está llamando y hace una oración de consagración por ellos (vea Juan 18).

¿Qué está haciendo con todo esto? Les está dando el ejemplo supremo de convertir vasijas de barro en vasijas de honor. Está convirtiendo a peones en sacerdotes. Y eso es exactamente lo que Él hizo conmigo y con usted.

Él nos salvó, nos llamó, nos consagró y nos limpia diariamente con Su Palabra, llenándonos con Su presencia de manera que podamos ir y lavar a otros con la misma Palabra.

Así como Jesús nos lava y nos embellece, nosotros vamos y lavamos y hermoseamos a otros. Ese es el ejemplo y el llamado que nos dejó.

Hoy, abramos la Biblia y pidamos a Dios que nos muestre cómo somos realmente. ¿Cómo es Él? Y pidámosle que nos limpie y nos haga más parecidos a Él. Luego llevemos la Palabra sanadora con nosotros a lo largo del día, buscando necesita que sus pies sean lavados por el humilde Rey.

PREGUNTAS PARA DEBATIR

1. ¿Qué representa la fuente de bronce?
2. Tanto el altar de los sacrificios como la fuente de bronce trataban el pecado. El altar se encarga del pago de nuestro pecado. ¿Qué hace la fuente de bronce?
3. ¿Para qué dos propósitos se usan generalmente los espejos? ¿Cómo podemos usar la Palabra de Dios para ambos? ¿Cuál propósito es el correcto? Dé ejemplos y cuente historias de su propia vida sobre cómo ha usado la Palabra de Dios para estos dos propósitos opuestos.
4. ¿Qué dos imágenes nos revela la Palabra de Dios?
5. ¿Por qué es importante la sumisión? ¿Qué debemos someter de nosotros mismos y cómo afectará esto nuestras mentes y corazones?
6. Un cuerpo maduro y sano se baña a sí mismo diariamente. ¿Cómo puede aplicar este principio espiritualmente a su vida?
7. ¿Se ve usted como una vasija rota? ¿Todavía Dios puede hacer algo bueno a través de usted? ¿Por qué hará Él eso? ¿Qué Escritura tratada en este capítulo, responde a estas preguntas?
8. ¿Cómo mostró Jesús la fuente de bronce en la Última Cena? ¿Qué significa eso para nosotros hoy?

Capítulo 11

LA MESA DE LOS PANES DE LA PROPOSICIÓN

¡Mira! Yo estoy a la puerta y llamo. Si oyes mi voz y abres la puerta, yo entraré y cenaremos juntos como amigos.

—Apocalipsis 3:20, NTV

■ ■ ■

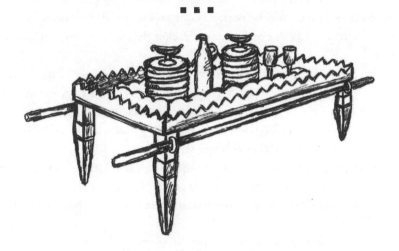

LOS ATRIOS INTERNOS. EL LUGAR SANTO

Hasta ahora hemos estado hablando del ministerio que tiene lugar en el patio o atrio exterior. No sé si usted se habrá dado cuenta, pero mucho de todo eso es en realidad Dios ministrando al hombre más que el hombre adorando a Dios. En el patio exterior, Dios nos salva, cambia nuestra actitud a agradecimiento y alabanza, nos enseña sumisión y nos limpia. Todo ese ministerio NOS transforma. NOS ministra. Pero el ministerio del patio exterior no termina allí. Es una preparación para lo que Dios quiere hacer a continuación.

En el patio exterior el pueblo de Dios está aprendiendo a ser siervo y a sacrificar. Estamos aprendiendo a tener actitudes de agradecimiento y alabanza. Estamos aprendiendo a someternos totalmente al señorío de Jesucristo. Y estamos aprendiendo a ser santos y permitir que Dios nos limpie de nuestra injusticia.

Si el agradecimiento y la alabanza nos preparan para la sumisión y el sacrificio, y la sumisión y el sacrificio nos preparan para recibir el lavamiento de la Palabra, entonces ¿para qué nos prepara el lavamiento de la Palabra?

Eso es lo que exploraremos ahora. Lamentablemente, aquí es donde terminan la mayoría de los servicios de iglesia. Tenemos un malentendido cultural, profundamente arraigado, de lo que se espera que sea la adoración. Eso es en parte porque nuestros modelos ministeriales se basan en los modelos de los reformadores más que en los modelos bíblicos. Pero en parte se debe a nuestra mala interpretación del tema de los servicios de iglesia.

Vea, pensamos que los servicios de la iglesia son en primer lugar para la gente. Si la iglesia es primero y principalmente para la gente, entonces la prédica de la Palabra es lo más importante que sucede en el servicio.

Todo lleva a la ministración de la Palabra, y una vez que la Palabra ha sido entregada y recibida, se acaba el servicio.

¿Pero qué pasaría si estuviéramos equivocados? ¿Qué pasaría si los servicios no fueran principalmente para la gente? ¿Qué pasaría si el ministerio fuera realmente para Dios? ¿Qué pasaría si la adoración fuera realmente para Dios?

Estas son preguntas controversiales.

Para el momento en que llegamos a la fuente de bronce, quizás ya hayamos ministrado la Palabra, pero todavía no hemos llegado ni a la mitad del tabernáculo. Ni siquiera hemos llegado al Lugar Santo y no estamos, ni cerca del Lugar Santísimo. ¿Tiene idea de todo lo que nos perdemos cuando nos vamos a casa antes de llegar al verdadero tabernáculo de reunión?

Y las partes del tabernáculo que más se descuidan son las partes más preciadas por Dios. Estos son los aspectos de la adoración que lo ministran a Él.

El pleno propósito del ministerio de la Palabra es preparar a los sacerdotes para entrar al tabernáculo de reunión. Pero como nosotros (los líderes) generalmente no identificamos a nuestro pueblo como sacerdotes, no tenemos ninguna expectativa de que ellos se acerquen más a Dios. Así que simplemente los lavamos con la Palabra y los enviamos a casa.

Nosotros (los líderes) nos guardamos las mejores partes del tabernáculo para nosotros y pretendemos que nuestras congregaciones vivan de los residuos de nuestra relación personal con Dios.

Esto no debería ser así. Es un crimen contra la Novia y una ofensa para el Novio.

Dedicaremos el resto del libro a explorar el ministerio para el que los sacerdotes fueron creados. Solo a ellos se les permitía entrar al Lugar Santo. Y usted, mi amigo, fue creado para ser un sacerdote. Usted nació para eso. Es la herencia de los hijos de Dios. Es el privilegio de los hijos del Rey. En los siguientes capítulos, voy a mostrarle cómo reclamar el ministerio de la sala del trono.

Usted fue salvado para algo más que ser perdonado. Usted fue salvado para algo más que cantar canciones y escuchar sermones. Usted fue salvado para algo más que asistir a la escuela dominical, la fiesta de Pascua y tener un asiento personalizado.

Usted fue salvo para Dios. Y cuanto más se acerque a Él, más se parecerá a su verdadero propósito.

Las puertas del Lugar Santo están frente a nosotros. Y precisamente del otro lado de esas puertas lo espera su destino.

UN ENTORNO DIFERENTE

¿Alguna vez ha estado adorando a Dios y de repente, la atmósfera de la habitación cambió? En un momento usted está alabando al Señor y todo parece como siempre, y de repente algo pasa. Se siente como una bruma invisible que desciende sobre el lugar. El aire se pone más denso y el oxígeno parece cargado. Quizás se instale un silencio, o la sensación de que alguien muy poderoso entró sin anunciarse. A veces los cabellos de la nuca se le paran. Quizás se le ponga la piel de gallina. Siente que el corazón tira y se expande dentro de usted. Algo es distinto. Algo cambió. ¿Qué será?

Acaba de entrar al Lugar Santo.

Mientras que los atrios están a la intemperie y sujetos a los elementos, el Lugar Santo es oscuro y cerrado. Los atrios son ruidosos. Son públicos. Huelen a desperdicios de animales y sangre y carne quemada y humanidad. El Lugar Santo es silencioso. Se siente la quietud. El aire huele a pan recién horneado, vino, aceite e incienso. La única luz proviene de las siete llamas del candelabro de oro. Y esas luces son reflejadas desde los paneles de cedro recubierto en oro que forman las paredes del santuario.

Vino, pan, luz de candelabro, oro y privacidad. Si los atrios son como un picnic familiar, el Lugar Santo es como una cena romántica, para dos. Ese es el objetivo. Los atrios fueron diseñados para ministrar al público. El Lugar Santo fue diseñado para ministrar a Dios. Fue personalizado para la intimidad.

Aquí es donde Moisés fue a hablar con el Señor, cara a cara, como un amigo habla con su amigo. ¿Le sorprende que Josué se quedara en el Lugar Santo aún después que Moisés recibiera sus respuestas (vea Éxodo 33:11)? Él estaba cara a cara con Dios.

Esas son las puertas de las que habla el salmista en el Salmo 84:10: *Porque mejor es un día en tus atrios que mil fuera de ellos. Escogería antes estar a la puerta de la casa de mi Dios, que habitar en las moradas de maldad.*

Es mejor ser un siervo que se para fuera del Lugar Santo y cuida la puerta para que los demás se acerquen a Él, que habitar confortablemente lejos de la presencia de Dios. Es mejor pasar un momento en la presencia de Dios —captar una vislumbre a través de la rendija de la puerta— que vivir toda una vida en el lujo, pero lejos de Él.

Este lugar es especial.

Si el ministerio de los atrios se refiere a preparar a un pueblo para que sea capaz de ministrar al Señor, el Lugar Santo se refiere a convertirse en personas que ministran al corazón de Dios: un sacerdocio a través del cual Dios pueda manifestar Su corazón y Su poder.

LA MESA DE LOS PANES
DE LA PROPOSICIÓN

Al atravesar las puertas del Lugar Santísimo, inmediatamente hacia nuestra derecha, está la mesa de los panes de la proposición. Está hecha de madera de acacia y recubierta de oro. Recuerde que la madera de acacia representa la humanidad incorruptible y sin pecado. No habíamos visto oro en el tabernáculo hasta ahora. Habíamos visto bronce, pero no hay absolutamente nada de bronce en el Lugar Santo. Eso es porque el bronce representa el juicio, y ya no hay juicio en el Lugar Santo. El único metal que encontramos aquí es oro, que representa la deidad.

Así que mientras el altar de los sacrificios representaba al hombre sin pecado, que aceptó el juicio por los pecados del mundo; la mesa de los panes de la proposición representa al hombre sin pecado, cubierto con deidad. Este es Jesús en Su naturaleza de hombre y de Dios.

Alrededor de la parte superior de la mesa hay un diseño de oro con forma de "corona" que representa el señorío y el reinado. Es en la mesa de los panes de la proposición que encontramos a Jesús ministrando como el Hijo de Dios, el Señor de señores y el Rey de reyes. La mesa es pequeña. Tiene unos 94 centímetros de largo y 45 de ancho, y unos 60 centímetros de alto.

¿Por qué una mesa tan baja? Recuerde, cuando nosotros, los modernos sabelotodos, pensamos en una mesa, pensamos en acercar una silla y sentarnos. Cuando los israelitas pensaban en una mesa, pensaban en acercar un almohadón y sentarse. Ellos no usaban sillas, así que nuestras mesas modernas serían demasiado altas para que ellos pudieran comer. Sin embargo, ambas mesas sirven al mismo propósito. Las mesas eran el centro de la comunidad.

Encima de la mesa hay platos de oro, y sobre los platos 12 hogazas de pan sin levadura. Esas hogazas están perforadas con agujeros y representan a Jesucristo como el Pan de Vida (Juan 6:25–63), partido y traspasado por el mundo. Hay una hogaza por cada una de las 12 tribus de Israel. O una por cada discípulo, como veremos más adelante.

También hay copas de oro sobre la mesa, que son utilizadas para el vino que es vertido como ofrenda de libación. Y hay cucharas de oro usadas para quemar el incienso en el altar del incienso.

¿QUÉ HAY EN UN NOMBRE?

¿Por qué es llamada la mesa del *pan de la proposición*?

La palabra hebrea que está detrás de ese término es *lékjem*, que significa simplemente pan. Pero se usa generalmente como *pan de la presencia*. Debido a que esto ha sido interpretado por los eruditos como significando "el pan por medio del cual Dios mismo se presenta", fue traducido como *pan de la proposición*.

Lo pondré en términos más simples. Pan de la presencia significa esto: La mesa está donde Dios instituye el tiempo de ministerio cara a cara. Significa mirar a Dios a los ojos hasta que todas las distracciones desaparezcan y Él sea lo único que le importe a su corazón.

Ese tiempo cara a cara es buena adoración. Demuestra cuánto lo adoramos y que es para nosotros lo suficientemente importante como para que invirtamos tiempo de calidad en Él. Y Jesús habla el lenguaje del amor del tiempo de calidad.

Estar nariz con nariz y corazón a corazón con su amigo; estar tan cerca que pueda escuchar hasta su más leve susurro; lo suficientemente cerca para que usted pueda sentir el palpitar de Su corazón y aprender a amar lo que Él ama, odiar lo que Él odia y llorar por lo que Él sufre… Eso es lo que hace que nuestra adoración sea íntima, real y sincera.

La mesa de los panes de la proposición se refiere a adorar en intimidad. Encontrarse con Dios como lo hizo Moisés, cara a cara, y expresar su amor por Él manteniendo una relación profunda, personal con Él.

La palabra hebrea para el rostro de Dios, *panim*, está en plural. Literalmente significa rostros. Cuando nosotros buscamos el "rostro" de Dios, en realidad estamos buscando Sus "rostros". Estamos buscando los infinitos y variados aspectos de Su carácter. Estamos aprendiendo a conocer las muchas naturalezas esplendorosas de nuestro Padre Dios. Tenemos el único Dios, de todas las religiones del mundo, que QUIERE ser CONOCIDO. El único Dios que busca los corazones de Sus hijos. El único Dios que ama a las personas más de lo que ama su adoración. Y quiere que usted lo entienda a Él como Él lo entiende a usted.

La mesa de los panes de la proposición se refiere a ministrar al Dios que anhela ser conocido.

Este pan se llama también *pan de la presencia*. Una vez más, ¡Dios quiere estar cerca de nosotros! Y en todo lo que hace, nos enseña a acceder a Él. Es por medio del ministerio del la mesa de los panes de la proposición que entramos a la presencia de Jesús.

LA NOVIA

En el capítulo anterior empezamos a hablar de Efesios 5:25–27. Revisemos esos versículos profundos:

Esposos, amen a sus esposas, así como Cristo amó a la iglesia y se entregó por ella para hacerla santa. Él la purificó, lavándola con agua mediante la palabra, para presentársela a sí mismo como una iglesia radiante, sin mancha ni arruga ni ninguna otra imperfección, sino santa e intachable.

NVI

Este pasaje explica por qué la fuente de bronce está antes que la mesa de los panes de la proposición. El lavamiento con la Palabra tiene un propósito. Es la preparación para la intimidad.

Caballeros, imaginen levantar el velo de la novia, el día de su casamiento, y encontrarla sucia. ¿Qué clase de novia haría algo así? Es inconcebible.

Damas, imaginen a su novio llegando al casamiento sucio. ¿Cómo responderían?

Nuestro Rey ve a una niña de la calle. Ella está sucia y pobremente vestida y no tiene buenos modales, pero Él la ve a través de eso su belleza potencial. Él tiene compasión de ella y la ama. Así que el Rey le pide a la niña que se case con Él. Ella acepta. El Rey la lleva a Su balneario con jacuzzi privado, le compra un vestido de un millón de dólares y nombra asistentes para que la preparen para la boda.

Cuando llega el gran día, Él está esperando alegremente en el altar, expectante por su futura dicha. Pero cuando ella aparece en las puertas, no tiene puesto el vestido que Él le compró. Tiene los mismos harapos cubiertos de mugre, que llevaba cuando Él la encontró.

Quizás sea una broma, piensa Él. Seguro que debajo del velo encontrará una belleza sin comparación. Pero cuando Él levanta el velo se desilusiona amargamente. Su cabello luce como fragmentos de alfombras viejas y huele a papas fritas. Sus labios agrietados y pastosos y cuando sonríe, sus dientes están podridos y apestan. Ella levanta los brazos hacia Él y el olor a queso Limburger llega hasta Su nariz desde las peludas axilas de ella.

Quizás a usted esto le parezca repugnante. Estaría en lo correcto. Dios también lo piensa. Y por eso la fuente de bronce está antes de la mesa. La limpieza viene antes de la comunión. La higiene espiritual viene antes de la intimidad espiritual.

Ahora, debo preguntar. ¿Se casaría usted con una mujer así?

¿No? Yo tampoco. Pero pareciera que esperamos que Jesús sí lo haga (tenemos un doble estándar). No creo que Él lo haga. No creo que Su Padre lo deje. Creo que Jesús nos propone matrimonio cuando estamos en ese estado, pero pasamos el resto de nuestras vidas preparándonos para una intimidad más y más profunda con el Señor. Y la intimidad se disfruta más cuando se está limpio.

La gratitud es importante porque prepara nuestros corazones para la sumisión. La sumisión es importante porque tenemos que someternos a ser limpiados antes de que Dios pueda limpiarnos. Y lavarse en la Palabra es importante porque el Rey de reyes no puede casarse con una mujer repugnante. ¿Empieza a captarlo?

La intimidad con Dios no es para los sucios.

Como Jesús declaró en Mateo 5:8, *Bienaventurados los de limpio corazón, porque ellos verán a Dios.*

COMUNIÓN

Miremos con ojos renovados Mateo 26:26–28:

> *Y mientras comían, tomó Jesús el pan, y bendijo, y lo partió, y dio a sus discípulos, y dijo: Tomad, comed; esto es mi cuerpo. Y tomando la copa, y habiendo dado gracias, les dio, diciendo: Bebed de ella todos; porque esto es mi sangre del nuevo pacto, que por muchos es derramada para remisión de los pecados.*
>
> (RVR 1960)

Es imposible considerar la mesa de los panes de la proposición sin pensar en la comunión: el pan que es partido y compartido por los sacerdotes y el vino que es derramado como ofrenda sacrificial a Dios. La mesa del Señor. Esto obviamente prefigura la relación con Dios del Nuevo Testamento. Pero como es una sombra de la eterna adoración celestial, podemos decir con autoridad que la "comunión" ha sido la intención del Señor desde el comienzo.

Hagamos a un lado, por un momento nuestro tradicional entendimiento religioso de la comunión y veámosla solo por lo que es. La palabra comunión significa compartir juntos una experiencia. ¿No consiste en eso el cuerpo ensangrentado de Jesús? Estamos compartiendo la experiencia de la cruz con Jesús porque Él quiere compartir la experiencia de nuestras vidas con nosotros. La comunión es una invitación de Jesús a que compartamos la experiencia de la vida con Él.

Comunión significa unirse. Literalmente significa convertirse en uno, o alcanzar la unidad con alguien. Por medio de Su cuerpo y Su sangre, Jesús nos ha invitado a convertirnos en uno con Él: a unirnos con Él en los beneficios de Su muerte de manera que podamos unirnos a Él en los beneficios de Su resurrección. La comunión significa no volver a estar solo nunca, porque tenemos un Dios que es nuestro amigo. Y Él quiere estar unido a nosotros. Quiere que alcancemos con Él un nivel de intimidad que desafía la separación. Y Su sangre es el pegamento que nos mantiene unidos.

Dios nunca pretendió que la comunión fuera minimizada a un evento. Sí, "celebramos" juntos la comunión con un evento, pero la comunión en sí misma no es un evento. La comunión es algo continuo. Es una forma de vida. De la misma manera que mi matrimonio tampoco es un evento. Pero lo celebramos con un aniversario cada año. Si la observancia de mi matrimonio se redujera a un evento semanal en el que tomáramos algo de jugo y comiéramos una oblea, mi relación con mi esposa probablemente no duraría mucho.

De la misma manera, si nuestra intimidad con Dios se redujera a una cena semanal o mensual, nuestra intimidad con Jesús no duraría mucho. La celebración de la comunión es un recuerdo, un aniversario, de nuestra relación con Jesús. No debe reemplazar la relación. No fue hecha para ser la suma total de esa relación.

Uno de mis pasajes favoritos de toda la Escritura es Filipenses 3:10-11:

> *Lo he perdido todo a fin de conocer a Cristo, experimentar el poder que se manifestó en su resurrección, participar en sus sufrimientos y llegar a ser semejante a él en su muerte. Así espero alcanzar la resurrección de entre los muertos.*
>
> NVI

¿Es ese el deseo de su corazón? ¿Conocer a Cristo? Mi corazón arde con ello. Y creo que la clave de esta escritura es leer el versículo 10 de atrás hacia delante. Si compartimos la comunión con sus sufrimientos, también compartiremos el poder de su resurrección, y lo conoceremos a Él.

La comunión es literalmente el compañerismo con Jesús al compartir sus sufrimientos. Ahora bien, no tengo tiempo para discutir los méritos o los errores de la teología del sufrimiento, así que dejémoslo con esto: Tenemos comunión con Jesús por medio de Su cuerpo partido y de Su sangre derramada. Tenemos compañerismo (comunión) con Él *por medio* de Sus sufrimientos. Compartimos los beneficios de Su cuerpo y Su sangre.

En otras palabras, la intimidad con Dios fue comprada por un precio. La comunión—nuestra presencia en la mesa—constituye nuestra aceptación de esa transacción.

¿Para qué sirve la mesa? Una mesa no es solo para comer, es para tener compañerismo. Los israelitas no tenían videojuegos, fútbol ni televisores. Cuando querían tener compañerismo con alguien, lo hacían alrededor de una mesa. La mesa era el antiguo centro de comunión.

Es por eso que en Apocalipsis 3:20, cuando Jesús confronta a los tibios, la iglesia sin pasión de Laodicea, les ruega: *He aquí, yo estoy a la puerta y llamo; si alguno oye mi voz y abre la puerta, entraré a él, y cenaré con él, y él conmigo* (RVR 1960).

En otras palabras: "¡Aquí estoy, Iglesia! De pie, fuera de Mi propia comunidad, Mi propia casa, porque ustedes no han tenido interés en tener compañerismo conmigo. Pero estoy llamando porque quiero tener compañerismo con ustedes. Si tan solo me oyen, abran la puerta, yo volveré a entrar. Luego me sentaré a la mesa y tendremos comunión y nos conoceremos. Podemos volver a estar cerca. Tener intimidad otra vez".

La tibieza—la indiferencia a la intimidad con Él—es lo que mantiene a Jesús a distancia. La tibieza, así como el pecado, es la enfermedad que consume a la Novia de Cristo.

Jesús no dio Su vida por usted solo para que usted no vaya al infierno. Jesús dio Su vida por usted para que usted pudiera ir a Él.

En Lucas 22:15, Jesús les dice a Sus discípulos que Él tenía "muchísimos deseos" de tener comunión con ellos. ¿Cuándo se convertirá el deseo del corazón de Dios en el deseo de nuestros corazones? Jesús quiere tener comunión con usted. Dios desea intimidad con Sus hijos. Esa es la historia de la mesa. La adoración responde al deseo de Dios de intimidad acercándonos a Él.

¿Por qué, dado que la intimidad es el deseo del corazón de Dios, es lo que más le negamos? Quizás porque es difícil fingir intimidad. Muchas iglesias tienen una alabanza de alto octanaje. (Algunas iglesias incluso llegan a someterse a Jesús como Señor y a adorar desde un criterio de obediencia). Muchos pastores ofrecen un fuerte mensaje de la Biblia cada semana. Pero pocas iglesias le dan a Cristo tiempo para que experimente intimidad con su Novia. Es importante recordar que la congregación es la Novia de Cristo, no un individuo. Así que la intimidad es un aspecto de la adoración que no puede empujarse como un estilo de adoración privado que se practica solo en casa.

Un hijo de Dios puede tener intimidad individual con el Padre en su casa. Podemos tener intimidad con nuestro amigo Jesús también en nuestro hogar. Pero su Novia es la congregación reunida. Jesús solo puede tener intimidad con su Novia cuando estamos todos juntos.

Tengo algo importante que decirle. Usted nació para tener intimidad con Dios. Es un gran honor ser llamado a la comunión. Solo los sacerdotes tienen derecho a entrar al Lugar Santo. Solo los sacerdotes pueden reclinarse a la mesa de Dios. Y solo un sacerdote puede cosechar los beneficios que vienen de la comunión íntima.

Usted, amigo mío, es un sacerdote.

LOS BENEFICIOS DE LA COMUNIÓN

Ahora permítame dirigir su atención hacia Isaías 53:4-5:

> *Ciertamente llevó él nuestras enfermedades, y sufrió nuestros dolores; y nosotros le tuvimos por azotado, por herido de Dios y abatido. Mas él herido fue por nuestras rebeliones, molido por nuestros pecados; el castigo de nuestra paz fue sobre él, y por su llaga fuimos nosotros curados.*

(RVR 1960)

Estos son los beneficios de compartir en comunión con Jesús Sus sufrimientos. Cuando celebramos la comunión y unimos nuestras vidas a la de Jesús, hay un intercambio. Él toma algo de nosotros para Su muerte y nos da algo a nosotros con Su vida. ¿Qué toma de nosotros? Nada que no estemos contentos de vivir sin ello. Jesús se lleva nuestros dolores y pesares, transgresiones, iniquidades, ansiedad y enfermedad.

Esto es lo que espero que suceda cuando adoro a Dios íntimamente. Quizás empiece con dolor y pesar, pero a medida que tengo comunión con Jesús, Él los cambia por gozo y esperanza. Su corazón quebrantado y entristecido en la cruz cargó el dolor del mundo.

Una trasgresión es solo el traspaso de un límite. Nuestras transgresiones son nuestros pecados. Pero el cuerpo de Jesús fue herido para pagar por todas esas transgresiones. Así que puedo ir a Él con la carga del pecado y saber que mi deuda a la justicia ha sido totalmente pagada. La comunión me recuerda que mi pecado ya no está contra mí. Ha sido pagado y quitado de mí. Así que Dios me persigue con los brazos abiertos y sin condenación.

La iniquidad no es lo mismo que el pecado. Una iniquidad es cuando mi corazón se inclina hacia cierto tipo de pecado. A menudo las personas dicen que el alcoholismo, o la infidelidad, o la ira, o la glotonería operan en su familia. Pensamos que esas aptitudes para el pecado pasan a la familia por medio de los genes de los padres. En realidad, se pasan por medio de sus corazones. Eso es una iniquidad. Después de todo, la Biblia dice que las iniquidades de los padres son visitadas sobre los hijos (vea Éxodo 34:7). En otras palabras, heredamos la inclinación espiritual de nuestros padres hacia ciertos pecados.

No debemos arrepentirnos solo del pecado, sino de la iniquidad, de la tendencia de nuestros corazones a ser atraídos hacia el pecado. Levítico 26:40, dice que deberíamos arrepentirnos por la iniquidad de nuestros padres o la iniquidad familiar que puede haber pasado a nosotros.

Hay buenas noticias. Jesús fue herido y golpeado por nuestras iniquidades. Los golpes que deberían haber adiestrado nuestros corazones fueron puestos sobre Él. Cuando tenemos comunión con Jesús, Él comparte la sanidad de nuestras iniquidades con nosotros.

¿Qué pasa con el miedo, la más paralizante de las emociones? La razón número uno por la que una persona no entra en intimidad con Dios es porque tiene miedo de lo que Él piensa de ella. Dios no plantó esa idea en nuestros corazones.

¿Sabía usted que el miedo es el resultado de la caída? Dios no nos creó para que estemos ansiosos ni tengamos miedo. El miedo y la culpa fueron las primeras emociones después de la caída. El miedo hace que huyamos y nos escondamos de Dios. El miedo es lo contrario a la naturaleza de Dios. De hecho, el miedo es una desobediencia directa a Dios. Si usted no me cree, haga una búsqueda de palabras y véalo por sí mismo. Se nos ordena una y otra vez que no temamos. En la cruz, Jesús sufrió el castigo, la pena por nuestro miedo. Y, cuando compartimos la vida con Él, Él cambia el miedo por paz. La intimidad con Dios siempre engendra paz. Como dice 1ª Juan 4:18: *El perfecto amor echa fuera el temor.*

Por último, Jesús nos invita a compartir la sanidad con Él. La Biblia dice que por Sus llagas somos nosotros sanados. Eso significa que Él trató con nuestra enfermedad cuando fue azotado y golpeado. Incluso antes de llegar a la cruz, ya había pagado por la enfermedad.

Debido a esto, puedo esperar tener comunión con Jesucristo y recibir sanidad. La sanidad de mi cuerpo, mi mente, mi alma y mi corazón. El cuerpo de Jesús fue quebrantado para sanar a la persona completa. Y la comunión es "la comida que sana".

La comunión es un poderoso aspecto de la adoración. Cuando adoramos a Dios por medio de la intimidad, podemos esperar que las almas de las personas y sus cuerpos sean sanados.

Personalmente, he visto a personas sanadas de toda clase de enfermedades y dolencias durante la comunión. Quizás lo más importante es que he visto sus corazones y vidas salvas, sanadas y puestas en libertad a la mesa del Señor.

Jesús sanaba a la gente todo el tiempo. Y en Juan 14:12, Jesús le dice a Sus discípulos: *De cierto, de cierto os digo: El que en mí cree, las obras que yo hago, él las hará también; y aun mayores hará, porque yo voy al Padre.* Si eso es verdad, ¿por qué vemos tan pocos milagros? ¿Tan pocas sanidades? ¿Por qué nuestras iglesias son tan débiles y sin poder?

¿Podría ser porque tenemos el hábito de *tomar* la comunión, pero no *entramos* realmente en comunión?

Pienso que la falta de poder en la Iglesia moderna es solo un síntoma de un problema más grande. Hemos roto la adoración. Una vez que nuestra adoración sea sanada, nuestra comunión será sanada. Y cuando nuestra comunión sea sanada, veremos los maravillosos beneficios de la cruz en la Iglesia y en nuestras vidas.

EL PROPÓSITO DEL ORDEN

¿Qué pasa si tratamos de entrar de lleno en intimidad sin pasar primero por el atrio? Bueno, eso depende. Algunas personas viven de la gratitud y la alabanza. Viven sometidos al señorío de Cristo. Y viven lavándose constante y diariamente en el agua de la Palabra. A esas personas se les hace fácil ir rápidamente al lugar de intimidad con Dios. Quizás incluso vivan en esa intimidad todo el tiempo, lo cual es la meta.

Pero, en su mayor parte, nuestras congregaciones están llenas de gente que no vive de esa manera. No han vivido una vida de alabanza (aunque están aprendiendo a hacerlo), han estado peleando con sus cónyuges. No han vivido en obediencia a Cristo; han estado acaparando y escondiendo placeres culposos o negándose descaradamente a someter áreas de sus vidas a Dios, por rebeldía. Han estado demasiado ocupados como para ir a Jesús y permitir que Él los lave con la Palabra. ¿Así que dónde los deja eso?

A esas personas les cuesta más lograr la intimidad con Dios. De hecho, quizás nunca hayan experimentado intimidad con Dios en toda su vida.

Como líder, tengo que estar consciente del hecho de que la congregación está llena de todo tipo de personas, con todo tipo de historias, que están en lugares muy diferentes en sus relaciones con Dios.

Yo nunca supongo que todos han hecho su parte en casa. Siempre supongo que todos necesitan empezar desde las puertas.

Hay un antecedente bíblico para esto. Jesús nos llamó pastores por una razón. Cuando guiamos a un rebaño, no lo movemos a la velocidad de los carneros. Lo movemos a la velocidad de los corderos, con el rebaño y las ovejas lactantes. ¿Por qué? Los corderos y las ovejas se mueven muy lentamente. Tienen que hacerlo porque los corderos son jóvenes y débiles y tienen que detenerse a comer y a descansar. Si usted arrea al rebaño con demasiada rapidez, la leche de las madres se secará y los corderos morirán. Las ovejas preñadas abortarán. Y usted habrá dañado al rebaño que fue designado a bendecir.

Es lo mismo con una congregación. Cuando estoy liderando la adoración, la llevo a la velocidad de los corderos y las ovejas. Me refiero a los cristianos jóvenes e inmaduros y a aquellos que los disciplinan y nutren.

En términos de adoración, esto significa que, sabiendo que Jesús quiere experimentar intimidad con Su pueblo, y conociendo que esas personas necesitan intimidad con Él, tengo que llevarlos paso a paso a Su presencia. Adoración…sumisión…Palabra…luego, intimidad. Este es el orden revelado en el tabernáculo.

Eso significa que en la adoración congregacional no voy a empezar con una canción de intimidad. Los voy a llevar a la intimidad por una travesía de alabanza y adoración.

Ahora, si estoy en un grupo pequeño con cuatro cristianos comprometidos y maduros, quizás pueda saltar directamente a la intimidad. ¿Por qué? Porque quizás ellos ya hayan estado viviendo el trayecto al tabernáculo. Se ha convertido en parte de quienes son en Cristo. Se necesitan sabiduría y discernimiento para entender la diferencia.

Un líder de adoración que insiste en que la congregación comience sumergiéndose directamente en la parte profunda, necesita dar un paso atrás y considerar el corazón del Dios a quien está sirviendo. La adoración no es para el líder de adoración, y es fácil hacer más daño dirigiendo egoístamente, o sin conocimiento, o con orgullo espiritual.

Como en muchas iglesias la comunión no se sirve semanalmente, el trabajo del líder de adoración es buscar el corazón de Dios. Si Dios quiere que Su pueblo llegue a un tiempo de comunión, el líder de adoración tiene que darle a la congregación la oportunidad de tener intimidad.

El pan y el vino no son absolutamente necesarios para la comunión. Sé que algunos van a discutir conmigo sobre esto. Sin embargo, solo son símbolos. Siempre lo fueron. Jesús es el pan y Su sangre es el vino. El objetivo no es la comida. El objetivo es la intimidad con Dios por medio de Jesús. Eso significa que yo puedo "servir" la comunión recordándoles a las personas lo que Jesús ha hecho por ellas, luego conducirlos a la intimidad por medio de ese sacrificio. Puedo "servir" la comunión por medio de Escrituras y canciones de adoración.

Creo que eso es parte del trabajo de un sacerdote, especialmente si ese sacerdote es líder de adoración de una congregación. Nuestra tarea es llevar al pueblo a la intimidad con Dios. Básicamente, lo que quiero enseñar a las personas a vivir en intimidad con Dios.

¡PELIGRO, PELIGRO, PELIGRO!

Me gustaría mostrarle algo a manera de advertencia. A veces no tomamos la Palabra de Dios o Su orden con seriedad, y creemos que podemos beneficiarnos al tomar atajos o suavizando el golpe de alguna palabra que parezca dura para complacer a una audiencia susceptible.

Este es un rumbo peligroso. "Aquí hay dragones."

¿Recuerda la escena de *Indiana Jones y la última cruzada* cuando Indie finalmente encuentra la tumba de Sir Richard y está a punto de elegir una copa? Él debe llenarla con agua y llevársela de vuelta a su padre, a quien le disparó el malo y debe sanar, no sea que muera. El malo irrumpe en la tumba e insiste en ser el primero en tomar de la copa que contuvo la sangre de Cristo. Él está convencido de que le dará vida eterna. Habiendo seleccionado una copa, saca un poco de agua y la toma, pero en vez de volverse más joven, le crece el cabello, se pone gris y se le cae. Envejece rápidamente, muere, y queda su esqueleto allí, frente a todo el mundo. ¿Cuál fue el problema? El profesor Jones lo explica más tarde: El malo nunca creyó realmente. Para él, la copa era solo una reliquia religiosa con poder. Él respetaba a la copa más que al Dios cuyo poder la hizo santa.

¿Trata usted a la comunión de la misma manera?

La iglesia de Corinto tuvo el mismo pensamiento. Comenzaron a tener comunión irreverentemente. A tomar las cenas de comunión sin orden. Preferían a las personas ricas y espiritualmente maduras que a las pobres y espiritualmente jóvenes. Estaban tomando la comunión religiosamente, pero con corazones errados hacia Dios y Sus hijos. Como resultado de ello, empezaron a experimentar un aumento en las enfermedades, dolencias y muerte en su congregación.

En 1ª Corintios 11:27–31, Pablo les escribe para corregir este problema:

> Por lo tanto, cualquiera que coma el pan o beba de la copa del Señor de manera indigna, será culpable de pecar contra el cuerpo y la sangre del Señor. Así que cada uno debe **examinarse a sí mismo** antes de comer el pan y beber de la copa. Porque el que come y bebe **sin discernir el cuerpo**, come y bebe su propia condena. Por eso hay entre ustedes muchos débiles y enfermos, e incluso varios han muerto. Si nos examináramos a nosotros mismos, no se nos juzgaría.
>
> NVI, énfasis añadido

¿Por qué son importantes el orden y el protocolo? Fueron diseñados para que estemos seguros. Pablo les recuerda a los corintios el apropiado orden de Dios. Usted debe examinarse a sí mismo antes de participar de la comunión. Sacerdotes, ¿dónde nos examinamos nosotros? ¿Dónde nos juzgamos? En el agua de la Palabra: la fuente de bronce.

Pero aun antes de hacer eso, debemos reconocer el cuerpo del Señor. Algunos eruditos creen que esto significa preferir a otros en la Iglesia por encima de nosotros mismos. Pero no creo que Pablo esté hablando metafóricamente. Creo que él se estaba refiriendo al cuerpo mismo de Jesús. En otras palabras: "¡Recuerden lo que Él hizo por ustedes en la cruz! Sus manos y Sus pies. Su costado y Su espalda. Su corazón quebrantado. Reconozcan el cuerpo de Cristo y las heridas que Él cargó por nosotros".

Hacemos eso justamente antes de someternos a Él. En el altar de los sacrificios recuerde que Jesús se sometió Él mismo como sacrificio por nosotros, luego nosotros respondemos sometiéndonos a Su señorío. Reconozcamos el cuerpo de Cristo y examinémonos a nosotros mismos. Si no hacemos estas dos cosas, entramos en la comunión (o intimidad) con indiferencia e irrespetuosamente.

Así es que "comemos y bebemos juicio para nosotros mismos". Temo que, a menudo llevamos a las personas hacia una comunión falsa para la que no están espiritual ni emocionalmente preparados. El resultado es enfermedad y muerte en lugar de sanidad y vida. La comunión nunca pretendió ser un ritual vacío o una postura religiosa. La comunión es—y siempre ha sido—adoración que une nuestras vidas con la de Cristo.

No veneremos la copa más que al Salvador cuya sangre la hizo santa.

Pablo está reinstalando un orden bíblico apropiado porque ama a la Iglesia y quiere que su pueblo tenga los beneficios de la comunión, no las consecuencias de la religión.

El orden del tabernáculo es un orden celestial, y es la sabiduría, el amor y la gracia de Dios hacia Su pueblo.

ORDEN EN LOS ATRIOS

Como una acotación importante, al pan de la proposición se le menciona a veces como el "pan del orden". ¿Orden? ¡Sorpresa! Él no es un Dios de caos, sino un Dios que trae orden a donde había caos. Incluso para buscar la presencia de Dios e ir al trono del Rey, hay un orden dado por Dios.

El desorden no es de Dios. Y donde encontremos caos, no encontraremos al Espíritu de Dios al volante. Caos, confusión y desorden son del mundo de los caídos. Son el camino de la decadencia. No tienen gracia ni vida, son mezquinos y deshonran al Rey.

Discuta conmigo si gusta, pero cualquier criatura o actitud que se desarrolla en el caos es una criatura que contribuye a la decadencia, y las iglesias y los ministerios que premian lo caótico son invariablemente lugares insalubres y en básicamente peligrosos para las personas.

Los niños no se desarrollan en el caos. Se desarrollan en atmósferas de intimidad, orden, gozo y disciplina en amor (discipulado). Nunca he conocido un cristiano de una iglesia caótica que no tuviera el alma enferma o que no fuera espiritualmente inmaduro.

El orden de Dios no es restrictivo, es libertador. Cuando Dios nos enseña un proceso, nos está dando un mapa del tesoro. No se ofenda si el camino ya ha sido trazado para nosotros. Regocíjese porque Dios, en Su gracia, no ha sido reservado ni místico. Él ha trazado Su camino, Su senda de justicia, claramente conocida. Y no hay tesoros solamente al final de la travesía, sino a cada paso del camino.

JESÚS: EL MEJOR LÍDER DE ADORACIÓN
QUE EXISTIÓ JAMÁS. PARTE 4

Quizás esto nunca se le haya ocurrido, pero los sacerdotes de Levítico habían estado practicando la comunión 1400 años antes de que Jesús naciera. Sin saber realmente por qué, qué significaban aquellos símbolos, o quién sería su Mesías, los sacerdotes sirvieron la mesa de los panes de la proposición, día tras día, durante siglos.

¿Cómo habrá sido para los discípulos estar sentados a la mesa mientras Jesús develaba los símbolos del tabernáculo por primera vez en la historia?

De acuerdo con Mateo 26:17, Jesús reveló que Él era el pan sin levadura el primer día de la fiesta de los panes sin levadura.

¿Cómo habrá sido ser uno de los 12 discípulos, ver a Jesús partir el pan y escuchar: *Esto es mi cuerpo que por vosotros es partido; haced esto en memoria de mí?*

Qué revelación más impactante. ¿El Cuerpo de Jesús es el pan del rostro? ¿El pan sin pecado, sin levadura, el pan de la presencia? ¿Su cuerpo? Todos esos años los sacerdotes habían estado partiendo el pan y comiendo, pensando que se llamaba pan de la presencia porque estaba *en* presencia de Dios. Pero en realidad se llamaba pan de la presencia porque representaba el camino *hacia* la presencia de Dios —por medio del cuerpo partido de Jesús.

¿Puede imaginar cómo habrá sido que Cristo le diera una copa y le dijera: *Esta copa es el nuevo pacto en mi sangre, derramada por ustedes?* La libación siempre era vertida por los sacerdotes en presencia de Dios, así como lo era la sangre del sacrificio de expiación. ¿Jesús estaba diciendo que Su sangre era ambos?

Durante 1400 años de ministerio esto fue un misterio total. Luego, una noche, Jesús se sentó con Sus discípulos y les explicó el significado. Y de repente, lo que había sido religión muerta, cobró vida.

Esa noche, Jesús lavó los pies de los discípulos porque un sacerdote debe lavarse antes de entrar al Lugar Santo para ministrar al Señor. Luego Jesús condujo a Sus sacerdotes al ministerio de la mesa de los panes de la proposición: el ministerio de la comunión.

Cuando Jesús les entregó las copas y el pan, no les estaba enseñando el sentido que había detrás de aquel antiguo ritual, los estaba conduciendo en adoración. Jesús, el Sumo Sacerdote celestial, estaba enseñando a Sus

LA MESA DE LOS PANES DE LA PROPOSICIÓN   195

discípulos cómo tener una relación con Su Padre. Y al hacer esto, Jesús les enseñó cómo conducir a la gente a la intimidad con Él.

La intimidad ministra el corazón de Dios.

Cuando usted toma tiempo para mostrarles a las personas el cuerpo de Cristo, que fue partido por ellos, los está conduciendo a una decisión. Así como Judas tuvo que decidir: "Traicionaré a mi Mesías, o lo seguiré fielmente" al enfrentarse a un Dios que valora tanto la relación con su pueblo que está dispuesto a partir y derramar a su Único Hijo para ganarla, usted debe tomar una decisión respecto a Él.

La peor posición en la que se puede estar es: sin elección. Usted, como sacerdote, está llevando a las personas a encuentros con Dios por medio de Su cuerpo partido y de Su sangre derramada. Usted les está dando oportunidades para que elijan a Jesús así como Él nos eligió a todos nosotros.

Cuando usted le enseña a alguien sobre la comunión, abre la puerta para la intimidad con Jesús. Y donde hay verdadera intimidad con Jesús, hay verdadera adoración.

PREGUNTAS PARA DEBATIR

1. Explique las diferencias entre los atrios y el Lugar Santo. ¿Cuál es el propósito de cada uno? ¿Dónde terminan la mayoría de los servicios modernos? ¿Por qué?

2. ¿Qué representa la mesa de los panes de la proposición? ¿Qué representan las hogazas de pan sobre la mesa?

3. Basándose en el hebreo original, ¿qué significa la expresión *panes de la proposición*? ¿Por qué es tan importante? ¿Por qué la palabra hebrea *panim* está en su forma plural? ¿Qué dice eso sobre Dios?

4. ¿Por qué la fuente de bronce está antes de la mesa de los panes de la proposición? ¿Cómo podemos aplicar este concepto a nuestras vidas hoy?

5. Consulte la sección de este capítulo titulada "Comunión", ¿Qué es la comunión? ¿Por qué es importante? ¿Qué representa? ¿Qué estamos haciendo cuando celebramos la comunión?

6. ¿Por qué el aspecto íntimo de la adoración no puede hacerse a un lado, como un estilo privado que solo se practica en casa?

7. Cuando participamos y adoramos desde un lugar de comunión se produce un intercambio. ¿Qué toma Él de nosotros y qué nos da a cambio?

8. Al dirigir la adoración congregacional, ¿por qué no podemos saltar directamente a un lugar de intimidad? ¿Por qué es tan importante el orden de la alabanza, la sumisión, la Palabra y la intimidad?

9. ¿Cómo condujo Jesús a Sus discípulos a la adoración al ejemplificar la mesa de los panes de la proposición?

Capítulo 12

EL CANDELABRO DE ORO

Oh Señor, tú eres mi lámpara; el Señor ilumina mi oscuridad
—2ª Samuel 22:29, NTV

. . .

Nuestro día de bodas sigue estando vívido en mi memoria. Señoras, es tan difícil para el hombre entender su perspectiva sobre las bodas como lo es para ustedes entender la de él.

Yo no estaba de pie en el altar esperando en ascuas que Jen caminara por el pasillo para poder disfrutar el orden de la ceremonia, la belleza del vestido de la novia, las románticas cuerdas del arpista: de hecho, yo no estaba para nada "en el momento". Mi mente ya estaba camino a la luna de miel. No podía esperar a tener a mi esposa para mí. Dejar atrás aquella multitud y estar solos. Quería empezar a vivir juntos, conocernos realmente el uno al otro. Quería abrazarla y adorarla y mirarla a los ojos y saber que estábamos solos, pero también estaríamos completos. Yo no me casé para experimentar la ceremonia. Me casé porque quería tener a mi esposa toda para mí.

A veces me pregunto si será eso lo que siente Dios.

Nosotros, como jóvenes novias que han soñado con sus días de bodas, pasamos mucho tiempo pensando, soñando y planeado los servicios del fin de semana. Y esos servicios son preciosos, festivos y honrosos (a menos que sean apagados, aburridos y cursis) y necesarios. ¿Pero qué pasaría si Jesús estuviera esperando la oportunidad de estar a solas con nosotros?

Jesús no sufrió y murió en la cruz por usted—no le propuso matrimonio—para que pudieran disfrutar juntos ceremonias públicas y tradiciones. Él le propuso matrimonio porque lo quería a usted para Él. Porque lo ama.

De eso se trata la comunión.

Prestamos más atención a la celebración y a la tradición que a la pasión. Qué triste.

Y nos peleamos por arreglos florales mientras el Novio se queda en la esquina.

La comunión no trata del pan y el vino más que un beso, de labios y saliva. Los labios son solo el vehículo de un beso. El beso tiene que ver con la intimidad. El pan y el vino, el cuerpo y la sangre de Jesús son solo los vehículos de la comunión. Pero la comunión tiene que ver con la intimidad. Tiene que ver con la relación con Dios.

Nuestro enemigo nos ha engañado para que nos peleemos acerca del vehículo, nos distraigamos y no tengamos una relación con Jesús.

POSICIÓN

Cuando entramos por las puertas del Lugar Santo, la mesa de los panes de la proposición está inmediatamente a nuestra derecha (o hacia el lado norte del tabernáculo). A nuestra izquierda (el lado sur) está el candelabro de oro.

Hay una razón para que estos dos elementos no estén situados uno después del otro. Todo lo demás en este tabernáculo es secuencial, pero la mesa de los panes de la proposición y el candelabro de oro van mano a mano. Donde está presente el ministerio de la mesa, está presente el ministerio del candelabro, y donde está el ministerio del candelabro, el ministerio de la mesa está presente. Estos dos son inseparables. Veremos por qué en un momento.

CONSTRUCCIÓN

Harás además un candelero de oro puro; labrado a martillo se hará el candelero; su pie, su caña, sus copas, sus manzanas y sus flores, serán de lo mismo. Y saldrán seis brazos de sus lados; tres brazos del candelero a un lado, y tres brazos al otro lado. Tres copas en forma de flor de almendro en un brazo, una manzana y una flor; y tres copas en forma de flor de almendro en otro brazo, una manzana y una flor; así en los seis brazos que salen del candelero; y en la caña central del candelero cuatro copas en forma de flor de almendro, sus manzanas y sus flores. Habrá una manzana debajo de dos brazos del mismo, otra manzana debajo de otros dos brazos del mismo, y otra manzana debajo de los otros dos brazos del mismo, así para los seis brazos que salen del candelero. Sus manzanas y sus brazos serán de una pieza, todo ello una pieza labrada a martillo, de oro puro. Y le harás siete lamparillas, las cuales encenderás para que alumbren hacia adelante. También sus despabiladeras y sus platillos, de oro puro. De un talento de oro fino lo harás, con todos estos utensilios. Mira y hazlos conforme al modelo que te ha sido mostrado en el monte.

Éxodo 25:31–40, rvr 1960

El candelabro de oro fue labrado a martillazos. Tenía seis brazos que salían de una caña central, cada uno tenía en su extremo superior una copa o lámpara: siete lámparas en total. Cada rama del candelabro está hecha de nueve partes: tres capullos, tres flores y tres frutas. La mecha y la llama eran cuidadas por el sacerdote, que también se encargaba de asegurarse que las lámparas estuvieran siempre llenas de aceite.

El candelabro es la única luz del Lugar Santo, y está colocado de manera tal que la luz caiga en frente de él, probablemente sobre la mesa de los panes de la proposición.

Es básicamente una menorá de 100 libras con siete lámparas.

No puedo imaginar algo de oro puro tan grande e intrincado siendo labrado a martillo en vez de ser moldeado, pero quizás haya algo de valor y aprendizaje que venga con ese proceso de "martillado".

SIMBOLISMO DEL CANDELABRO

Jesús

Una maestra de escuela dominical planteó una pregunta a sus ávidos pequeños estudiantes. "Niños, ¿qué es gris, tiene una cola larga y peluda y come nueces?"

Los niños sentados, con los ojos bien abiertos y en silencio, la miraban.

"¿Nadie sabe qué es gris, tiene una cola larga y peluda y come nueces?"

Nadie se movió. Finalmente, ella llamó a uno de los estudiantes.

"Juanito, estoy segura que tú sabes. Dinos, ¿qué es gris, tiene una cola larga y peluda y come nueces?"

Juanito, inseguro, respondió: "Maestra, sé que la respuesta debe ser Jesús, pero le aseguro que me suena más a una ardilla".

Pasemos por alto lo obvio. Todo en el tabernáculo representa a Jesús de alguna manera. Las puertas describen a Jesús porque Él es la puerta. El altar de los sacrificios simboliza a Jesús porque Él es el Cordero de Dios, muerto por los pecados del mundo. La fuente de bronce es Jesús porque Él es el Verbo y el agua de vida. La mesa de los panes de la proposición es Jesús porque Él es el pan de vida. Y el candelabro de oro es Jesús porque Él es la luz del mundo.

> *Otra vez Jesús les habló, diciendo: Yo soy la luz del mundo; el que me sigue, no andará en tinieblas, sino que tendrá la luz de la vida.*
> Juan 8:12, RVR 1960

> *Porque en otro tiempo erais tinieblas, mas ahora sois luz en el Señor; andad como hijos de luz.*
> Efesios 5:8, RVR 1960

Esto es absolutamente cierto, pero si eso es todo lo que obtenemos del tabernáculo, solo estamos rasgando la superficie, porque el tabernáculo no solo nos enseña quién es Jesús, nos enseña cómo ministra Él y cómo podemos nosotros ministrarle a Él y con Él.

Así que vamos a estudiar un poco más profundamente.

Almendro

¿Por qué, de todos los tipos de flores que Dios podría haber escogido, eligió flores de almendro? La palabra almendro en hebreo es *shacád*.

Significa *el que está despierto*. El almendro era el primer árbol en despertar del sueño del invierno y florecer. Representa el fervor, los primeros frutos, y la nueva vida. Hay algo en el candelabro que tiene que ver con el celo. Supone el nacimiento del fruto. Tiene que ver con el despertar de un tiempo de sueño espiritual. Implica el resurgimiento de la vida.

Aceite

El aceite siempre representa al Espíritu Santo en la Biblia. No es diferente aquí. Este aceite debe ser puro y de olivas prensadas.

> *Y mandarás a los hijos de Israel que te traigan aceite puro de olivas machacadas para el alumbrado, para que la lámpara arda continuamente. En la tienda de reunión, fuera del velo que está delante del testimonio, Aarón y sus hijos la mantendrán en orden delante del Señor desde la tarde hasta la mañana; será estatuto perpetuo para todas las generaciones de los hijos de Israel.*
>
> Éxodo 27:20–21

El Espíritu Santo fue enviado a nosotros como resultado del ministerio de Jesús, que fue aplastado o "molido" (vea Isaías 53:5) por nosotros en la cruz. Jesús murió, fue resucitado, ascendió a la diestra del Padre, y derramó el "aceite" del Espíritu Santo sobre los discípulos (vea Hechos 2).

Es por esto que el candelabro está hecho a golpes de martillo y no de oro moldeado. Para que el Espíritu Santo viniera, Jesús primero tenía que ser "golpeado".

¿Por qué el candelabro es de oro sólido? Todos los demás muebles del tabernáculo tienen madera de acacia además de un metal. En los atrios, tanto el altar como la fuente de bronce representan a Jesús como el Hijo del Hombre cargando el juicio del mundo: madera de acacia recubierta de bronce. Todo lo demás en el tabernáculo representa a Jesús como el Hijo de Dios: madera de acacia recubierta de oro. Pero el candelabro representa a uno que es como Jesús, pero nunca tuvo su forma humana (representada por la madera). El Espíritu Santo es todo Dios (oro) y nada hombre (madera).

"Pero, Zach", puede pensar usted ahora, "mi pastor dice que el candelabro de oro representa a Jesús. ¿Cómo puede decir usted que representa al Espíritu Santo?" Bueno, porque eso es lo que dice la Biblia. En el libro de Apocalipsis, Juan tiene una de las visiones de Jesús más increíbles de toda la Biblia.

Sus cabellos eran como lana, sus pies semejantes al bronce bruñido, sus ojos como llama de fuego. Él tenía una espada que salía de Su boca y siete estrellas en la mano. Al mismo tiempo que Juan está viendo estas revelaciones, también está recibiendo otra visión que nos ayuda a comprender el candelabro. Por ejemplo:

> *Me volví para ver de quién era la voz que me hablaba y, al volverme, vi siete candelabros de oro En medio de los candelabros estaba alguien* "**semejante al Hijo del hombre**"
>
> Apocalipsis 1:12–13, NVI

¿Qué quiere decir "semejante al Hijo del hombre"? Bueno, obviamente significa que se parecía a una persona y probablemente quiera decir que se parecía a EL Hijo del hombre, Jesús.

Juan también sigue explicando: *del misterio de…los siete candelabros de oro…son las siete iglesias* (Apocalipsis 1:20).

Así que tenemos a las siete iglesias de Asia menor y alguien que andaba por esas iglesias que era "semejante" al Hijo de hombre. Este es el Espíritu de Dios moviéndose entre las iglesias. El candelabro de oro es el ministerio del Espíritu Santo en la Iglesia.

Nueve

Cada brazo del candelabro tiene nueve segmentos. El número nueve nos da otra clave de que el candelabro tiene que ver con el ministerio del Espíritu Santo. Los números son usados muy consistentemente en la Biblia, y el nueve siempre representa la obra del Espíritu Santo. Piense conmigo por un momento. ¿Cuántos frutos del Espíritu hay?

Gálatas 5:22–24 dice: *Mas el fruto del Espíritu es amor, gozo, paz, paciencia, benignidad, bondad, fe, mansedumbre, templanza; contra tales cosas no hay ley.*

¿Los contó? ¡Nueve! No es una coincidencia que el capullo, la flor y el fruto de la almendra se encuentren tres veces cada uno en cada rama del candelabro. El proceso de crecer en la madurez del Espíritu está representado aquí. Y el resultado final es fecundidad.

¿Todavía no me cree? ¿Qué sucede con los dones del Espíritu? ¿Cuántos hay? 1ª Corintios 12:7–10 dice: *Pero a cada uno le es dada la manifestación del Espíritu para provecho. Porque a éste es dada por el Espíritu palabra de sabiduría; a otro, palabra de ciencia según el mismo Espíritu; a otro, fe por el mismo Espíritu; y a otro, dones de sanidades por el mismo Espíritu. A otro, el hacer milagros; a otro, profecía; a otro, discernimiento de espíritus; a otro, diversos géneros de lenguas; y a otro, interpretación de lenguas* (RVR 1960).

¿Cuántos hay? ¡Nueve! El candelabro es claramente un simbolismo del ministerio del Espíritu Santo en la Iglesia.

Llama

Es fácil derivar significado del fuego. Jesús es la verdad. Él nos ilumina. Nos da revelación. Su Palabra es lámpara a mis pies y lumbrera a mi camino (vea Salmo 119:105). Todo esto es verdad. Pero hay algo más sobre el fuego que es importante. El fuego representa poder. Representa pasión. Arde.

El fuego es otro símbolo bíblico para el Espíritu Santo. Cada vez que la gloria de Dios llena el templo, Él viene como fuego. Incluso en el libro de los Hechos, en el capítulo 2, cuando el Espíritu Santo cae sobre los discípulos en el aposento alto, Él vino con lenguas como de fuego.

En el candelabro de oro sucede algo sobrenatural. Recibimos revelación sobrenatural, poder sobrenatural y pasión sobrenatural por el Espíritu de Dios.

Es interesante que a los sacerdotes se les instruía que recortaran la mecha y llenaran la lámpara con aceite dos veces al día (vea Éxodo 30:7), en la mañana y en la tarde. ¿Por qué? Porque una mecha no recortada hace dos cosas: humea y titila.

Este fuego no debía despedir gases cáusticos, y debía arder intensa y constantemente, no de manera irregular. ¿Cómo está la llama en su corazón? ¿Su pasión por Cristo titila de manera irregular? ¿Produce a veces "humo" que hace más mal que bien? De ser así, usted quizás no esté manteniendo su mecha recortada ni su recipiente lleno de aceite. No es responsabilidad de Dios hacer estas cosas. Es suya y mía como sacerdotes.

Hay una razón por la que Efesios 5:18–20, nos ordena:

> *No os embriaguéis con vino, en lo cual hay disolución; antes bien sed llenos del Espíritu, hablando entre vosotros con salmos, con himnos y cánticos espirituales, cantando y alabando al Señor en vuestros corazones; dando siempre gracias por todo al Dios y Padre, en el nombre de nuestro Señor Jesucristo.*
>
> (RVR 1960)

¿Puede ver el proceso del tabernáculo en estos versículos? Se nos ordena que mantengamos los recipientes de nuestros corazones llenos del Espíritu de Dios. ¿Cómo? Lavándonos regular y continuamente con la Palabra. Alabando y agradeciendo a Dios continuamente. Y manteniéndonos en relación con el Padre por medio de Jesús.

Eso es altar: luego fuente de bronce, después mesa. Mañana y tarde.

Es la única manera de mantener nuestro recipiente lleno y nuestra mecha recortada. Y es la única manera de no apestar el Lugar Santo "soplando humo" que viene de nosotros y no de Él.

Antorchas

Soy una persona bastante apasionada, pero cuando recién había sido salvo, estaba ardiendo. Era casi irritantemente ardiente. Estaba tan apasionado por Jesús y por lo que Él había hecho por mí, que arremetía contra cualquiera o cualquier cosa que no lo estuviera. Tenía un buen líder en mi grupo de estudio bíblico, y me llevó aparte un día y me dijo: "Zach, tú eres como un fuego arrasador".

Sonreí ante lo que percibí como un cumplido. *Por supuesto que lo era. ¡Los fuegos arrasadores son impresionantes!*

Pero él siguió: "Eso es malo. Los fuegos arrasadores son peligrosos. Queman indiscriminadamente. Están fuera de control, y lastiman a las personas. Dios quiere tomar tu fuego arrasador y perfeccionarlo en un soplete".

Vea, un soplete es un tipo de fuego diferente. Es un fuego extremadamente caliente, pero focalizado. Es fuego bajo el control de un maestro. Un soplete puede estar dirigido a destruir lo que su maestro quiera destruir, o construir lo que su maestro quiera construir. Los sopletes pueden ser peligrosos en las manos equivocadas, pero son seguros y poderosos en las manos de un maestro.

Dios quiere hacer de usted un soplete. Él quiere dirigir Su fuego a través de usted. Y en Sus manos, usted será poderoso. Usted hará Su obra, edificará Su reino, y derribará a Sus enemigos. Un sacerdote es un soplete. Los adoradores son sopletes.

Siete

Hay una razón por la que hay siete lámparas con siete llamas en el candelabro. El número siete, en la Biblia, representa plenitud, culminación, abundancia y reposo. Sin el ministerio del Espíritu Santo en su vida y en su iglesia, usted estará incompleto. Sin los dones y el fruto del Espíritu, no experimentamos abundancia, sino hambre. Y sin el poder y la obra del Espíritu Santo no podemos vivir ni ministrar reposadamente.

¿Qué sentido tiene tener "iglesia" sin el Espíritu Santo? ¿Alguna vez ha estado en una iglesia sin amor? ¿Alguna vez ha estado alrededor de cristianos crueles? ¿Quién quiere cristianismo sin conocimiento, sabiduría ni fe? ¿Al mundo le atrae un cristianismo sin fe, sin poder? ¡No! ¿Por qué? ¡Porque se dan cuenta de que les falta algo!

¿Qué falta? El Espíritu de Dios moviéndose en la Iglesia. ¡El Espíritu de Dios moviéndose en nuestras vidas! El aceite y el fuego.

El número siete significa que la única manera que nosotros, los cristianos, vivamos plenamente, como fuimos diseñados para vivir, es con el Espíritu Santo impartiendo poder y pasión en nuestras vidas.

No sé qué sucedería con usted, pero sin el fruto del Espíritu en mi vida tengo una gran carencia. No puedo ser un padre piadoso si no tengo amor. Si no tuviera la ayuda del Espíritu Santo para ser papá, descuidaría a mis hijos, los malcriaría o me los comería. Ser un padre piadoso no es algo que surja naturalmente.

No puedo ser un esposo piadoso sin gozo, paz, paciencia y benignidad. Si no tuviera al Espíritu Santo en mi vida, mi esposa estaría casada con un dictador gruñón, estresado y cruel.

Sencillamente, no puedo parecerme en absoluto a Jesús a menos que tenga Su Espíritu enseñándome bondad, fidelidad, amabilidad y dominio propio. Soy un tonto nato. Y a menos que me equivoque, usted también lo es. Solo el Espíritu Santo puede hacer que el carácter de Cristo brille a través de mí.

¿Sabe por qué el mundo odia tanto a los cristianos? Creo que es porque hemos sido demasiado religiosos, pero no muy "fructíferos". El mundo no odia a Jesús. Desprecia a los cristianos que no actúan como Él. ¿Alguna vez se ha considerado qué pasaría si los cristianos realmente empezaran a actuar como Jesús? Habría una estampida a los altares. Los perdidos vendrían como en avalancha. Eso es parte de lo que el Espíritu Santo hace en nuestras vidas. Él nos faculta para vivir como Jesús para que podamos ministrar a Cristo al mundo.

¿Qué pasa con los dones del Espíritu? No podemos detenernos simplemente en el fruto del Espíritu, también tenemos que tener los dones. Los dones del Espíritu son el aspecto de Su poder que viene con Su presencia. ¿Quién querría levantarse temprano en su día libre, vestirse con ropa incómoda e ir a un lugar donde no esté la presencia ni el poder de Dios?

Decimos que Jesús es un Salvador presente y poderoso. Bueno, ¿dónde está la prueba? Sabe, el mundo ya no lo cree. Pablo dice en 1ª Tesalonicenses 1:5: *Pues nuestro evangelio no llegó a vosotros en palabras solamente, sino también en poder, en el Espíritu Santo y en plena certidumbre. Bien sabéis cómo nos portamos entre vosotros por amor de vosotros* (RV 1995).

"Zach, debes dejar de hablar de los dones del Espíritu. No creemos en el don de lenguas en nuestra iglesia".

¡Está bien! No vale la pena discutir sobre eso. ¿Qué persona se salvó o se sanó alguna vez mientras escuchaba una discusión sobre las lenguas? Esa sí que es una discusión inútil. Si realmente tuviéramos el poder de Dios en nuestras iglesias, no tendríamos tiempo para discusiones tontas. Estaríamos muy ocupados recogiendo peces. Tendríamos las manos llenas con la gente siendo salva, sanada, libre, discipulada, equipada y ubicada en el servicio.

Los dones y el poder de Dios alimentan el ministerio. El Evangelio es como un anzuelo. El fruto del Espíritu ceba anzuelos. Los dones del Espíritu pescan. ¿Qué clase de pescador los dejaría fuera de su caja de pesca? Respuesta: Uno que esté más interesado en ganar una discusión que en sacar peces.

Por favor, entiéndame, no estoy hablando de buscar los dones antes de buscar al Dios de los dones. Estoy hablando de buscar a Dios que se muestra en poder y se mueve a través de Su pueblo en poder. Estoy hablando de no poner excusas por una religión impotente.

Muchas de nuestras iglesias han sido tan espiritualmente estériles por tanto tiempo que se han desalentado. En vez de enfrentar la verdad de su situación, han inventado una teología en la cual Dios ha dejado de ser poderoso y presente.

Lo único que logra la teología errónea es despojar de esperanza a la Iglesia. Cuando una iglesia no tiene esperanza de encontrarse con Dios, no tiene esperanza de ver Su poder. Donde no hay poder, no hay victoria sobre el pecado, la enfermedad ni la muerte. Y donde no se respeta la victoria de la cruz, proliferan el pecado, la incredulidad y la religión muerta.

Segunda de Timoteo 3:1-5, habla directamente de personas así:

También debes saber esto: que en los postreros días vendrán tiempos peligrosos. Porque habrá hombres amadores de sí mismos, avaros, vanagloriosos, soberbios, blasfemos, desobedientes a los padres, ingratos, impíos, sin afecto natural, implacables, calumniadores, intemperantes, crueles, aborrecedores de lo bueno, traidores, impetuosos, infatuados, amadores de los deleites más que de Dios, que **tendrán apariencia de piedad, pero negarán la eficacia de ella; a éstos evita.**

Esta "apariencia de piedad" es religión vacía. Negar Su poder significa tener una denominación que enseña que Dios dejó de ser poderoso hace casi 2000 años. La Biblia dice que huyamos de gente como esa. ¿Por qué? Porque donde se considera a Dios impotente, reina el pecado.

Una iglesia estéril, religiosa, es un lugar peligroso. Una persona estéril y religiosa es una compañía peligrosa.

La Iglesia necesita ver que el Espíritu Santo nos faculta para vivir y amar como Cristo. Durante la adoración, el Espíritu Santo comienza a moverse entre las personas. Él nos faculta para vivir en Su carácter y Su poder.

El siete también significa esto: Cada ministerio que proclama operar por el poder del Espíritu de Dios puede producir evidencias que respalden sus dichos. O como dijo Jesús en Lucas 6:44: *Porque cada árbol se conoce por su fruto; pues no se cosechan higos de los espinos, ni de las zarzas se vendimian uvas.* La evidencia de nuestras afirmaciones de tener la presencia de Dios en medio de nosotros son los dones y el fruto del Espíritu.

Por favor, entienda esto: Estos dos SIEMPRE van de la mano. Si una iglesia está operando en los dones del Espíritu, usted también encontrará que lleva fruto del Espíritu de Dios.

Uno de los mayores abusos que observo en las iglesias es el ejercicio de los dones del Espíritu sin el ejercicio del fruto del Espíritu. Si una iglesia, o un individuo, es capaz de ministrar en poder, pero no en amor, ese es un don falso. Si podemos ministrar en sanidad, pero no en dominio propio, ese es un don falso e incompleto. Si ministramos en profecía, pero no en amabilidad, ese no es un don de Dios. Y si proclamamos fe, pero no tenemos paciencia, entonces nuestra fe es solo palabras.

La manera de probar los dones es examinar el fruto. Si vemos a una iglesia o a una persona que alardea de sus dones, pero no lleva el fruto del

Espíritu de Dios, corra hacia la puerta. Esa persona es peligrosa. Esa iglesia es peligrosa. Es fraudulenta. Es una falsificación del cristianismo.

Fíjese en las conocidas palabras de 1ª Corintios 13:1–3:

> *Si yo hablase lenguas humanas y angélicas, y no tengo amor, vengo a ser como metal que resuena, o címbalo que retiñe. Y si tuviese profecía, y entendiese todos los misterios y toda ciencia, y si tuviese toda la fe, de tal manera que trasladase los montes, y no tengo amor, nada soy. Y si repartiese todos mis bienes para dar de comer a los pobres, y si entregase mi cuerpo para ser quemado, y no tengo amor, de nada me sirve.*
>
> (RVR 1960)

El fruto del Espíritu prueba la validez de los dones del Espíritu.

LOS SIETE ESPÍRITUS DE DIOS

Por último, el número siete representa los siete aspectos del Espíritu de Dios. Aquí hay tres testigos que testifican sobre este simbolismo:

> *Y brotará un retoño del tronco de Isaí, y un vástago de sus raíces dará fruto. Y reposará sobre El el Espíritu del Señor, espíritu de sabiduría y de inteligencia, espíritu de consejo y de poder, espíritu de conocimiento y de temor del Señor.*
>
> Isaías 11:1–2

> *Escribe al ángel de la iglesia en Sardis: El que tiene los siete espíritus de Dios, y las siete estrellas, dice esto: Yo conozco tus obras, que tienes nombre de que vives, y estás muerto.*
>
> Apocalipsis 3:1, RVR 1960

> *Y del trono salían relámpagos y truenos y voces; y delante del trono ardían siete lámparas de fuego, las cuales son los siete espíritus de Dios.*
>
> Apocalipsis 4:5, RVR 1960

Vimos cómo Jesús compara las siete lámparas con las siete iglesias, ahora lo vemos comparando las siete lámparas con los siete espíritus de Dios.

Esto es solo más evidencia de que el candelabro de oro representa al Espíritu de Dios moviéndose en la Iglesia.

¿Pero cuáles son los siete espíritus de Dios? No hay mucho acuerdo sobre ese tema. No estoy convencido de que podamos nombrar los siete espíritus de Dios. Pero sí sé esto: Si hay siete cosas que Dios quiere hacer en mi vida por medio de Su Espíritu, yo las quiero todas, sin importar cómo se llamen.

No tengo tiempo para revisar exhaustivamente este tema, así que permítame examinar Isaías 11:1-2, el primero de los tres pasajes que cité más antes, partiéndolo en sus respectivas piezas:

1. El Espíritu del Señor: ¿Necesitamos que el reino y la autoridad de Dios operen en nuestras vidas e iglesias? ¡Sí!

2. El Espíritu de sabiduría: ¿Necesitamos que la sabiduría de Dios opere en nuestras vidas e iglesias? ¡Sí!

3. Espíritu de inteligencia: ¿Necesitamos la iluminación y el entendimiento de Dios en nuestras vidas e iglesias? ¡Sí!

4. Espíritu de consejo: ¿Lo necesitamos? ¡Sí!

5. Espíritu de poder: ¿Lo necesitamos? ¡Sí!

6. Espíritu de conocimiento: ¿Lo necesitamos? ¡Sí!

7. Espíritu de temor del Señor, enseñándonos a amar lo que Él ama y odiar lo que Él odia: ¿Lo necesitamos? ¡Sí!

Las únicas personas que temen al ministerio del Espíritu de Dios son las que temen darle el control o las que han sido quemadas por chifladuras espirituales. Tengo dos cosas para decir: Primero, usted nunca tuvo el control, así que, supérelo. Cuando Jesús se convirtió en su Señor, usted le entregó el control a Él. Segundo, el Espíritu Santo no es raro, las personas engañadas son raras. Y las hay de todos los colores denominacionales. Lo que verdaderamente necesitan es que el Espíritu de Dios las ilumine y les enseñe el camino de la vida.

Invite al Espíritu Santo a entrar, y Él traerá vida consigo.

PREGUNTAS PARA DEBATIR

1. Todo en el tabernáculo representa a Jesús. Sin embargo, además de quién es Jesús, ¿qué más nos enseña?

2. ¿Por qué Dios eligió flores de almendro para el candelabro de oro? ¿Qué representan?

3. ¿Qué representa el aceite del candelabro de oro? ¿Por qué está hecho de oro labrado a martillo en lugar de moldeado? ¿Por qué está hecho de oro puro sin nada de madera de acacia?

4. Cada brazo del candelabro de oro tiene nueve segmentos. ¿Qué representa el número nueve en la Biblia? ¿Qué ejemplos bíblicos fundamentan esto?

5. ¿Qué tres dones sobrenaturales del Espíritu Santo representan las llamas del candelabro de oro? ¿Cómo podemos mantener las mechas recortadas y el aceite lleno de manera que su fuego arda en nuestras vidas?

6. ¿Qué representa el número siete en la Biblia? Como el candelabro de oro representa al Espíritu Santo, ¿qué dice el número de lámparas (7) sobre la importancia del Espíritu Santo en nuestras vidas, iglesias y ministerios?

7. Como cristianos, ¿cómo podemos vivir plenamente como Dios planeó que viviéramos?

Capítulo 13

¿LÁMPARA O CANDELERO?

Sus logros, por más nobles que sean, no son importantes. Sus credenciales, por más excepcionales que sean, no le preocupan a nadie. Dios es la fuerza que está detrás de este trayecto. El factor clave es la fortaleza de Él. No se concentre en su propia fuerza, sino en la de Él. Ocúpese en la naturaleza de Dios, no en el tamaño de sus bíceps.

—Max Lucado

■ ■ ■

Cavemos un poco más hondo en la dorada fuente de iluminación del tabernáculo.

Ahora bien, todos tenemos nuestras manías, y yo tengo una concerniente a este tema. Me vuelvo un poco loco cada vez que escucho a un pastor referirse a esto como el "candelero" de oro. ¿Por qué? Primero, es una traducción errónea. La RV se equivocó en esto. ¡No tiene velas! ¿Cómo podría ser un candelero?

Segundo, representa equivocadamente el ministerio que se desarrolla allí. Recuerde: Dios fue muy específico en las instrucciones que dio sobre cómo construir todo lo del tabernáculo. Él no dijo: "Háganme un candelero". Él pidió una lámpara.

Una vela arde y se autoconsume. Se derrite hasta que se agota y debe ser reemplazada. Dios no quiere que ministremos en nuestras propias fuerzas y nos consumamos de tal manera que debamos ser reemplazados en el ministerio. Hay una palabra para eso. Agotamiento.

El agotamiento ocurre cuando estoy haciendo más que mi porción de la obra de Dios, usando menos de la porción que me corresponde de la fortaleza de Dios y tomando menos descanso que el que se me ordena en el Shabat. Es el resultado de un ministerio retorcido hecho por el hombre, que devora la fortaleza de sus sacerdotes enviándolos a la imposible búsqueda de ministrar las necesidades del pueblo. Cuando hacemos las cosas a la manera del hombre, debemos usar la fuerza del hombre. El orden de Dios emplea la fuerza de Dios. Ministramos a Dios. Él viene. Él hace la obra. Y Él ministra las necesidades de Su pueblo.

¿Qué pasa después de que me agoto? No sirvo para el trabajo, así que soy reemplazado. ¡Qué abominación! Le tengo noticias; ¡los hijos de Dios no son descartables ni prescindibles! Y Él no nos valora basándose en la cantidad de trabajo que seamos capaces de hacer.

No. Un *candelero* no servirá. Dios le da instrucciones a Moisés de construir a lámpara porque Él quiere que nosotros sirvamos en el resplandor de Su iluminación, con Su capacitaión, con la constante llenura de Su Espíritu. Debemos representar este ministerio con una lámpara, o lo representaremos totalmente mal.

EL ORDEN

La mayoría de las personas se desgastan en el ministerio porque tratan a la mesa y a la lámpara como si fueran una secuencia. En otras palabras, buscamos una relación profunda con Dios y Él nos llena con Su Espíritu. Luego salimos y ministramos en el poder de Dios.

Tenemos una experiencia cumbre, estimulante y poderosa. No hay empuje como la sensasión del poder de Dios moviéndose a través de usted. ¿Qué sucede luego? Es casi como un desplome de adrenalina. Podemos sentirnos exhaustos, cansados, incluso deprimidos.

Es por eso que la gente se vuelve adicta a la adrenalina, y por eso hay trabajólicos en el reino de Dios. Subconscientemente, están tratando de mantener ese sentimiento de estar en las nubes.

Me gustaría que usted vuelva a imaginar el ministerio conmigo. Tendemos a pensar al ministerio como si fuera un evento del NASCAR. O estamos conduciendo a toda velocidad y hacemos arder el asfalto, o estamos en parada técnica. Cruzamos la línea de llegada cuando morimos o cuando Jesús vuelva.

En lugar de ello, quisiera que se imagine a sí mismo sobre el regazo de Dios, Su Padre. Está sentado sobre de Él, en una mecedora en cobertizo del frente. Están conversando constantemente. Usted puede oír los susurros de Dios y el latir de Su corazón. Están compartiendo sus visiones sobre la vida y el vecindario, riendo de los momentos graciosos y pasando tiempo juntos.

Luego, Dios mira hacia arriba y ve un demonio escabulléndose por el patio del frente. "Hey", dice, con una sonrisa de complicidad, "¿ves a ese demonio por ahí? Ve y sácalo a patadas de nuestro patio". Usted da un salto, corre, barre el patio con el demonio, y echa a aquella cosa horrible aullando, con la cola entre las piernas. Luego corre y salta nuevamente sobre el regazo de Él.

"¡Eso estuvo maravilloso!" dice Él. "¡Cuéntame qué pasó!" ¡Cuéntamelo todo!" Y usted le empieza a contar todo, paso a paso. Están riendo y celebrando y su Padre está radiante de orgullo.

Luego, Él levanta la vista y ve a un niño que se acaba de caer de su triciclo. "Pobre chiquito", dice Dios. "Apresúrate, ve a ayudarlo". Otra vez, usted salta. Corre hacia el pequeño, chequea sus golpecitos, le coloca una bandita, le da un abrazo y lo ayuda a subir nuevamente a su triciclo. Cuando voltea a ver a su Padre, le ve una sonrisa de oreja a oreja. Le hace un gesto de aprobación con la cabeza y le levanta el pulgar.

Usted le dice adiós al pequeño y corre de vuelta hacia su Papá. Él lo sube otra vez a Su regazo y le dice: "Esto fue tan compasivo de tu parte. Dime, ¿qué sentiste al verlo caer? ¿Cómo te hizo sentir el poder ayudar a ese pequeño? Fuiste tan delicado mientras atendías su rodilla. Estoy realmente orgulloso de ser tu Padre".

De eso se tratan la mesa y la lámpara. Hay un constante fluir de la una a la otra. La mesa es la relación íntima con Dios que alimenta la obra del ministerio. Y la obra del ministerio alimenta un entendimiento más profundo y lazos más fuertes en su relación con Dios.

En este escenario, la mecedora es la adoración mediante la comunión. Usted está allí porque ama a su Padre. Y la lámpara es la adoración mediante el servicio. Usted sirve Sus fuerzas y carácter porque ama a su Padre. Pero ambas son formas de adoración.

Así que ¿por qué Dios las colocó en este orden en particular? Nos hemos hecho esta pregunta en cada capítulo. Hasta ahora, hemos logrado explicar por qué un lugar tiene que seguir al anterior. Usted no puede ir de norte a sur sin pasar por el centro. Usted no puede llegar a la mesa sin pasar por la fuente de bronce.

Pero este caso es algo diferente. La mesa y la lámpara están una junto a la otra. ¿Por qué? Porque la una sirve a la otra. El ministerio de una produce el fruto de la otra.

¿Recuerda Filipenses 3:10–11?

Lo he perdido todo a fin de conocer a Cristo, experimentar el poder que se manifestó en su resurrección, participar en sus sufrimientos y llegar a ser semejante a él en su muerte. Así espero alcanzar la resurrección de entre los muertos.

NVI

Pregunta: ¿Cuál es el resultado de la camaradería en la participación de Sus sufrimientos? Respuesta: El poder de la resurrección. O, para ponerlo en términos más sencillos, ¿cuál es el resultado de la intimidad con Dios? Es el poder de Su Espíritu.

La intimidad da fruto y poder. Es una ley natural.

Justamente, yo soy un experto en este campo. Mi esposa y yo tenemos seis hijos, y puedo decirle, con absoluta autoridad, que cada uno de ellos es el resultado de la relación íntima que tengo con mi esposa. En todo el mundo natural—árboles, abejas, aves, conejos, róbalos y ballenas beluga— ninguno da "fruto" sin intimidad.

Para decirlo de otra manera, usted no puede tener cría, o fruto, sin comunión. De la misma manera, nosotros no podemos llevar el fruto del Espíritu sin establecer una relación íntima con Jesús.

¿Le cuesta ser amoroso? ¿Ser amable? ¿Mostrar dominio propio? ¿Tener paciencia? Su problema quizás sea la falta de intimidad. Acérquese más a Jesús y encontrará que puede volver a llevar fruto. Ni siquiera tiene que tratar de hacerlo. El fruto es el resultado natural de la intimidad.

Es por eso que Jesús dijo:

Permaneced en mí, y yo en vosotros. Como el pámpano no puede llevar fruto por sí mismo, si no permanece en la vid, así tampoco vosotros, si no permanecéis en mí. Yo soy la vid, vosotros los pámpanos; el que permanece en mí, y yo en él, éste lleva mucho fruto; porque separados de mí nada podéis hacer.

Juan 15:4–5, RVR 1960

Permanecer es intimidad. Intimidad es adoración. Si usted adora a Jesús, el resultado natural es una vida espiritualmente fructífera. La buena adoración nos da poder para manifestar el carácter de Cristo.

¿Y qué pasa con el poder? Bueno, sin ánimo de ofender, la incapacidad para reproducirse se llama impotencia. La impotencia es "no tener poder".

Dios es Omnipotente, lo que significa que Él es Todopoderoso, o capaz de reproducirse en todos lados. A través de nuestra intimidad con Él, Dios se reproduce en nosotros. Él no solo reproduce Su carácter, que es el fruto del Espíritu, sino que reproduce Su poder, que incluye los dones del Espíritu. Es por este poder, moviéndose por medio de nosotros, que Él sana, salva, libera, profetiza y hace toda clase de cosas milagrosas.

La buena adoración nos da poder para hacer la obra de Cristo.

¿Lo ve? La mesa y la lámpara están una junto a la otra porque la mesa es la comunión a través de la cual el fruto y los dones del Espíritu habitan en nuestras vidas. Y lámpara es la sabiduría espiritual por medio de la cual somos capaces de entender y buscar tener comunión con Cristo.

Las dos se necesitan una a la otra y se alternan entre sí. La intimidad lleva a la revelación. La revelación lleva a la intimidad. La comunión lleva al poder. El poder lleva a la comunión. La adoración nos lleva a ser como Cristo. El ser como Cristo nos lleva a adorar.

> *Por tanto, nosotros todos, mirando a cara descubierta como en un espejo la gloria del Señor, somos transformados de gloria en gloria en la misma imagen, como por el Espíritu del Señor.*
>
> 2ª Corintios 3:18, RVR 1960

¿Qué significa esto? Significa que todos nosotros, en una intimidad irrestricta (comunión), estamos viendo a Jesús y siendo hechos más como Él (fuente de bronce) y llevamos más y más de Su poder y carácter por el Espíritu de Dios (la lámpara). Otra vez, vemos el orden del tabernáculo en el proceso que Dios establece para nuestra adoración y formación espiritual.

LA IGLESIA MUERTA

¿Existe algo como una iglesia muerta? De ser así, ¿cómo puede ser eso? Por favor, fíjese…

> *Pero tengo contra ti, que has dejado tu primer amor. Recuerda, por tanto, de dónde has caído, y arrepiéntete, y haz las primeras obras; pues si no, vendré pronto a ti, y quitaré tu candelero de su lugar, si no te hubieres arrepentido.*
>
> Apocalipsis 2:4–5, RVR 1960

Me gustaría utilizar estos aleccionadores versículos como trampolín para zambullirme en algo que está desequilibrado en la Iglesia. Espero poder hacerlo sin irritarlo ni hacer que usted cierre este libro de golpe. ¿Podría leer esta sección en oración y llevársela al Señor?

Desde mi pequeño rincón del mundo, miro a mí alrededor y veo iglesias en cada esquina. Los campanarios decoran el horizonte. Percibo que nosotros, en Estados Unidos, somos (como Pablo les observó a los atenienses) personas muy *religiosas*.

Pero tener un santuario no hace de un grupo de personas una iglesia. La presencia de Dios en medio de ellos los hace una iglesia.

Hace algunos años visité una congregación local. Era de tamaño medio, quizás 700 personas. El pastor me había invitado a visitarlos y ver si, quizás querría, unirme a su equipo como pastor de adoración, así que yo estaba prestando mucha atención a lo que estaba sucediendo durante el servicio. Oré: "Señor, dame entendimiento de este lugar. Quiero saber qué espíritu está operando aquí, y si Tú quieres o no, que yo sirva en esta congregación".

Algunas cosas, instantáneamente, se hicieron claras. Primero, el equipo de adoración era muy talentoso. Y lo sabían. Estaban sobreactuando, y los músicos y cantantes estaban haciendo un mejor trabajo dirigiendo mi atención hacia ellos, de lo que hacían dirigiendo mi atención hacia el Señor.

El músico que tocaba la guitarra eléctrica me volvía loco. Ahora, yo soy músico, y me encantan los buenos solos, pero este muchacho hacía solos TODO EL TIEMPO—sobre todo. Él no estaba adorando. La adoración sirve y adora a Jesús. Este chico estaba sirviendo y adorando su talento.

Muchos de los músicos eran así. Esa es la señal de un espíritu de orgullo que se había entronizado a sí mismo.

¿Y la congregación? No pasaba demasiado allí. La gente no estaba alabando ni adorando a Dios. Básicamente observaba. Yo estaba con mis antenas paradas para ver si podía percibir pasión por la presencia de Dios. Lamentablemente, no pude.

Me encontré pensando: "Hombre, no percibo la presencia de Dios en este lugar para nada", Cuando el pastor entró la plataforma y comenzó a bailar, gritando: "Oh, iglesia, ¿puede sentir al Espíritu Santo en este lugar? El Espíritu Santo se siente con fuerza aquí, hoy. ¿Verdad que ama al Espíritu Santo? Amamos mucho al Espíritu Santo, ¿no es cierto, iglesia?".

Durante el resto del servicio lo único que oímos fue sobre los dones del Espíritu Santo. Presté mucha atención, y Jesús no fue mencionado, ni se dirigieron a Él, ni una sola vez en todo ese servicio. Ni una.

Eso sí, hablaron del poder toda la mañana, pero no se demostró ni un ápice de ese poder. Esa iglesia tenía la reputación de estar viva, pero estaba muerta. ¿Es posible que una iglesia crea que está espiritualmente viva, pero carezca del Espíritu de Dios? Una vez más, dirijo su atención a las palabras de Jesús a una congregación local:

> Escribe al ángel de la iglesia de Sardis: Esto dice el que tiene los siete espíritus de Dios y las siete estrellas: Conozco tus obras; tienes fama de estar vivo, pero en realidad estás muerto. ¡Despierta! Reaviva lo que aún es rescatable, pues no he encontrado que tus obras sean perfectas delante de mi Dios. Así que recuerda lo que has recibido y oído; obedécelo y arrepiéntete. Si no te mantienes despierto, cuando menos lo esperes caeré sobre ti como un ladrón.
>
> Apocalipsis 3:1–3, NVI

¡Aparentemente sí que es posible! ¿Cómo llegamos a ese punto? Apocalipsis 2:4 dice que morimos espiritualmente cuando dejamos [nuestro] primer amor. ¿Y quién es nuestro primer amor? Jesucristo.

Aquí hay una paradoja. El Espíritu Santo no permanece en iglesias que aman los dones del Espíritu. El Espíritu Santo permanece en una iglesia que ama a Jesucristo. Recuerde, es mediante la intimidad con Dios que podemos dar fruto y tener poder del Espíritu Santo.

Es una ofensa para el Espíritu Santo cuando amamos Su poder más de lo que amamos el de Jesús. El Espíritu Santo siempre señala hacia Jesús, nunca hacia Sí mismo. El propósito del Espíritu Santo y Su deleite es llevarnos a una relación más profunda con Dios, no a una mayor admiración de Su capacidad.

Una de las formas más sencillas de ofender al Espíritu Santo es dejar de enfocarnos y de apasionarnos por Cristo y enfocarnos y apasionarnos por otras cosas, aunque estén redireccionadas al Espíritu mismo.

Quizás usted piense que estoy equivocado en cuanto a esto, pero Apocalipsis 2:5 (NVI) sigue diciendo: Arrepiéntete y vuelve a practicar las obras que hacías al principio. ¿Cuáles fueron las cosas que usted hizo primero? ¿Cómo actuaba cuando acababa de enamorarse del Salvador de su alma?

Vuelva a esa pasión. Vuelva a ese deseo de intimidad. ¿Por qué? Porque Jesús dice: *Si no te arrepientes, iré y quitaré de su lugar tu candelabro.* ¿Qué significa eso? Recuerde, la lámpara es el Espíritu de Dios moviéndose en las iglesias. Si Jesús quita su candelero, el Espíritu Santo ya no se mueve en su iglesia. Usted se convierte en una iglesia muerta.

¡Por favor, escuche! Las iglesias vacías pueblan nuestro paisaje como lápidas en un cementerio. ¿Cuántas de nuestras iglesias tienen la presencia y el fuego de Dios dentro de ellas y cuántas son solo sepulcros blanqueados?

Debemos volver nuestro afecto hacia Cristo. Debemos volver a adorar. Si buscamos religión y argumentos denominacionales y deseo de poder, ¿qué ganamos? ¡Nada! Nuestros corazones siguen endurecidos hacia nuestros hermanos y hermanas en Cristo porque hemos creído una mentira del diablo. Estamos jugando su juego. Y cuando lo hacemos perdemos todo lo importante. Hasta perdemos la lámpara: el Espíritu, que para empezar, nos hizo iglesia. Pero si hacemos a un lado los enredos y las búsquedas vacías y derramamos nuestro amor y obediencia en Jesús, ¡ganaremos el mundo!

Adore a Jesús y verá el poder y el fruto del Espíritu de Dios. Adore el poder y los dones de Dios, y perderá el Espíritu que busca. El que tiene oído, oiga lo que el Espíritu dice a las iglesias.

UNA PALABRA PARA EL LÍDER DE ADORACIÓN

Como ministro, es más fácil conducir a la gente a la mesa que guiarla hacia la lámpara. Sin embargo, tengo algunas sugerencias prácticas.

Primero, no evalúe el éxito de su ministerio basándose en la respuesta de la gente. Su deber es la obediencia; la forma en que la gente responda a Dios es asunto de Él. Yo no mido el éxito de mi ministración de adoración en lo que veo que la gente hace durante ese tiempo. Eso se puede aprender, imitar y falsificar. Baso mi éxito en el fruto que veo que nace en las vidas del pueblo de Dios. Si soy un exitoso líder de adoración, debería ver a la congregación siendo transformada a la semejanza de Jesús. Debería ver el poder y el carácter de Dios comenzar a manifestasrse en sus vidas.

Segundo, nunca dé un ascenso basado en el talento. Promueva basado en el carácter piadoso. Es importante que una persona tenga talento y unción, pero el carácter es lo que los distingue por haber estado con el Señor. Cuando yo promuevo el talento, la congregación busca los dones.

Pero cuando promuevo el carácter, le enseño a la congregación el valor del carácter piadoso (el fruto del Espíritu).

Tercero, si usted quiere ver los dones de Dios en su iglesia, tiene que dar lugar para que sean puestos en práctica. No sé a qué se parece eso en su cultura pero en nuestra iglesia tenemos muchos servicios. No hay mucho tiempo en los servicios de fin de semana, así que tenemos que encontrar formas creativas de dar lugar a que operen los dones espirituales.

Acabo de terminar una serie de enseñanzas de ocho semanas sobre profecía (el don de profecía, no cosas de los últimos tiempos) con nuestros equipos de adoración, porque queremos que entiendan y se muevan en lo profético cuando están sobre la plataforma. ¿Cómo es eso? Profetizar es comunicar el corazón de Dios. Podemos hacerlo por medio de cualquier "lenguaje" que el Señor nos haya dado. Los maestros y los predicadores profetizan usando la palabra hablada porque ese es su don. Pero estos muchachos son músicos, y se les ha dado el lenguaje de la música. Quiero que entiendan que, por el Espíritu de Dios, pueden comunicar el corazón de Dios mediante el lenguaje de la música. Y quiero darles oportunidades para que lo hagan.

La adoración es como un imán para los dones del Espíritu. No exagero cuando digo que he visto la manifestación de todos los dones del Espíritu en la congregación durante los tiempos de adoración musical.

Así que, líderes de adoración, ustedes deberían esperar que sus congregaciones y sus equipos tengan una mayor intimidad con Jesús, y verán el poder de Dios desatado en la congregación durante la alabanza y la adoración. ¿Puede la gente recibir palabras de sabiduría y de ciencia durante la adoración? Seguro que puede. El Espíritu Santo habla a través de la alabanza y la adoración.

¿Debería esperar ver sanidades, milagros y fe sobrenatural que se levanten durante la adoración? Sí, debería. ¿Y debería esperar el surgimiento de lenguas e interpretación de lenguas durante la alabanza y la adoración? Ya le he contado sobre los trabajadores migrantes que recibieron el Evangelio, fueron redargüidos de pecado y fueron salvos durante la adoración. Sucedió porque nuestras barreras de lenguaje no son impedimento para Dios. El Espíritu Santo les tradujo la verdad directamente a sus corazones.

Permitir que el pueblo de Dios tenga oportunidades de ministrar y ser ministrado por el Espíritu Santo es buena adoración. Cómo será eso en su iglesia, no lo sé. Pero no se lo querrá perder. Eso hace que Jesús y Su Novia se gloríen.

JESÚS: EL MEJOR LÍDER DE ADORACIÓN QUE EXISTIÓ JAMÁS. PARTE 5

Jesús nos enseñó a adorar mediante Su entrada triunfal. Cuando dio vuelta las mesas en el templo, Jesús nos estaba enseñando a adorar. Cuando lavó los pies de los discípulos, Jesús nos estaba enseñando a adorar. Y cuando los llevó a la comunión por medio de Su cuerpo y Su sangre, también nos estaba enseñando a adorar.

Supongo que nos sorprenderá descubrir que Jesús también nos estaba enseñando a adorar en Getsemaní.

La Biblia dice que, después que hubieron cenado y cantado un himno, Jesús llevó a Sus discípulos al Monte de los Olivos a un jardín llamado Getsemaní. Como recordará, la lámpara es alimentada con aceite de olivas prensadas. Aquí estamos, en el Monte de los Olivos. Y *Getsemaní* en hebreo significa "prensa de oliva".

Fue en Getsemaní que Jesús, la oliva de Dios, comenzó Su proceso de prensado. Y el aceite fue derramado al mundo cuando el proceso fue completado por el Espíritu Santo de Dios.

Jesús dejó a Sus discípulos para que velaran y oraran mientras Él iba a hablar con Su Padre. La Biblia dice que Jesús estaba bajo tanta presión mientras oraba que Su sudor era como grandes gotas de sangre.

> *Pero, como estaba angustiado, se puso a orar con más fervor, y su sudor era como gotas de sangre que caían a tierra.*
>
> Lucas 22:44, NVI

¿Es esto físicamente posible? Sí. La condición se llama hematidrosis, y ocurre cuando una persona está bajo tanto estrés que revientan los vasos sanguíneos que están alrededor de las glándulas sudoríparas.

Jesús estaba a punto de cargar sobre Sí el peso combinado del pecado de toda la humanidad de toda la historia. Eso es suficiente para presionar incluso al Hijo de Dios. Mientras estaba bajo semejante presión, Jesús también estaba consciente del hecho de que podría cancelarlo en cualquier momento. Es en este punto en que Él hace la afirmación de adoración más profunda de la Biblia:

Padre, si quieres, pasa de mí esta copa; pero no se haga mi voluntad, sino la tuya.

Lucas 22:42, RVR 1960

¡Oh, hombre! Y la gente cree que Jesús era un incauto, una víctima. Jesús no es ninguna víctima. Él fue un participante dispuesto en Su propia crucifixión. Jesús se entregó a Sí mismo a la cruz porque era la voluntad de Su Padre que así lo hiciera. Y Él amaba tanto a Su Padre que no quería otra cosa más que servir a Su buena voluntad.

¡Eso es adoración! ¡Getsemaní es adoración! ¡Y Jesús es mi héroe!

Solo para probar que Jesús no es ninguna víctima, Juan capítulo 18 registra lo que sucedió después. Judas llegó al jardín con un destacamento de soldados. Jesús sale a su encuentro y les pregunta a quién están buscando.

Ellos dicen: *A Jesús nazareno.* Los versículos cinco y seis consignan: *Jesús les dijo: 'Yo soy'. Y estaba también con ellos Judas, el que lo entregaba. Cuando les dijo: 'Yo soy' retrocedieron y cayeron a tierra.*

¿Qué pasó allí? Jesús estaba lleno con el poder de Su Padre porque acababa de estar en intimidad con Él. Cuando Jesús les dijo: *Yo soy,* estaba pronunciando el mismo nombre que Dios le reveló a Moisés—el nombre que coloca a Dios por encima de todo—el nombre que los judíos creían que Dios había pronunciado para crear todas las cosas.

YO SOY.

Cuando el nombre de Dios salió de los labios del Hijo de Dios, fue como una espada saliendo de Su boca. El poder derribó a todo el destacamento ¡y las tropas cayeron de espaldas!

¡Ja!

¡Jesús no fue ninguna víctima! ¡Nadie lo arrastró sin Su consentimiento! Él tenía completo control de la situación. Nadie en el jardín tenía dudas de quién tenía el control. Es por ello que Pedro sacó su espada y cortó la oreja del siervo. Creyó que Jesús estaba por derrotarlos drásticamente.

Mientras los soldados estaban tirados en el suelo, Jesús les preguntó de nuevo: "¿A quién buscáis?"

Estoy seguro de que esos soldados respondieron con menos bravuconadas la segunda vez.

La cuestión es esta: Jesús fue al jardín con una carga tan pesada que presionó Su sangre hasta Sus glándulas sudoríparas. Pero cuando vamos a nuestro Dios y tenemos comunión, Él no nos deja impotentes. Él no siempre quita la carga de nuestros hombros, pero sí siempre viene a nuestro lado y nos fortalece para que la podamos llevar en Su nombre.

El Padre de Jesús le dio la fortaleza que necesitaba para cumplir Su destino voluntariamente.

La lámpara es el Espíritu Santo que viene a nuestro lado y nos da la fortaleza, el poder y el carácter para hacer las cosas que nos pide que hagamos. Y nuestra adoración es para salir —llenos con esa fortaleza— y ministrar en Su Espíritu para Su gloria.

No puedo decirle cuántas veces el Espíritu de Dios me ha llenado para superar enfermedades, dolores, temores, agotamiento o duda. Pero es en esos momentos en que paso de la intimidad a la obediencia, cuando Él ministra a través de mí de la manera más poderosa.

Quizás eso sea porque Su gracia se perfecciona en nuestra debilidad. De ser así, Él tiene un montón de materia prima para trabajar en mí.

Casi nunca cancelo una cita de ministración porque esté enfermo o porque me haya pasado algo malo. Cuando tengo que dirigir la adoración, pero estoy enfermo o no tengo voz, la gente se emociona mucho por ello. ¿Por qué? Mi filosofía es: Si el diablo lo molesta, haga que lo lamente. Si le da un puñetazo, devuélvaselo, con fuerza. Así que la gente sabe que yo voy a ir y ministraré de cualquier manera. Y cuando lo haga, Dios me va a proveer poder y el resultado será algo sobrenatural.

No tengo miedo de ministrar cuando estoy débil. Me inflo. Porque de mi comunión con Jesús vienen un fuego y una unción que son indómitas, invencibles e imparables. Llevo mi fortaleza, mi capacidad, mi disposición y mi obediencia (que son escasas) a la mesa y Dios trae el resto.

Me convierto en un conducto para el Espíritu de Dios.

Solo un sacerdote puede hacer eso. Solo un adorador puede hacer eso.

¿Y qué es usted?

PREGUNTAS PARA DEBATIR

1. ¿Cómo arde un candelero? ¿Cómo arde una lámpara? ¿Cómo se aplican estos métodos de arder a nosotros como sacerdotes? ¿Por qué es un gran error funcionar como candelero y no como lámpara?

2. ¿Por qué la lámpara y la mesa están una junto a la otra? ¿Qué sucede cuando tratamos de acercarnos primero a la mesa? ¿Qué sucede cuando nos acercamos a la mesa y a la lámpara a la vez, permitiendo que se potencialicen entre sí?

3. Explique la diferencia entre la metáfora del NASCAR y el cobertizo del frente. ¿Cuál refleja su ministerio? ¿Necesita cambiar? ¿Por qué?

4. Bíblicamente, ¿es posible que una iglesia crea que está espiritualmente viva, pero carezca del Espíritu Santo? De acuerdo con Apocalipsis 2:4-5, ¿Cómo llegamos a ese punto y cómo podemos recuperar la vida espiritual?

5. Este capítulo contiene sugerencias para guiar eficazmente su congregación hasta la lámpara. ¿Qué actitudes debería tener un líder de adoración hacia la respuesta de la gente, la promoción y los dones de Dios? De manera práctica, ¿qué pasaría si implementara estos estándares en su iglesia?

6. ¿Cuándo y cómo ejemplificó Jesús el ministerio de la lámpara? ¿Fue una víctima en esa situación? ¿Qué dice esto sobre la manera en que Dios maneja nuestras cargas?

Capítulo 14

EL ALTAR DEL INCIENSO

Que Dios abra nuestros ojos para ver lo que es el santo ministerio de la inter-
cesión, para el cual, como Su sacerdocio real, hemos sido apartados. Que Él
pueda darnos un corazón grande y fuerte para creer cuán poderosa influencia
pueden ejercer nuestras oraciones.

—Andrew Murray

•••

Cuando estoy dirigiendo la adoración, levanto mi brazo para tomar la
mano de Dios, luego lo estiro para tomar la mano de la Novia, después
guío Sus manos a que se junten y me hago a un lado.

Esto es lo que los adoradores hacen todos los días. Es lo que los sacerdotes hacen constantemente. Tenemos una conciencia sobrenatural de que
una de las razones por las que Dios trae personas que se cruzan en nuestros caminos es que Él quiere reunirse con ellas, y nosotros estamos ahí
para facilitarles la reunión.

Esa es la buena adoración. Y también es la esencia de la intercesión.

Me gusta caminar alrededor del santuario y orar antes de dirigir la adoración. Un fin de semana estaba caminando por ahí con mi guitarra orando y adorando cuando tuve una visión. Una visión es como un sueño de vigilia. Era como si alguien acabara de cambiar el canal en que mis ojos podían ver, y en lugar de verme a mí mismo caminando por los pasillos, me vi en la plataforma liderando la adoración.

Yo estaba tocando mi guitarra y adorando a Jesús con los ojos cerrados, e incliné la cabeza hacia atrás y levanté la cara hacia el techo. Cuando lo hice, una luz atravesó el cielorraso de la iglesia y brilló sobre mí. El rostro de Dios atravesó el agujero del cielorraso y comenzó a inclinarse más y más hacia mí, envolviéndome en luz y gloria.

Cuando Su rostro estuvo tan cerca del mío, que Su nariz casi tocaba mi nariz, Él exhaló. Yo inhalé, y fui lleno hasta casi reventar con el aliento de Dios. Luego volví mi rostro hacia la congregación y exhalé. Solté el aliento de Dios sobre ellos. Y la congregación inhaló, sorbió el Espíritu de Dios. Entonces, cada uno de ellos volvió el rostro hacia el cielo y exhaló de nuevo hacia Dios. Y la visión terminó.

Eso, mi amigo, es liderar la adoración. Y en eso consiste el altar del incienso.

CONSTRUCCIÓN

El altar del incienso es una caja cuadrada hecha de madera de acacia y totalmente recubierta de oro. Enseguida vemos que otra vez tenemos una representación de Cristo. Su incorruptible humanidad (madera) cubierta por Su deidad (oro).

Al igual que el altar de los sacrificios, tiene cuernos de oro que adornan las cuatro esquinas del borde superior. Una vez al año, la sangre del sacrificio expiatorio era aplicada sobre estos cuernos. Y era, probablemente, al pie del altar del incienso donde la libación (que representa la sangre de Jesús) era derramada.

El costado del altar tenía anillos a fin de que se pudieran insertar las varas para facilitar su transportación.

Los sacerdotes fueron instruidos para hacer un tipo especial de incienso para el altar. No debía ser utilizado para ningún otro propósito; era sagrado. Los sacerdotes quemaban incienso sobre el altar dos veces al día, de mañana y de tarde (Éxodo 30:7-8). Y era considerado un honor tan grande y tan peligroso, que los sacerdotes echaban suertes para ver a quién le tocaba ser quien quemara el incienso.

Es en el Altar del incienso donde Dios prometió que hablaría con Su pueblo. Fue aquí donde el ángel Gabriel se reunió con Zacarías, padre de Juan el Bautista, y le dijo que su hijo sería el profeta que prepararía el camino para la venida del Mesías.

SIMBOLISMO

El altar del incienso representa la oración e intercesión ardiente y apasionada del pueblo de Dios.

> *Suba mi oración delante de ti como el incienso, el don de mis manos como la ofrenda de la tarde.*
>
> Salmo 141:2, NVI

Los seres humanos somos tan divisivos. Dios nos da el Evangelio de Jesús, e inmediatamente comenzamos a construir campamentos separados en torno a las interpretaciones e ideas de diferentes líderes. Nos gusta identificarnos con algo que nos hace especiales y excluye a otras personas. Es simplemente nuestra naturaleza pecaminosa la que hace eso.

Hacemos lo mismo con los dones y llamamientos de Dios. Uno dice: "Yo soy un evangelista". Otro dice: "Yo soy un predicador, pero tú eres un maestro". Un tercero dice: "Yo soy un intercesor: un guerrero de oración". Un cuarto dice: "Bueno, yo estoy por encima de todos ustedes. Yo soy un apóstol, y tengo la palabra 'obispo' antes de mi nombre".

Esto puede no caerle bien. Pero todas esas "categorías" caen bajo la definición de una vocación superior: adorador.

Usted puede llamarse a sí mismo predicador, apóstol, evangelista, profeta, o el Gran Pez Gordo: nada de eso importa a menos que primero sea usted un adorador. Cualquiera de esas cosas, hechas por cualquier motivación que no sea la adoración, no es más que religión vacía: obras de hombre.

La oración y la intercesión son importantes. Pero la oración es solo una expresión de adoración. Y la mitad de nuestras canciones de alabanza son simplemente oraciones con música. Dios nunca tuvo la intención de que estén separadas. La intercesión, cuando está motivada por el amor y la honra a Dios, es buena adoración.

Ahora, si el incienso representa las oraciones y la intercesión del pueblo de Dios, hay algo que obviamente debe ser abordado. ¿Alguna vez ha visto el incienso? Puede hacerse en formas y conos y todo eso, pero en su forma no comercial, el incienso es solo una pila de tierra maloliente. Solo se eleva cuando usted le enciende un fuego debajo.

Por favor, escuche esto. Nuestras oraciones frías, desapasionadas nunca pasan del cielorraso. Cuando abordamos la oración como una lista de compras o una disciplina de monótono trabajo pesado, ¡no logramos nada! ¡Es como tomar un puñado de suciedad maloliente y arrojarlo al aire!

La oración solo se eleva cuando arde.

La adoración solo se eleva cuando arde.

¿Cuándo fue la última vez que dejó que su corazón llorase por alguien por quien oraba? ¿Cuándo fue la última vez que lloró por los pecados de nuestra nación? ¿Cuándo fue la última vez que se enojó por el salvajismo del diablo? ¿Cuándo fue la última vez que se entusiasmó con aplicar la victoria de la cruz en el mundo en que usted vive?

En otras palabras, ¿cuándo fue la última vez que permitió que su corazón ardiera por algo?

Hay una razón por la cual algunas personas guían la adoración y, aunque es buena música, no se siente que atraviese el cielorraso. No hay fuego. Hay una razón por la cual lo que algunas personas oran es rancio e ineficaz. No hay fuego.

Entonces, entra en la habitación alguien que está dispuesto a dejar que el Espíritu de Dios los encienda por algo y —KABOOM!— es como si alguien disparase un petardo en un barril de pólvora. Poder, pasión, eficacia: usted puede sentir que es diferente.

Se eleva, porque arde.

Cuando adore, pida al Señor que encienda su corazón con fuego por las cosas por las cuales arde el corazón de Él. Pregúntele qué lo aflige e interceda por eso. Pregúntele qué lo hace enojar, y dé rienda suelta a la ira Espiritual contra eso.

Cuando actuamos así, hacemos conexiones entre el cielo y la Tierra. Conectamos a personas y naciones con Dios, el único que nos puede salvar y satisfacer nuestras necesidades.

DIOS TODAVÍA HABLA

¿Cree usted que Dios le sigue hablando a la gente? Si no, ¿por qué?

Y lo pondrás delante del velo que está junto al arca del testimonio, delante del propiciatorio que está sobre el testimonio, donde me encontraré contigo.

Éxodo 30:6, RVR 1960

Usted probablemente nunca tuvo una conversación con mi padre terrenal. Él es un gran tipo, pero no precisamente un hombre del mundo. Al no haber oído nunca su voz, se podría estar tentado a concluir que mi papá no le habla a la gente. Por supuesto, esa sería una declaración ridícula. Mi papá *me* habla todo el tiempo. Solo que no le habla a *usted*.

Es un ejemplo absurdo, lo sé. lamentemente, es así como se han generado, en parte, nuestra teología y doctrina de la iglesia. La gente saca conclusiones pobres basándose en evidencia anecdótica.

¿Dios sana? No. ¿Cómo lo sabe? Él no me sanó y yo soy el que escribe la doctrina. ¿Dios hace milagros? ¿Es real la profecía? ¿Dios le sigue dando a la gente sueños y visiones? ¡No, no, no, no, NO!

¿Cómo puede decir eso? ¿Simplemente porque usted no lo ha experimentado? Ya sabe, esa es la misma razón que la mayoría de la gente da para no creer en Dios en absoluto. No lo han visto. Esa es la lógica de un razonamiento ateo: una lógica de tontos. Es un pobre enfoque para un hijo de Dios. Si Dios no habla, entonces la Palabra no está activa y viva. No es aguda y fácil. Es aburrida, muerta, estancada e impotente. Estimado amigo…

Dios habla.

Es, pues, la fe…la convicción de lo que no se ve.

Hebreos 11:1, RVR 1960

Estoy aquí para decirles que Dios les sigue hablando a sus hijos. Incluso le habla al perdido y al pródigo. Él me habló con voz audible cuando yo era un pecador que no tenía ni idea. Lo vi con mis ojos físicos y lo oí con mis oídos físicos. Le creí, me sometí a su señorío, y me convertí en un adorador de Jesús.

Ahora me habla todo el tiempo, de varias maneras. Porque Él es definitivamente un Dios que habla. Y tiene mucho que decir.

Una de las razones por las cuales la mayoría de la gente nunca oye la voz de Dios es que no entra en el Lugar Santo con Él. El Lugar Santo se relaciona con la intimidad, la iluminación, la revelación y la intercesión. Y el Altar del Incienso es donde Dios dice que Él se reúne con la gente y le habla.

La mayoría de la gente no oye a Dios simplemente porque rehúsa entrar en intimidad. O, una vez que está allí, pasa demasiado tiempo hablando y no suficiente tiempo escuchando. Somos como pichones que graznamos y graznamos que hasta nuestra mamá nos pone un gusano en la boca, y una vez que lo tragamos, inmediatamente volvemos a aullar.

Es difícil oír sin escuchar.

Para orar e interceder con poder, tiene que haber ese momento en que Dios exhala Su Espíritu en nosotros y nosotros inhalamos tanto como podamos retener. La palabra inspirada significa infundida. También significa ser lleno del Espíritu. La oración y la intercesión deben se inspiradas.

La directriz para toda oración e intercesión viene del corazón de Dios. La pasión lleva Su inspiración. La estrategia es inspirada por Dios. Las palabras y acciones son inspiradas por Dios. Y el fuego es encendido por Dios.

NO, AL FUEGO EXTRAÑO

¿Sabía usted que el fuego que encendió las mechas del Candelabro de Oro vino del Altar del Incienso? ¿Y que las brasas que encendieron el fuego del Altar del Incienso vinieron del Altar de los sacrificios? Así que…¿de dónde vino el fuego del Altar de los Sacrificios?

Vino de Dios. Mire esto:

> Entonces Aarón alzó sus manos hacia el pueblo y lo bendijo, y después de ofrecer la ofrenda por el pecado, el holocausto y las ofrendas de paz, descendió. Y Moisés y Aarón entraron en la tienda de reunión, y cuando salieron y bendijeron al pueblo, la gloria del Señor apareció a todo el pueblo. Y salió fuego de la presencia del Señor que consumió el holocausto y los pedazos de grasa sobre el altar. Al verlo, todo el pueblo aclamó y se postró rostro en tierra.
>
> Levítico 9:22-24

¡Guau! ¡Qué historia!

Esta es la historia del primer servicio de adoración del tabernáculo que Dios instruyó a Moisés que hiciera. Cuando Moisés terminó de construir el lugar de encuentro, consagrar a los sacerdotes, y ofrecer todos los sacrificios prescritos, Dios respondió con fuego.

El fuego de Dios descendió del cielo, aterrizó en el arca del pacto, se disparó hacia el Lugar Santo, y consumió la ofrenda del altar de los sacrificios. Cuando el pueblo lo vio, estalló en alabanza, y cayó postrado al suelo delante del Dios todopoderoso.

Aquí se establece un precedente. En la Biblia, cada vez que un sacerdocio y un tabernáculo son consagrados a Dios, la gloria de Dios los rodea. Sucedió en el tabernáculo de Moisés (descrito en el pasaje anterior). Sucedió en el templo de Salomón. Sucedió incluso en el día de Pentecostés, cuando Dios aceptó a los discípulos como sacerdotes y ordenó sus cuerpos como templos del Espíritu Santo. Lenguas de fuego aparecieron sobre sus cabezas. La gloria de Dios estaba en el templo.

¿Puede imaginar que esto suceda en su iglesia o en la mía? Estoy esperando el día. Pero dése cuenta de lo que sucede a continuación.

> Nadab y Abiú, hijos de Aarón, tomaron sus respectivos incensarios, y después de poner fuego en ellos y echar incienso sobre él, ofrecieron delante del Señor fuego extraño, que Él no les había ordenado. Y de la presencia del Señor salió fuego que los consumió, y murieron delante del Señor. Entonces Moisés dijo a Aarón: Esto es lo que el Señor habló, diciendo:
> "Como santo seré tratado por los que se acercan a mí, y en presencia de todo el pueblo seré honrado." Y Aarón guardó silencio.
>
> Levítico 10:1-3

¿Qué sucedió allí? Los nuevos sacerdotes, hijos de Aarón, entraron al Lugar Santo para ministrar, pero desobedecieron de inmediato. En lugar de utilizar el fuego que Dios había encendido en el altar, ellos sacaron sus antiguos encendedores Bic y encendieron el fuego de la manera que les resultó más conveniente. Y por segunda vez en el día salió fuego del Lugar Santísimo. Esta vez, convirtió a Nadab y Abiú en tocino.

¿Por qué?

Obviamente, ellos desobedecieron. Pero aquí estaba pasando algo que iba más allá de un flagrante desprecio por el proceso prescrito. Ellos intentaron ministrar utilizando su propio fuego. El único fuego que es aceptable para el ministerio es el que enciende Dios.

¿Alguna vez ha estado en la iglesia y sentido como si todo el mundo estuviera demasiado duro? ¿Alguna vez ha ido a una iglesia que era todo bombo y no vida real? ¿Alguna vez ha ido a una iglesia donde el liderazgo parecía estar tratando de fabricar un resultado que no era la voluntad de

Dios para el momento? Todo lo que Dios hace, la carne trata de falsificarlo. La pasión no es diferente. La oración poderosa es encendida por Dios. La intercesión poderosa es inspirada por Dios. No podemos fabricar el fuego que lleva a la gente a adorar a Dios. Debe ser Su Espíritu el que atraiga a la gente a la comunión, les dé poder con los dones y el fruto del Espíritu, y los lleve a la ardiente intercesión del centinela.

Si es hecho por el hombre, es una abominación. El fuego artificial debe ser sostenido mediante métodos del hombre. Con el tiempo, fallará. El fuego de Dios se sustenta mediante la intimidad con el corazón de Dios.

Permítame presentarle una observación personal. Me he dado cuenta que, cuando la mano del hombre es pesada, la mano de Dios es leve. Pero donde la mano del hombre es leve, la mano de Dios es pesada.

Aprendí esto durante una reunión avivamiento. Como joven cristiano, quería la unción de los padres de la fe. Durante esas reuniones de avivamiento, vi a poderosos hombres de Dios imponer manos sobre la gente, y a todo mi alrededor la gente estaba experimentando el poder de Dios. Mi amigo y yo seguimos a un líder en particular, a través de las multitudes, durante dos horas, con la esperanza que nos impartiera algún don espiritual. Cuando por fin lo alcanzamos en esa vorágine de humanidad, se volvió y me tomó la cabeza con tanta fuerza que me meció sobre los talones, a continuación, los que estaban detrás de mí me agarraron por las axilas y me bajaron hasta el suelo.

Quedé tendido sobre mi espalda por un minuto y pensé: "¿Qué me ha pasado?" Cuando miré hacia arriba, mi amigo también estaba de espaldas. Le pregunté: "¿Te derribó?"

"Sip", dijo.

Habíamos experimentado la locura del fuego artificial. Nunca lo olvidaré. Desde entonces he experimentado el verdadero fuego y poder y presencia de Dios tantas veces, que las falsificaciones me parecen juguetes de carnaval. Basura barata.

El fuego artificial no hace más que herir a los hijos de Dios. Es manipulador. La palabra manipular significa hacer algo con nuestras manos. Eso significa a su vez algo hecho con nuestras propias fuerzas. Dios no va a cooperar con la manipulación. Tan pronto como tengamos algo en nuestras manos, Dios retirará las suyas. Y nos quedamos con el peso y la responsabilidad de llevarlo nosotros mismos.

Pero si nosotros nos confiamos en las manos de Dios, y dejamos que obre por Su Espíritu, Él puede hacer cosas poderosas a través de nuestras manos.

Líder de adoración, esté alerta. Evangelista, predicador, maestro, profeta, sacerdote, estén alertas. Cuando osamos manipular y maltratar en el ministerio, nos ponemos en desacuerdo con un Dios que escupe fuego. No lo hagan.

Si alguien maltrata o manipula a mis hijos, se arriesga a enfrentar mi ira terrenal. ¿Cuánto peor es despertar la ira de un poderoso Dios Padre?

EL PROPÓSITO DE LA ORACIÓN

¿Para qué era el incienso? ¿Era simplemente para dar olor agradable al Lugar Santo? No, era para preservar las vidas de los sacerdotes. El incienso era una medida de seguridad. ¿Eh? Así es.

Una vez al año, el incienso de este altar era puesto en un incensario. El velo del Lugar Santísimo era ligeramente levantado del suelo, y el sacerdote pasaba el brazo y el incensario al Lugar Santísimo. Cuando el Lugar Santísimo estaba suficientemente lleno de humo, el sacerdote debía meterse por debajo del velo para realizar su ministerio en el Arca del Pacto, aplicar la sangre del sacrificio sobre el propiciatorio, entre los querubines.

¿Por qué necesitaba llenar la habitación de humo? Porque la Palabra dice que nadie puede ver el rostro de Dios y vivir (vea Éxodo 33:20). Cada vez que el sacerdote se presentaba ante el Arca se arriesgaba a ver la gloria de Dios. Y si él veía la gloria de Dios y Dios encontraba cualquier pecado en su vida, ese sacerdote moriría.

El humo era para proteger al sacerdote de la santidad de Dios:

> *Pondrá el incienso sobre el fuego delante del Señor, para que la nube del incienso cubra el propiciatorio que está sobre el arca el testimonio, no sea que Aarón muera.*
>
> Levítico 16:13

Eso era tan serio que la túnica del sacerdote estaba decorada con cascabeles en forma de granada en todo el dobladillo. Ataban una cuerda a su tobillo, y los otros sacerdotes esperaban en el atrio, sosteniendo la cuerda. Mientras escuchaban tintinear las campanillas, sabían que el sacerdote estaba vivo. Pero si escuchaban "tintineo, tintineo, golpe", seguido de silencio, sabían que Dios lo había herido de muerte. Su cuerpo debía ser arrastrado fuera del Lugar Santísimo.

El incienso protegía al sacerdote de la santidad de Dios. Escúcheme. La intercesión sigue protegiendo a los sacerdotes de la santidad de Dios. La intercesión protege al mundo de la justa sentencia de la santidad contra el pecado. Le mostraré lo que quiero decir cuando hablemos de Jesús un poco más adelante. Por ahora, entienda, Dios no puede permitir que Su santidad, Su gloria y Su esplendor se manifiesten sin la "nube" de la ardiente, apasionada adoración e intercesión. Si lo hiciera, nuestra carne estaría en grave peligro. ¿Por qué? ¿Porque Dios es malo y criticón? No, porque Dios es luz. Cuando la luz brilla, la oscuridad cesa de existir. La oscuridad es la ausencia de luz. Dios es luz y en Él no hay tinieblas ni sombra de variación, por lo que cuando aparece, la oscuridad es destruida por completo (vea 1ª Juan 1:5; Santiago 1:17).

Es por eso que necesitamos protección de la santidad de Dios.

JESÚS: EL LÍDER DE ADORACIÓN DEL CIELO

Hasta ahora hemos visto cómo Jesús nos mostró cómo entrar en las puertas con alabanza (las Puertas). Nos mostró cómo ofrecer nuestros cuerpos como sacrificio vivo (el Altar de los Sacrificios). Nos mostró cómo lavarnos con el agua de la Palabra (la Fuente de Bronce). Lo vimos demostrar Su valor para la comunión (la Mesa de los Panes de la Proposición), entonces lo vimos salir de esa posición de comunión para ministrar en el poder espiritual (el Candelabro de Oro).

Para continuar con el patrón, tenemos que ver cómo Jesús nos mostró el Altar del Incienso —el lugar de intercesión— mientras estaba en la Tierra.

Nos lo mostró en la cruz. Todo lo que hasta aquí hemos visto a Jesús hacer, nos ha llevado a este momento: el momento en que Él entraría en intercesión hasta alcanzar la mano de Su Padre, tomar la mano de la humanidad, y juntarlas. Es de eso que trata la cruz.

La cruz es el mayor acto de intercesión de la historia. Es el acto que define a un Salvador que se interpuso entre nosotros y nuestros destinos. Sabiendo que estábamos espiritualmente destituidos y paralizados por el pecado, Él pagó totalmente nuestra deuda para rescatarnos y pavimentar un camino para que conociéramos a nuestro Padre Dios.

El incienso tiene que arder para subir. ¿Ardió la intercesión de Jesús? ¡Sí! Estaba encendida con la pasión de Su Padre. *Porque de tal manera amó Dios al mundo, que ha dado a su Hijo unigénito…* (Juan 3:16). La intercesión de Jesús fue encendida por el amor de Su Padre por Sus hijos perdidos. Jesús le permitió a Su corazón arder por lo que ardía el corazón de Su Padre. Esa fue la pasión que alimentó la intercesión de Cristo. Las oraciones de Jesús, ("Perdónalos Padre, porque no saben lo que hacen") fueron impulsadas por el amor. Y atravesaron el techo poderosa y eficazmente.

Fue la cruz, el supremo acto de intercesión, lo que proveyó el humo necesario para cubrirnos de los perfectos requerimientos de santidad. Es por la intercesión de Jesús en la cruz que podemos entrar en la presencia de un Dios justo, sin temor a ser destruidos. Es por la intercesión de Jesús que podemos estar en presencia de la perfecta luz, sin ser aniquilados. Jesús hizo un camino para que pudiéramos acercarnos a nuestro Padre.

La cruz no fue solamente intercesión. Fue el mayor acto de adoración de la historia. ¿Cómo puedo decir que la cruz fue un acto de adoración? ¿Quería Jesús morir en la cruz? No, Él se sometió a la voluntad de Su Padre, aunque deseaba que *"pase de mí esta copa"* de Su deber (vea Mateo 26:39).

Eso es adoración. ¿Ofreció Jesús Su cuerpo como sacrificio vivo? Eso es adoración. ¿Ministró Jesús a Dios y al mundo? Eso es adoración.

Cuando Jesús estaba en la cruz, no solo lo hacía por usted y por mí. Lo hacía porque amaba a Su Padre. Jesús amaba al Señor, Su Dios, con todo Su corazón, Su mente, Su alma, y hasta la última gota de Su fuerza. Eso es adoración.

Jesús no fue a la cruz porque los hombres lo obligaron. Jesús fue a la cruz, porque le agradó a Su Padre salvar al mundo de esa manera. Jesús sirvió en la cruz como un siervo de Dios. Sufrió y murió para complacer a Su Padre, simplemente porque lo amaba.

> *Se dispuso con los impíos su sepultura, pero con el rico fue en su muerte, aunque no había hecho violencia, ni había engaño en su boca. **Pero quiso el Señor quebrantarle, sometiéndole a padecimiento.** Cuando Él se entregue a sí mismo como ofrenda de expiación, verá a su descendencia, prolongará sus días, **y la voluntad del Señor en su mano prosperará.** Debido a la angustia de su alma, Él lo verá y quedará satisfecho. Por su conocimiento, el Justo, mi Siervo, justificará a muchos, y cargará las iniquidades de ellos.*
>
> Isaías 53:9-11, énfasis añadido

Por último, la cruz fue un acto de perfecta obediencia.

Hebreos 5:8-10 (RVR 1960), declara que *"aunque era Hijo, por lo que padeció aprendió la obediencia; y habiendo sido perfeccionado, vino a ser autor de eterna salvación para todos los que le obedecen; y fue declarado por Dios sumo sacerdote según el orden de Melquisedec".*

La última lección de Jesús como hombre en la Tierra fue la máxima sumisión en obediencia. La obediencia, que nace del amor, es buena adoración. Y Jesús adoró tan bien ese día que ganó la vida eterna para todos nosotros. También obtuvo el cargo de Sumo Sacerdote del Cielo:

> *Pero como Jesús permanece para siempre, su sacerdocio es imperecedero. Por eso también puede salvar por completo a los que por medio de él se acercan a Dios, **ya que vive siempre para interceder por ellos.** Nos convenía tener un sumo sacerdote así.*
>
> Hebreos 7:24-26, NVI, énfasis añadido

Eso significa que Jesús, que tan bien nos guió en adoración en la Tierra, continúa guiándonos en adoración por toda la eternidad. Es Jesús quien nos guía en la alabanza y exaltación. Nos guía en sumisión y sacrificarnos y ofrendar. Nos guía lavándonos y transformándonos en la Palabra. Nos lleva a la comunión con Él y Su Padre. Nos envía el Espíritu Santo para llenarnos y transformarnos a Su semejanza para que podamos vivir y ministrar en Su poder. Nos guía en intercesión y en oración, intercede por nosotros, y nos llevará a la gloria.

Jesús es mi héroe. El único hombre lo suficientemente puro para mantenerse fuera de una cruz, se sometió a ella, en amor y obediencia, para salvar a las personas que más merecían esa cruz. Él es el Sumo Sacerdote del Cielo y el Sumo Sacerdote de mi corazón.

¿Qué hacía Jesús en la cruz? Adorar.

ADORADOR

Nada de esto consiste en *hacer* cosas. Recuerde, la adoración es una actitud que motiva a cada acción de nuestras vidas. Cuando soy un adorador, mi vida se convierte en adoración.

Eso significa que si vivo una vida de alabanza y gratitud, soy capaz de vivir una vida de sumisión y sacrificio. Eso me prepara para vivir una vida que es constantemente lavada y embellecida en la Palabra de Dios. Eso me prepara para vivir una vida de comunión e intimidad con Dios. De ahí sale el ser lleno y vuelto a llenar por el Espíritu de Dios, lo cual me permite tener Su carácter para la vida y Su poder para vivir. De allí vienen la inspiración, impulso y pasión para interceder por el mundo en que vivo: para conectar este mundo espiritualmente empobrecido con el Dios que posee todas las riquezas.

El tabernáculo no se trata solamente de hacer. No se refiere solo al proceso de la adoración. El tabernáculo es acerca de convertirse. A medida que vivimos estos elementos de la adoración, nos convertimos en tabernáculos vivientes, anfitriones de la presencia del Dios vivo, que no habita en casas construidas por seres humanos, pero sí habita en los seres humanos que se han convertido en casas.

Adorador, somos sabios si no nos limitamos a *hacer* estas cosas, sino que ellas se conviertan en parte de lo que *somos* ante el Señor.

LÍDER DE ADORACIÓN

¿Qué pasaría si su iglesia estuviera llena de gente que adorara con pasión y desinteresadamente, intercediendo y orando lo que hay en el corazón de Dios para su familia, amigos, vecinos, su nación, el mundo e incluso, para sus enemigos?

¿Cómo animamos la intercesión desde la plataforma? Diferentes culturas de iglesia tienen diferentes ideas acerca de cómo debe hacerse eso. La intercesión en la Casa Internacional de Oración probablemente sea diferente de como es en la Primera Iglesia Bautista. Pero la gente de ambas congregaciones debe aprender a adorar de esta manera.

Su primera responsabilidad es buscar la sabiduría y voluntad de Dios para saber cómo guiar a Su pueblo a convertirse en adoradores que interceden. Asegúrese de hablar al respecto con su pastor para que pueda servir bajo su cobertura y en línea con su visión. No queremos destruir iglesias. Queremos fortalecerlas.

Para la mayoría de las iglesias, una de las maneras más fáciles de fomentar la intercesión es cantar canciones cuyas letras contengan oraciones de intercesión. Entonces la intercesión se convierte en parte del conjunto de canciones.

Cuando era pastor de jóvenes, comencé a preguntarle a Dios cómo podría desarrollar a los jóvenes en la oración e intercesión. Él me dio una idea. En primer lugar, enseñé una serie sobre la oración. Luego comencé a usar parte de cada servicio de adoración para dividir a los chicos en grupos y pedirles que oraran unos por otros. Tomábamos cinco minutos entre dos y tres canciones y les pedía que tomaran a otros tres chicos, pusieran sus manos uno sobre el otro, y le preguntaran a Dios por qué debían orar. El grupo de alabanza seguía tocando música mientras ellos oraban.

Al principio fue bastante tranquilo. Los adolescentes son especialmente alérgicos a las situaciones embarazosas, y orar en voz alta les puede resultar complicado. Pero al poco tiempo se compenetraron tanto que me costaba mucho llamarlos a volver a la adoración. ¡Se convirtieron en guerreros de oración! Aprendieron cómo seguir la voz y la inspiración de Dios, y aprendieron a ser audaces y sensibles en obedecerle. Los chicos nuevos nunca se sintieron incómodos porque mis jóvenes les pedían que la primera vez simplemente se relajaran y recibieran la oración. Nunca perdimos un chico porque se sintiera incómodo. Y tuvimos uno de los grupos de jóvenes más maduros de los que se reunían en el condado.

Si usted le pide a Dios visión, Él le dará una estrategia para desarrollar el Altar del Incienso en la vida de su gente.

Y cuando eso suceda, le garantizo que el poder de Dios se extenderá por los pasillos como una inundación repentina.

PREGUNTAS PARA DEBATIR

1. ¿Qué representa el Altar del Incienso?
2. ¿Por qué no podemos determinar si Dios sigue hablando o no únicamente sobre la base de la experiencia personal? ¿Por qué la mayoría de la gente nunca oye la voz de Dios?
3. ¿Cuál es el precedente bíblico para la gloria de Dios que rodea un sacerdocio y un tabernáculo?
4. Explique la diferencia entre ministrar usando su propio fuego y ministrar usando el fuego de Dios. ¿Cómo podemos mantener el fuego de Dios en nuestras vidas y ministerios?
5. ¿Cómo protegía el incienso a los sacerdotes hebreos? ¿Cómo la intercesión nos protege como sacerdotes?
6. ¿Cómo y cuando demostró Jesús el Altar del Incienso mediante el mayor acto de adoración de todos los tiempos? ¿Cómo ese acto nos protege y nos cubre? ¿Por qué Él hizo eso?
7. ¿Qué va a pasar en nuestras vidas si, en lugar de limitarnos a hacer los elementos de adoración, los dejamos que se convierten en parte de lo que somos ante el Señor?
8. Líder de adoración, ¿cómo puede usted animar a su congregación a interceder? Sacerdote, ¿cómo puede usted animar a la intercesión en la "congregación" de su esfera de influencia?

Capítulo 15

EL ARCA DEL PACTO

Ya no será el sol tu luz durante el día, ni con su resplandor te alumbrará la luna, porque el Señor será tu luz eterna; tu Dios será tu gloria. Tu sol no volverá a ponerse, ni menguará tu luna; será el Señor tu luz eterna, y llegarán a su fin tus días de duelo.

—Isaías 60:19-20, NVI

. . .

Recuerdo cuando salió la película *Los cazadores del arca perdida*. Mis padres fueron a verla sin invitarme y me dió envidia. Solo sabía que cualquier película con la palabra "cazadores" en el título tenía que ser buenísima. Cuando llegaron a casa, los ensordecí rogándoles que me llevaran a verla. Unas semanas más tarde, mi abuela vino a la ciudad. Ella también quería verla, así que nos subimos al Ford Econoline y nos dirigimos a ver la película. Me senté en un extremo del pasillo familiar y mi hermano menor se sentó en el otro, justo al lado de mi abuela, que se sentía en el deber de proteger su tierno y joven corazón.

¿Se acuerda de la primera vez que vio la escena en que los nazis abren el Arca? Bueno, mi hermano no la recuerda, porque tan pronto como las cosas fantasmales comenzaron a volverse agresivas, mi abuela le echó su capa sobre la cabeza y la mantuvo allí hasta que el humo se disipó.

Como niño pequeño, esa película me impresionó. Yo todavía no era salvo, pero nunca olvidé que el arca del pacto contenía algo formidable. Algo misterioso. Algo que el hombre no estaba destinado a manipular por temer a que su rostro se derritiera y su cabeza explotara.

Esa película no captó todo bien, pero tampoco entendió todo mal. Ahora estamos en un terreno emocionante. Estamos a punto de explorar el Arca del Pacto y el Lugar Santísimo. Mientras lo hacemos, descubriremos cómo podemos adorar y vivir de manera que refleje y entronice el poder, el misterio y la persona de nuestro maravilloso Dios.

VISLUMBRES DEL "ARCA"

La Reforma, los Grandes Despertares de 1740 y 1800, los avivamientos de Gales en 1859 y 1904, Asuza Street, Asbury, Brownsville, Brasil, Argentina, Australia, Reino Unido y Ucrania. Los avivamientos han estado destellando y desapareciendo durante 500 años. Cada uno es como una plataforma de lanzamiento de cohetes, que empuja a la Iglesia hasta su próxima fase de crecimiento. Los avivamientos son correcciones al rumbo después de años de falta de objetivos. Estos estallidos de "fuego" tuvieron algunos puntos en común: que encendieron la pasión por Jesús, el perdón, el temor de Dios, el arrepentimiento, y que facultaron a la gente para servir y testificar a un mundo perdido y moribundo. Ellos tuvieron algo más en común. El Espíritu Santo se manifestó en maneras poderosas y visibles.

¿Cómo se manifiesta el Espíritu Santo? Ya hemos hablado del fruto y de los dones del Espíritu. Así es como Él se muestra en nuestras vidas cuando estamos en comunión con Él, y el avivamiento es un despertar a esa relación de comunión. Esa relación permite que el Espíritu de Dios habite en mí como templo del Espíritu Santo:

> *¿O ignoráis que vuestro cuerpo es templo del Espíritu Santo, el cual está en vosotros, el cual tenéis de Dios, y que no sois vuestros?*
> 1ª Corintios 6:19, RVR 1960

Pero, ¿qué sucede cuando Él hace más que habitarme? ¿Qué sucede cuando Él físicamente, tangiblemente, entra en una habitación con nosotros?

Mire, hay una diferencia entre la omnipresencia de Dios y Su presencia *manifiesta*. La Palabra dice que Dios nunca nos deja ni nos abandona (vea Hebreos 13:5). Aunque bajemos a las profundidades de la tierra, no podemos escapar de Su amor y Su presencia (Salmo 139:7-8). Esa es la omnipresencia de Dios. Él puede estar en todas partes al mismo tiempo, y no hay ningún lugar donde podamos ir que Él no nos pueda encontrar.

Él incluso está dispuesto a ir a lugares que detesta solo para estar con nosotros.

Pero la presencia manifiesta de Dios es diferente. Tiene grados. La palabra hebrea para gloria es *kabód*. Significa, literalmente, el peso del esplendor de Dios. La gloria de Dios tiene peso. Aumenta y disminuye. (Por ejemplo, su peso es menor en un solo individuo que cuando descansa sobre una congregación entera.)

Cuando yo juego luchitas con mis hijos, debo tener cuidado de no ejercer mi peso sobre ellos. Pero cuando están encima de mí, yo los invito a descansar su peso sobre mí. Ellos tienen un padre que puede manejar su peso (usted también). Pero cuando los "inmovilizo", en realidad mantengo la mayor parte de mi peso lejos de ellos. Descanso sobre ellos lo suficiente de mi peso para cubrirlos, presionarlos y dejar que experimenten el tamaño y la fuerza de su papá.

Dios hace lo mismo. ¿Por qué no podían los sacerdotes ministrar en la dedicación del templo de Salomón?

> *Y sucedió que cuando los sacerdotes salieron del lugar santo, la nube llenó la casa del Señor y los sacerdotes no pudieron quedarse a ministrar a causa de la nube, porque la gloria del Señor llenaba la casa del Señor.*
>
> 1ª Reyes 8:10-11

La gloria de Dios cayó. Él puso Su peso sobre ellos y los presionó. Papá estaba en casa.

Ahora usted puede estar pensando: "Bueno Zach, eso no sucedió nunca más". ¿Por qué dice eso? ¿Es porque usted nunca lo ha experimentado? La Biblia no dice que Dios haya decidido reservar Su gloria para el cielo, o, ¿sí?

La primera vez que experimenté la *kabód* fue un par de años después de egresar de la universidad cuando yo estaba adorando y orando con algunos de mis amigos del grupo de jóvenes adultos. Yo recién me había convertido y me sorprendió al sentir algo descender sobre mí durante la adoración. Me sentía como en una nube de electricidad, pero no había duda de que era Dios. Su personalidad estaba en ella.

Su peso comenzó a presionar la parte superior de mi cabeza y mis manos alzadas. Podía sentir la presión sobre mis mejillas. Y cuanto más buscábamos su rostro, más sentíamos su gloria sobre nosotros. Al final, todos estábamos postrados y en silencio en la presencia de Dios. Cuando algunos de nosotros, finalmente, intentamos ponernos de pie, nos dimos cuenta de que no podíamos hacerlo. Ninguno de nosotros podía. Nuestras piernas no estaban dormidas, solo estábamos inmovilizados por nuestro Padre. Tal vez yo era joven e irreverente (lo sigo siendo), pero realmente me pareció divertido. Comencé a reír. Dios no me estaba obligando a reír, yo estaba sorprendido y emocionado. Todos nos reímos. No a carcajadas, sino con asombro, alegría y temor del Señor. Acabábamos de experimentar un encuentro con la pesada gloria de Dios.

Desde entonces, me parece que no es raro que Dios descanse algo de Su peso sobre mí. A veces sucede cuando estoy solo en oración, a veces, en un pequeño grupo que se ha reunido en unanimidad, y a veces en la congregación. Pero siempre es reconfortante, inspirador, íntimo y poderoso. Sin embargo, hay una característica de la gloria de Dios que no se ve a menudo en los avivamientos. Es el fuego.

Permítanme dejar algo en claro. No estoy orando por avivamiento para la Iglesia. Los avivamientos vienen y van. La Iglesia durmiente se despierta, pero por alguna razón no puede mantener ese grado de "vigilia", así que invariablemente se vuelve a dormir. Yo no solo quiero el avivamiento, quiero la gloria de Dios. Quiero que el fuego vuelva a la Iglesia. Y creo que el último gran movimiento de Dios barrerá en lenguas de fuego.

En el tabernáculo de Moisés, cayó en nube y en fuego (vea Levítico 8:24; Éxodo 40:34). En el templo de Salomón el peso de la gloria de Dios vino tan fuertemente que los sacerdotes no podían ministrar. Después, el fuego fue disparado desde el cielo, a través del Lugar Santísimo, y aterrizó en el Arca del Pacto (vea 2ª Crónicas 7:3). Por último, en el aposento alto el Espíritu se precipitó sobre los discípulos que oraban, cayó el fuego, y los invistió de poder para alcanzar el mundo con la verdad:

Cuando llegó el día de Pentecostés, estaban todos unánimes juntos.
Y de repente vino del cielo un estruendo como de un viento recio

que soplaba, el cual llenó toda la casa donde estaban sentados; y
se les aparecieron lenguas repartidas, como de fuego, asentándose
sobre cada uno de ellos. Y fueron todos llenos del Espíritu Santo, y
comenzaron a hablar en otras lenguas, según el Espíritu les daba
que hablasen.

Hechos 2:1-4, RVR 1960

Cada vez que un sacerdocio y un lugar de reunión son consagrados en la Biblia, la Gloria de Dios cae con fuego. Cada vez. Y usted ¿qué es? Es un sacerdote. ¿Y cuál es su trabajo? Construir tabernáculos... ser un tabernáculo. Si la Iglesia, como cuerpo, captara esta verdad con su corazón y su mente, volveríamos a ver la gloria de Dios en la Iglesia.

¿Se imaginan lo que pasaría si la gloria de Dios irrumpiera a través de las nubes y se disparara a través del techo de su iglesia? La gente llamaría a los bomberos. Los bomberos vendrían, pero no podrían apagar el fuego. No podrían estar en el santuario. Habrían irrumpido como pecadores no salvos y saldrían como hijos del Rey.

Usted no tendría que gastar dinero en publicidad. La gente se desviaría de la carretera para visitar la iglesia donde Dios vive. Y sería salva.

Los ateos tendrían miedo de visitar un lugar que refutara tan claramente la totalidad de sus creencias y prejuicios más preciados. Pero si osaran entrar, no saldrían como ateos.

La gloria de Dios puede volver a la Iglesia. En el próximo capítulo voy a decir por qué creo que Dios está preparando el escenario para ello. Es la razón por la que estoy escribiendo este libro: para preparar un sacerdocio que prepare un lugar para la gloria de Dios.

El Arca del Pacto representa la gloria de Dios en la Tierra: el trono de Dios en medio de Su pueblo. Y dondequiera que el arca iba, la gloria de Dios iba. La adoración establece un arca en el Lugar Santísimo de la humanidad. Establece el trono de Dios en nuestros corazones. Le dice a Dios: "¡Aquí, Señor! Descansa Tu gloria aquí. Haz de mi corazón Tu trono, oh Rey".

Como Charles Finney escribió en *The Revelation of God's Glory* (La revelación de la gloria de Dios):

El significado original del término gloria era brillo, claridad, reful-
gencia: desde ahí ha llegado a significar honor, fama; y de nuevo, lo

que rinde honor, o exige el honor o fama, reverencia y adoración: lo que es digno de confianza. La gloria de Dios es esencial y declarativa. Por gloria esencial se entiende eso en Él que es glorioso: eso de Su carácter demanda honra, culto y la adoración. Su gloria declarativa es la demostración, la revelación, la manifestación, la gloria de Su carácter esencial —Su gloria esencial— a Sus criaturas: la imposición abre Su gloria al entendimiento de las inteligencias. Y esto es lo que Moisés quería decir —que Dios se revelaría Él mismo a su mente para que pudiera conocerle— podría tener una clara y poderosa comprensión de esas cosas que constituyen Su gloria.

CONSTRUCCIÓN

La descripción del Arca del Pacto se encuentra en Éxodo 25. Es una caja rectangular hecha de madera de acacia y recubierta de oro. ¿Qué representa esto? Una vez más, representa simultáneamente la humanidad sin pecado y la divinidad de Jesús. Esta arca tenía a sus lados anillos a través de los cuales los sacerdotes deslizaban varas para llevarla.

Hay tres razones para las varas. En primer lugar, la presencia de Dios solo debe ser llevada sobre los hombros de los sacerdotes. Hagamos esto práctico. A menudo me preguntan si creo que está bien contratar músicos no salvos para tocar en servicios religiosos. Voy a hacerle una pregunta: ¿pueden los músicos no salvos llevar la presencia de Dios?

David cometió este error una vez y le costó la vida a un hombre. A quién usted permita llevar la presencia de Dios ante el pueblo es un asunto serio. Tome decisiones sabias, bíblicas y que dan vida; no basadas en sus necesidades. Mi opinión es que a ninguna persona no salva se le debe permitir una posición de liderazgo ante el Señor. Aun un guitarrista ministra, dirige la adoración y profetiza, a través de su instrumento. ¿Cuál es la fuente de su inspiración, si no tiene el Espíritu de Dios? ¿A quién le está ministrando si no es a Dios?

Dios no pone el gobierno y ministerio de Su Iglesia en cualquiera, solo en los que Él ha llamado, equipado, calificado y ordenado a esa responsabilidad bajo Cristo. En otras palabras, solo en los sacerdotes.

La segunda razón de las varas es que tenemos un Dios que viaja. Él se mueve, y espera que Sus adoradores lo sigan. Es un viaje emocionante seguir al Dios vivo. Él me ha llevado a testificar a brujos, sacar los enfermos de sus camas, echar demonios fuera de los poseídos (sí, eso sigue pasando), tener batallas de alabanza con poderes y potestades: usted nunca sabe lo que va a hacer a continuación. Pero la victoria va al valiente, y los que siguen a este Dios siempre tendrá algunas historias interesantes que contar.

Los israelitas siguieron a Dios en una columna de nube de día y una columna de fuego de noche. Cuando la columna se detenía, las personas se detenían y levantaban un campamento. Cuando Dios se movía, la gente lo seguía. Como Jesús dijo:

> *Las zorras tienen guaridas, y las aves del cielo nidos; mas el Hijo del Hombre no tiene dónde recostar su cabeza.*
>
> Mateo 8:20, RVR 1960

Dios no ha cambiado. Él nunca se queda en un solo lugar por mucho tiempo. Creo que esa es una de las razones por las que Él pone Su Espíritu dentro de la gente: nosotros viajamos. Dios le dijo a David que nunca quiso vivir en una mansión construida por hombres, Dios prefiere una casa móvil. Es por eso que Él reside en nosotros. Somos casas móviles de Dios.

Considero que es un gran honor ser un lugar de descanso del Altísimo. Esa es una de las cosas que hacían diferente el corazón de David. Él quería SER un lugar donde Dios pudiera habitar. Él quería SER un asiento de honor donde Dios pudiera descansar Su peso real. Ese es el deseo de mi corazón, ser un hogar para mi Rey donde Él sea bienvenido, honrado y adorado. Por lo tanto, *Levántate, Señor, al lugar de tu reposo; tú y el arca de tu poder* (Salmo 132:8, RVR 1960).

La tercera razón de las varas es muy importante. A nadie se le permite apoyar sus manos sobre el arca. Apoyar manos en la gloria de Dios es una falta de respeto. Ese fue el último error de Uza. ¡Ay de la persona que trata de manipular, controlar, "usar" o beneficiarse del poder de Dios!

En la parte superior de esta caja estaba el Propiciatorio. Era una tapa dorada con una corona alrededor del borde que representaba la realeza de Cristo. Dos querubines estaban en la parte superior, uno frente al otro, con sus alas extendidas de uno hacia el otro. Hablaremos en detalle sobre el propiciatorio en un momento.

Dentro del arca había tres cosas: la vara de Aarón que reverdeció, una jarra de maná, el pan del cielo que Dios usó para alimentar milagrosamente a los israelitas en el desierto, y los Diez Mandamientos grabados en tablas de piedra. Estos representan tres aspectos de la vida y la persona de Jesús.

La vara representa los primeros frutos de vida desde la muerte, porque Jesús floreció desde la tumba al igual que la vara muerta volvió a florecer. El poder de la resurrección es parte de quién Jesús es. El maná representa la provisión de Dios por medio de Cristo, el pan de vida, que fue provisto para la salvación del mundo. El amor sacrificial es parte de quién Jesús es. Los Diez Mandamientos representan el carácter y los requisitos de la santidad de Dios. Ellos nunca dejan de ser parte de quién Él es, pero nosotros no somos capaces de cumplir Su estándar de santidad, por lo que Dios cubrió Sus justos requerimientos con Su misericordia, representada por el propiciatorio. La santidad, la virtud, la justicia y la misericordia son todas parte de quién Jesús es. Y no hay disputa de estas cualidades de carácter en Él.

Una vez al año, en el día de la expiación (Levítico 16), el sumo sacerdote debía llenar el Lugar Santísimo con el humo del Altar de Incienso, hacer sacrificios por sí mismo, por la nación y por el sacerdocio, y rociar la sangre del sacrificio sobre el propiciatorio del Arca del Pacto para que los pecados de la congregación fueran "cubiertos" por otro año más.

EL VELO

Ahora llegamos al velo que servía como la puerta divisoria entre Lugar Santo y el Lugar Santísimo.

> *También harás un velo de azul, púrpura, carmesí y lino torcido; será hecho de obra primorosa, con querubines.*
> Éxodo 26:31, RVR 1960

> *Y pondrás el velo debajo de los corchetes, y meterás allí, del velo adentro, el arca del testimonio; y aquel velo os hará separación entre el lugar santo y el santísimo.*
> Éxodo 26:33, RVR 1960

El velo que separaba estas zonas más íntimas no era algo endeble. Era tan grueso como una manta. Yo tenía la imagen mental de entrar en el Lugar Santo y ver el arca a través del velo de gasa. Bueno, eso no era preciso. En realidad, no sabemos que nadie haya vuelto a ver el arca después que fue construida (excepto los hombres de Bet-Semes heridos de muerte en 1ª Samuel 6:19). Los sacerdotes solo la veían vagamente a través del incienso y en casi total oscuridad. La única luz, el candelero de oro, estaba en el Lugar Santo, no en el Lugar Santísimo. El Lugar Santísimo solo estaba iluminado por la gloria de Dios, por lo que los sacerdotes trataban con todas sus fuerzas de no ver.

Incluso cuando era transportada, el arca *siempre* estaba cubierta. Cuando los sacerdotes desarmaban el tabernáculo para transportarlo a fin de seguir la nube, ese espeso velo era utilizado para cubrir el arca, para que nadie la viera. Entonces pieles y más telas la cubrían (vea Números 4:4-6). Muy pocos realmente vieron el Arca del Pacto (y vivieron para contarlo).

Había una razón para tal velo. El mundo necesitaba saber que Dios quería estar con Su pueblo, pero hasta que viniera el Salvador, no sería posible. Siempre habría una barrera entre Dios y Sus hijos hasta que Jesús la quitara y abriese el camino para que pudiésemos entrar en la sala del trono de nuestro Padre.

En el capítulo anterior hablamos de la cruz, el mayor acto de intercesión y adoración de la historia. Imagine el día en que Jesús murió, encomendando Su espíritu en las manos de Su Padre y exhalando su último aliento. La Biblia dice que cuando Jesús murió, la tierra respondió: la creación, literalmente, reaccionó a la muerte de Jesús. El sol se oscureció y un terremoto sacudió la tierra. De acuerdo con Mateo 27:51, el velo que separaba a la humanidad del Lugar Santísimo se rasgó en dos, de arriba abajo. ¿Por qué de arriba abajo? Porque *Dios* lo rasgó. Vea, el cuerpo de Jesús fue era el velo, y cuando Dios lo envió a la cruz, Él sabía que la muerte de Su Hijo, el desgarramiento de Su cuerpo, volvería a darles acceso a su Padre a los hijos perdidos.

¿Qué significa el velo rasgado? "Acceso concedido". La barrera del pecado que estaba entre nosotros ha sido arrancada. Así que venga a su Padre:

Así que, hermanos, teniendo libertad para entrar en el Lugar Santísimo por la sangre de Jesucristo, por el camino nuevo y vivo que él nos abrió a través del velo, esto es, de su carne, y teniendo un gran sacerdote sobre la casa de Dios, acerquémonos con corazón sincero, en plena certidumbre de fe, purificados los corazones de mala conciencia, y lavados los cuerpos con agua pura.

Hebreos 10:19-22, RVR 1960

¡Alabado sea Dios! ¡Él envió a Su Hijo a morir por nosotros y a hacer un camino para que nos acerquemos a nuestro Padre! ¡Jesús ha desgarrado el velo de separación! Pero nótese que incluso en estas Escrituras hay algunos ingredientes comunes: hay un sacerdote, una casa, un sacrificio presentado y están lavados con agua. Estos elementos nunca desaparecen. Ellos son parte de la forma de adoración de Dios.

¿Se imagina lo que los fariseos y los sacerdotes deben haber pensado cuando el velo del templo fue rasgado? Usted tiene que captar esto. Fíjese, el Arca del Pacto fue capturada y luego perdida por los babilonios o los asirios. Nadie sabía dónde estaba. El templo de Salomón había sido arrasado por los invasores ejércitos babilonios. Así que cuando Herodes el Grande reconstruyó el Templo de Jerusalén, tenían un problema muy importante. No tenían el arca. ¿En qué consiste la adoración sin el arca? ¿Dónde se aplica la sangre de la expiación? ¿Dónde mora la gloria del Señor? ¿Cuál es el sentido de adorar a Dios si no hay presencia de Dios en el Lugar Santísimo?

Los judíos habían estado practicando la adoración sin Dios durante siglos—religión vacía, ritualista. Por supuesto, eso nunca sucede en nuestro tiempo (nótese el sarcasmo). ¿Se acuerda de la escena del *Mago de Oz* cuando Dorothy y sus amigos finalmente llegan al término de su travesía? Le están pidiendo ayuda al mago y él está resoplando fuego y humo y sacudiendo los postes de la puerta con su voz. Ellos están aterrorizados hasta que Toto hala una cortina y revela que el mago es en realidad un viejecito con una gran máquina y bastante teatralidad.

Eso es lo que les pasó a los líderes religiosos cuando Jesús murió en la cruz. El velo fue rasgado en dos y allí, expuesto a la luz, el Lugar Santísimo estaba vacío. ¡No había arca allí! ¡Los fariseos y los sacerdotes no tenían ningún poder en absoluto! Habían estado practicando teatralidades y rituales vacíos, manipulando y controlando a las personas con su "máquina" religiosa, pero no había un Dios vivo en su templo.

No es de extrañar que muchos sacerdotes fueran salvos cuando Jesús resucitó. Su religión había quedado al descubierto como una farsa vacía, y habían comprobado por sí mismos que el Dios vivo y verdadero es el único camino a la salvación.

Hijo de Dios, ¡despierta! Semana tras semana la gente desesperada viene a nuestras casas y servicios buscando a Dios. Hablamos mucho y alardeamos de los adornos y tradiciones de nuestra religión, pero cuando ellos tiran de la cortina, ¿qué es lo que encuentran? ¿Hay un Dios entronizado en su casa? ¿Hay un Dios entronizado en su iglesia? ¿O solo estamos ofreciendo al mundo un anciano que practica teatralidades? ¡Quiero la gloria de Dios en la Iglesia!

Jesús es el verdadero Sumo Sacerdote del Cielo, y solo Él pudo quitar el velo de la separación. Pero el Sacerdote elegido de Dios no se detuvo allí. El peso del pecado no solo lo llevó a Él a la muerte. El pecado no se limita a matar nuestros cuerpos, mata nuestras almas. Así que Jesús no solo murió, descendió al lugar de los condenados. Durante tres días permaneció en el infierno. Y Él estuvo ocupado. Él rompió las puertas del infierno, tomó las llaves de la muerte, del sepulcro y la autoridad del diablo en la tierra, y le pisó la cabeza. Luego Jesús predicó a los prisioneros, y sacó fuera a los cautivos en la orla de Su manto.

¿Se ha preguntado por qué la Biblia dice que santos muertos se levantaron de la tumba cuando Jesús murió? (vea Mateo 27:52-53). Él los liberó de su cautiverio. Hasta ese momento NADIE había visto a Dios (vea Juan 6:46). Nadie había ascendido al cielo.

Cuando Jesús ascendió a Su Padre, Él no se limitó a ocupar el centro del escenario y dejar que los cielos lo adoraran. Él subió al asiento de la misericordia divina, puso Sus manos heridas entre los querubines, y derramó Su sangre sobre él, cubriendo los pecados del mundo PARA SIEMPRE.

Luego se sentó en Su trono y aceptó que Su Padre lo promoviera a Rey de reyes y Señor de señores.

¡Durante todo ese tiempo Jesús estuvo adorando! ¡Porque lo hizo todo para la gloria del Padre y en obediencia a Su voluntad! Él murió, descendió, abrió el infierno, le dió una paliza a Satanás, liberó a los cautivos, ascendió al Padre, vertió Su sangre sobre el propiciatorio, tomó Su trono, y luego regresó a la tierra. Cada momento y cada movimiento fueron adoración.

¿Alguna vez ha adorado "muriendo" por alguien? ¿Haciendo sacrificios en nombre de Dios o de otra persona? ¿Alguna vez ha adorado atravesando el infierno en obediencia a Dios (no porque lo mereciera)? ¿Alguna vez ha conquistado a los poderes de las tinieblas como adoración a Dios? ¿Alguna vez ha llevado a alguien a la salvación y la libertad? ¿Alguna vez ha utilizado la autoridad que Dios le ha dado para construir el reino de los cielos y hacer estremecer el reino del infierno? ¿Alguna vez se ha "levantado de la tumba"? ¿Ha resucitado de la tristeza o la depresión o el pecado o la adicción para vivir de nuevo? ¡Debería hacerlo! ¡Eso es buena adoración!

¿Sabía usted que Jesús sigue adorando por toda la eternidad intercediendo por usted como el Sumo Sacerdote y líder de adoración de los cielos? Tome nota:

> ...la esperanza puesta delante de nosotros. La cual tenemos como segura y firme ancla del alma, y que penetra hasta dentro del velo, donde Jesús entró por nosotros como precursor, hecho sumo sacerdote para siempre según el orden de Melquisedec.
>
> Hebreos 6:18b-20, RVR 1960

¡Él nunca se detiene! Incluso cuando lo estamos adorando, Él se encuentra dirigiendo la adoración a Su Padre. Él adora y sirve y ministra para siempre, porque eso es lo que Él es. Cuando me convierto en un sacerdote y un adorador, me convierto en un verdadero hijo de mi Padre y un verdadero hermano de mi Salvador.

¿CÓMO ADORAR AL REY?

El Lugar Santísimo es el mismo trono de Dios. Y el Arca del Pacto es Su propiciatorio. Con solo mirar el arca podemos aprender algunas cosas sobre el apropiado protocolo celestial. ¿Cómo adorar a mi Dios y mi Rey?

Hemos tocado esto en el capítulo cuatro, cuando hablamos de la alabanza. Pero el arca nos permite entrar en mayores detalles:

> Y los querubines extenderán por encima las alas, cubriendo con sus alas el propiciatorio; sus rostros el uno enfrente del otro, mirando al propiciatorio los rostros de los querubines.
>
> Éxodo 25:20, RVR 1960

Tal vez usted ha estudiado los nombres de Dios. Pero la mayoría de las personas no está tan familiarizada con uno en particular. Aquí hay tres ejemplos de este nombre omitido en la Biblia:

> Oh Pastor de Israel, escucha; Tú que pastoreas como a ovejas a José, **Que estás entre querubines**, resplandece.
>
> Salmo 80:1, RVR 1960, énfasis añadido

*El Señor reina, estremézcanse los pueblos; **sentado está sobre los querubines**, tiemble la tierra.*

Salmo 99:1, énfasis añadido

*Oh Señor de los ejércitos, Dios de Israel, **que estás sobre los querubines**, solo tú eres Dios de todos los reinos de la tierra. Tú hiciste los cielos y la tierra.*

Isaías 37:16, énfasis añadido

¿Cuándo fue la última vez que usted tuvo un encuentro con Aquel que mora entre los querubines? Dios es llamado así porque el fuego de Su gloria descansó entre los querubines sobre el propiciatorio. Fue desde esta posición que Él habló con Moisés y le dio instrucciones sobre la forma de conducir al pueblo de Israel.

El propiciatorio no es solo la sede de la *gloria* de Dios en la Tierra, también es la sede de Su *gobierno* sobre la Tierra.

¿Cuál es el significado de los querubines? (Muchacho, este es otro tema sobre el que me gustaría escribir un libro.) Las reales criaturas celestiales llamadas querubines son los seres "cobertores" que ministran ante el Señor. Ellos crean un dosel bajo el cual el Señor instala Su trono.

Los querubines que están sobre el arca tienen sus alas levantadas en actitud de alabanza y exaltación. Como hemos comentado anteriormente, esta es la atmósfera en la que Dios está SIEMPRE entronizado. Como el Salmo 22:3 (RVR 1960) nos recuerda, *Pero tú eres santo, Tú que habitas entre las alabanzas de Israel.*

No hay alabanza. No hay Rey.

Tengo un buen amigo que se llama Billy. Cuando Jen y yo estábamos viviendo en Pensilvania, discipulamos un buen número de adultos jóvenes de la iglesia. Una de ellos era una preciosa rubia llamada Bethany. Me gustaría poder decir que Billy comenzó a acercarse porque estaba desesperado por Jesús, pero en realidad él estaba tratando de congraciarse con Bethany. Pero Dios tuvo corazón de Billy antes de que Billy tuviera el de Bethany, y en poco tiempo comenzó a rondar mi casa, incluso cuando ella no estaba allí.

El problema era que Billy era un tipo muy corpulento, y Jen y yo éramos muy pobres. Todos mis muebles me los habían regalado y ninguno era especialmente resistente. Llegó a ser una broma corriente que cuando Billy viniera, íbamos a perder una silla del comedor. Sencillamente no teníamos una silla que pudiera soportar su peso.

Así que nuestras noches eran algo como esto: "Billy, tome asiento. ¿Le gustaría cenar?" Billy se sentaba, habría un CRACK como de hueso astillado, y otra silla iría para la estufa de leña. En poco tiempo me di cuenta de que, o bien tendría que conseguir algunas sillas más fuertes, o Billy iba a tener que sentarse en el suelo.

Bueno, Dios es más grande que Billy y los reyes no se sientan en el suelo. Para que el Rey de reyes tenga un lugar para descansar Su *kabód* (peso de gloria) en nuestros hogares e iglesias, vamos a tener que encontrar la manera de construir una silla que soporte Su peso.

Eso es lo que los querubines representan: un trono que sostendrá el peso de Dios. Entonces…

EL PRIMER INGREDIENTE: ALABANZA

Como hemos comentado anteriormente en el libro, la alabanza es una expresión de nuestra adoración, y sin ella, nunca veremos la gloria de Dios en la Iglesia. El Rey está entronado por encima de nuestras alabanzas.

EL SEGUNDO INGREDIENTE: HUMILDAD

Como Éxodo 37:7 nos informa: *Hizo también los dos querubines de oro, labrados a martillo, en los dos extremos del propiciatorio* (RVR 1960).

Este propiciatorio era una maravilla artística. ¿Cómo hace usted para labrar a martillo una tapa de este tamaño con tal decoración? Y ¿por qué hacerlo de esa manera? Esa tiene que ser la manera más difícil de construir una tapa. Bueno, *había* que hacerla de esa manera. ¿Por qué? Porque hay algo aún más precioso que el oro que ha pasado por el proceso de "paliza".

La Biblia dice que incluso Jesús aprendió la obediencia por medio de Su sufrimiento en la cruz (vea Hebreos 5:8). ¿Soy yo mejor que mi Maestro? ¿Cómo esperamos aprender la humildad y la obediencia de una manera diferente a como lo hizo nuestro Maestro?

Jesús fue exaltado y elevado desde una posición de humildad (vea 1ª Pedro 5:6). Esa es la posición desde la cual Jesús adoraba. Él podría haber ejercido Su poder y autoridad para evitar la cruz, pero escogió la ruta de la humildad.

Cuando elegimos la humildad, adoramos a Jesús. Los humildes son bienvenidos y revividos en la presencia de Dios.

Isaías 57:15, dice: *Porque así dijo el Alto y Sublime, el que habita la eternidad, y cuyo nombre es el Santo: Yo habito en la altura y la santidad, y con el quebrantado y humilde de espíritu, para hacer vivir el espíritu de los humildes, y para vivificar el corazón de los quebrantados* (RVR 1960).

Yo no conozco a nadie que no luche con el orgullo. Es por eso que la Palabra dice en 1ª Pedro 5:6, que nos humillemos. Someterse a las lecciones de los golpes de martillo de la vida es diferente de solo experimentar los golpes de martillo de la vida.

Yo era muy valiente cuando era más joven y no me di cuenta de cuán quebradiza es la gente, así que tuve bastantes lesiones. Cuando tenía dieciocho años, me rompí la espalda en tres lugares. Todo ello se suma. Mi espalda me ha molestado durante años. Y yo he estado orando durante años por sanidad, para que el dolor me deje. (Estoy siendo transparente y vulnerable aquí, así que no quiero recibir ninguna carta sobre mi falta de fe. Tengo fe).

Yo estaba en el altar un día, tal vez hace nueve años, cuando la presencia del Señor estaba en la habitación y había fe para la sanidad. Las personas estaban siendo curadas a mi alrededor, y me puse a pensar: "¡Este es mi día!" A cada uno de mis lados hubo personas sanadas y, yo estaba de rodillas esperando mi turno, cuando un pastor muy respetado (con un don profético) se acercó a mí y me susurró al oído, "Dios dice: 'todavía no.'"

"¡¡¿Qué?!!! ¿¿¿Todavía no???" ¡Cómo! ¡Dios! ¿Qué estás haciendo? Sanaste a la señora que estaba a mi lado con un padrastro y el quejica de por allí con el virus de la gripe. ¿Por qué no me curas? ¡Yo tengo un problema verdadero!

Me enojé tanto, lloré de frustración.

Cuando estaba allí llorando oí la voz de Dios, tan clara como el día, y llena de compasión y paciencia. "Si yo no permitiera que sufras esto, tus hijos heredarían tu orgullo".

Eso fue impresionante. Amo a mis hijos. Tomo muy en serio mi responsabilidad como papá. Y yo haría cualquier cosa por ellos. Si, por mi culpa, mis hijos iban a heredar el orgullo, eso rompería mi corazón.

Empecé a llorar nuevamente, esta vez de gratitud y amor. "Dios", dije, "gracias. Yo quiero estar bien, pero amo a mis hijos. Lo que sea necesario para que me levante en humildad, estoy dispuesto a hacerlo".

Puedo decir, sin soberbia alguna, que he aprendido la humildad. No es porque sea mejor que nadie. Es porque he aprendido mi lugar. Sé quién es el Rey, y no soy yo. Sé que es el Señor. No yo. Yo sé quién es Dios y cuál es Su lugar, y yo sé quién soy y cuál es mi lugar. Yo sé de dónde viene mi fuerza, y sé la verdad acerca de mí mismo.

Mi primer nombre, Paul, significa humilde, y es un nombre que Dios ha estado ayudando a crecer en toda mi vida. Ahora sé que Dios puede hacer cosas poderosas a través de la gente humilde, porque no le preocupa que vayan a tratar de atribuirse la gloria por los resultados.

El ministro y autor Tommy Tenney dijo una vez algo que me impactó: "Nunca confíes en un hombre sin cojera". Jacob luchó con Dios y quedó con una cojera. ¿Por qué? Para recordar al mundo que las cosas que Dios iba a hacer a través de él no eran con su propia fuerza sino con la fuerza de Dios. Todos los grandes hombres de la Biblia tuvieron cojeras: áreas de debilidad, pérdida o sufrimiento que les enseñaron humildad y por las que Dios podía ser glorificado.

> *Puesto que Cristo ha padecido por nosotros en la carne, vosotros también armaos del mismo pensamiento; pues quien ha padecido en la carne, terminó con el pecado.*
>
> 1ª Pedro 4:1, RVR 1960

Hay algo en los golpes de martillo que nos fortalece —así como el acero es fortalecido. Una espada de samurai es hecha de esta manera. El acero se calienta en el fuego, es martillado, calentado, sumergido en agua, calentado, plegado sobre sí mismo, calentado y vuelto a martillar. Se martilla y se dobla sobre sí mismo una y otra vez. Cuanto mejor sea la hoja, más tiempo es plegada y martillada. Y el resultado final es puro, agudo, fuerte, confiable y letal. No se romperá, su borde no se doblará y servirá bien a su amo.

Preferiría enfrentarme a los golpes de martillo y ponerme al servicio de la mano de mi Amo que seguir siendo una barra de acero inútil, sin forma, en un rincón de Su tienda. El fuego, los golpes, el plegamiento y la inmersión son las herramientas que Dios usa para templarme para el servicio fiel.

¿Recuerda cuán importante inclinarse es en el concepto de adoración? Donde no hay humildad no hay trono. Sin trono, no hay rey.

Esto explica por qué la Iglesia tiene menos vida —menos presencia realista de Dios—en las naciones más ricas, más orgullosas de lo que hacen, que en las más humildes. Mis hermanos y hermanas estadounidenses, les ruego que se humillen bajo la poderosa mano de Dios para que, a su debido tiempo, Él los exalte.

Tener bendición material no está mal, pero no nos hace ricos en espíritu. ¡Necesitamos la gloria de Dios! ¡Nos estamos muriendo de sobredosis de religiosidad impotente! ¡Y estamos irracionalmente orgullosos de nuestra condición!

> *Porque tú dices: Yo soy rico, y me he enriquecido, y de ninguna cosa tengo necesidad; y no sabes que tú eres un desventurado, miserable, pobre, ciego y desnudo. Por tanto, yo te aconsejo que de mí compres oro refinado en fuego, para que seas rico, y vestiduras blancas para vestirte, y que no se descubra la vergüenza de tu desnudez; y unge tus ojos con colirio, para que veas. Yo reprendo y castigo a todos los que amo; sé, pues, celoso, y arrepiéntete. El que tiene oído, oiga lo que el Espíritu dice a las iglesias.*
>
> Apocalipsis 3:17-19, 22, RVR 1960, énfasis añadido

La humildad es adoración. Y sin ella, nunca veremos la gloria de Dios en la Iglesia.

EL TERCER INGREDIENTE: UNIDAD

¿Qué dijo Jesús? *Porque donde están dos o tres congregados en mi nombre, allí estoy yo en medio de ellos* (Mateo 18:20, RVR 1960). Con esto en mente, considere…

> *Y los querubines extenderán por encima las alas, cubriendo con sus alas el propiciatorio; **sus rostros el uno enfrente del otro**, mirando al propiciatorio los rostros de los querubines.*
>
> Éxodo 25:20, RVR 1960, énfasis añadido

El diablo nos ha desorientado. Estamos tan ocupados discutiendo sobre cosas tontas que estamos perdiendo el foco. ¡Dios es atraído por la unidad! Entonces, ¿qué hacemos? Luchar sin fin sobre puntos mínimos de discordia teológica. ¿Por qué? Porque preferimos estar en lo correcto que estar cerca de Dios.

Tome el argumento de las "lenguas" por ejemplo. Crea usted en ellas o no, el don espiritual de lenguas pretendía bendecir y unir el Cuerpo de Cristo. Tomamos estas mismas lenguas y, discutiendo sobre su uso, causamos interminable indignación, dolor y división.

¿No encuentra eso ridículamente irónico? ¿Vale realmente la pena discutir? ¿Hay algo acerca de lo cual valga la pena discutir? Personalmente, me gusta el lema de Pablo, *Pues me propuse no saber entre vosotros cosa alguna sino a Jesucristo, y a éste crucificado* (1ª Corintios 2:2, RVR 1960).

¡Detengamos la locura! ¡Controlemos nuestra tendencia a la estupidez y peleas infantiles! Jesús no creó la división y el denominacionalismo. ¡Lo hizo, exclusivamente, el orgullo del hombre! ¿Alguna vez ha pensado en las cartas de Jesús a las siete iglesias del libro de Apocalipsis? Jesús se reveló a Sí mismo a Juan en Apocalipsis 1. Tenía el cabello blanco como la nieve, siete estrellas en su mano, una espada que sale de Su boca, los ojos como fuego, el rostro como el sol, y pies semejantes al bronce bruñido.

Juan había pasado tres años de su vida en íntimo contacto y proximidad con Jesús. Probablemente lo conocía mejor que cualquier ser viviente. Y lo había visto transfigurado en la montaña (Mateo 17:2). Pero cuando Juan lo vio en Patmos, Jesús era tan glorioso que Juan cayó como muerto ante la revelación de Su esplendor.

Jesús pasa a dictarle cartas para las siete iglesias de Asia Menor. Abre cada carta con una parte de la descripción de lo que Juan veía. A Éfeso, Él se revela como Aquel que tiene las siete estrellas. Para Esmirna, Él es el Alfa y Omega. Para Pérgamo, Él es el que tiene una espada. Para Tiatira, Él es el Uno con ojos de fuego y pies de bronce. Etcétera.

A cada iglesia le da una "revelación" diferente de quién es Él. Ahora, ¿quiere apostar a que estas siete iglesias discutían sobre quién era realmente Jesús?

"Mire aquí, Jesús nos dijo que Él es el Alfa y la Omega".

"No señor, usted no está en lo correcto. Él es el que tiene las siete estrellas. Lo dice aquí mismo en la carta que nos envió".

"Lo siento, los dos están equivocados. Bíblicamente, Jesús es el que tiene ojos de fuego".

¿Le suena familiar? Dios dio una revelación a cada iglesia para la iluminación de esa congregación. ¡Pero puso las siete cartas en el mismo libro! Si solo hubieran compartido y respetado la revelación de Jesús a una y otra, ¡habrían tenido una bien redondeada visión de QUIÉN ES REALMENTE ÉL!

Hacemos eso todo el tiempo. Nos afirmamos en la revelación de Jesús de nuestra especial tradición como si fuera la única revelación de Jesús. Y nos negamos a escuchar a otros. ¿Qué habría ocurrido si estas siete iglesias hubieran compartido las cartas? ¿Qué si hubieran compartido las revelaciones? Habrían visto el mismo Jesús que Juan vio.

No digo que no haya verdad. Definitivamente hay verdad absoluta, pero la verdad es Jesús, no mi opinión, tradición, cultura, teología o lógica. Y la Iglesia tiene que llamar pecado al pecado. Pero no tenemos que odiar y separar hermanos por ideas:

> *Como te rogué que te quedases en Éfeso, cuando fui a Macedonia, para que mandases a algunos que no enseñen diferente doctrina, **ni presten atención a fábulas y genealogías interminables, que acarrean disputas** más bien que edificación de Dios que es por fe, así te encargo ahora. Pues el propósito de este mandamiento es el amor nacido de corazón limpio, y de buena conciencia, y de fe no fingida, de las cuales cosas desviándose algunos, **se apartaron a vana palabrería**, queriendo ser doctores de la ley, sin entender ni lo que hablan ni lo que afirman.*
>
> 1ª Timoteo 1:3-7, RVR 1960, énfasis añadido

Un poco de humildad recorrería un largo camino para traer la Iglesia de Dios de nuevo a la unidad. ¿Qué pasaría si la Iglesia se reuniera en unidad? He aquí una pista:

> *Mirad cuán bueno y cuán agradable es*
> *que los hermanos habiten juntos en armonía.*
> *Es como el óleo precioso sobre la cabeza,*
> *el cual desciende sobre la barba,*
> *la barba de Aarón,*
> *que desciende hasta el borde de sus vestiduras.*
> *Es como el rocío de Hermón,*
> *que desciende sobre los montes de Sion;*
> *porque allí mandó el Señor la bendición,*
> *la vida para siempre.*
>
> Salmo 133

En primer lugar, la unidad podría agradar a Dios y se vería bien en el mundo. Ambos están cansados de vernos discutir.

En segundo lugar, como el salmo anterior sugiere, la *unción* fluiría. Cuando nosotros (los cristianos modernos) ungimos personas con aceite, damos un toquecito. Cuando Dios lo hace, lo vierte. Aquí vemos el aceite, que representa el Espíritu de Dios, el cual desciende sobre la cabeza de Aarón. Aarón era el sumo sacerdote. Esta es una referencia a Jesús como Sumo Sacerdote y "cabeza" de la Iglesia (vea Efesios 1:22; Colosenses 1:18). La unción desciende de Jesús. Corre hacia abajo sobre el sacerdocio (nosotros). Fluye por todo el cuerpo (la iglesia), y se junta alrededor de los pies del sacerdote.

Cuando nos reunamos en unidad, Dios va a hacer algo que le va a chamuscar a usted las cejas. Va a verter sobre la Iglesia una unción tal que no solo nos bendiga a nosotros, bendiga la tierra que pisamos, la tierra en que vivimos, la nación que llamamos nuestro hogar, y los vecinos que nos rodean. Y el resultado final no es solo el poder, es "vivir eternamente".

¿Qué significa eso? ¿La salvación? ¿La resurrección? ¿La inmortalidad? No sé, ¡pero estoy seguro de que quiero saberlo!

La razón por la que el diablo nos tiene como perro y gato es porque tiene un miedo mortal a saber lo que pasaría si nos paráramos juntos en unidad. El diablo sabe que si Dios manda Su bendición, él está acabado.

¡Pararnos juntos en unidad es adoración! Y sin ella, nunca veremos la gloria de Dios en la Iglesia.

EL CUARTO INGREDIENTE: SACERDOCIO

Por ahora esta afirmación es probablemente un "¡No me diga!" para usted, pero sin un sacerdocio que ministre a Dios y al mundo, no habrá gloria manifestada en la Tierra.

Lea el libro de Hebreos, capítulos del cuatro al nueve. La razón por la que Jesús vino a la Tierra es que la humanidad no podría proveer por sí misma un sacerdote que fuera capaz de servir en pureza y permanencia. Jesús es el sumo sacerdote permanente de los cielos. Pero Él también está levantando para Sí un sacerdocio en la Tierra.

Ya he confesado que tengo un motivo subyacente para escribir este libro. ¡Quiero ver la gloria de Dios en la Tierra! Para que eso suceda, el real sacerdocio de los creyentes debe volver a levantarse y servir.

Servir como sacerdote es adoración. Sin sacerdocio, no hay trono. Sin trono, no hay Rey.

EL QUINTO INGREDIENTE: SANGRE

Hasta el momento tenemos la alabanza, la humildad, la unidad, y un sacerdocio como ingredientes importantes en la adoración auténtica, sacudidora del mundo, manifestadora de la gloria. Uno más, es absolutamente vital y está por encima de todos los otros: la sangre de Jesús. Sin la sangre del Cordero, no tenemos nada. La sangre de Jesús es el activador de toda bendición celestial y también activa la gloria de Dios.

Cuando lideramos la adoración sin sangre, lideramos una adoración impotente. Cuando enfocamos el evangelismo sin la historia de la sangre, lo enfocamos sin oportunidad de que sea efectivo.

Cuando aplicamos la sangre a nuestras vidas, la comunión con Dios sucede. Cuando la sangre está sobre un hogar, el ángel de la muerte pasa de largo. Es la sangre del Cordero lo que abate a nuestros enemigos.

La gloria de Dios está buscando un lugar para establecerse, y solo se posará sobre la sangre de Jesús. Dondequiera que la sangre esté, es suelo santo, ya sea en nuestros santuarios o nuestros corazones. Y la gloria solo será entronizada en suelo santo.

Líderes de adoración, no se olviden de la sangre de Jesús cuando dirigen, o no van a llevar a nadie a ningún lugar donde valga la pena ir. Tenga en cuenta:

> *Entonces oí una gran voz en el cielo, que decía: Ahora ha venido la salvación, el poder, y el reino de nuestro Dios, y la autoridad de su Cristo; porque ha sido lanzado fuera el acusador de nuestros hermanos, el que los acusaba delante de nuestro Dios día y noche. Y **ellos le han vencido por medio de la sangre del Cordero** y de la palabra del testimonio de ellos, y menospreciaron sus vidas hasta la muerte.*
>
> Apocalipsis 12:10-11, RVR 1960, énfasis añadido

Y ahí lo tiene. Si queremos entronizar la presencia de Dios, tenemos que juntarnos en unidad y adoración y ministrar como sacerdotes, alabando a Dios con corazones humildes por medio de la sangre de Jesús. Si queremos que la gloria de Dios vuelva a nuestros santuarios, nuestros hogares y nuestras vidas, tenemos que hacer un asiento de honor para el pesado esplendor de nuestro maravilloso Dios.

PREGUNTAS PARA DEBATIR

1. Explique la diferencia entre la omnipresencia y la presencia *manifiesta* de Dios. ¿Cómo y por qué Su presencia manifiesta tiene grados?

2. ¿Qué representa el Arca del Pacto?

3. ¿Cuáles fueron las tres razones para que se transportara con varas el Arca del Pacto? ¿Cómo se aplica hoy esto a la presencia de Dios en nuestras vidas?

4. ¿Por qué había un velo que cubría el Lugar Santísimo y el Arca del Pacto? ¿Quién arrancó el velo y por qué? ¿Qué significa el velo rasgado?

5. ¿Por qué las Escrituras se refieren a Dios como "Aquel que mora entre los querubines?" ¿Cuál es el significado de los querubines?

6. ¿Qué elemento representa el batido de la tapa del arca? ¿Cómo esta cualidad nos hace más semejantes a Jesús?

7. ¿Qué nos enseñan acerca de la unidad las revelaciones separadas de Dios a las siete iglesias en Apocalipsis? ¿Por qué es tan importante que dejemos de pelear dentro de la iglesia y adoremos en unidad?

8. ¿Qué elemento absolutamente esencial está por encima de todos los otros y activa la gloria de Dios? ¿Qué revela Apocalipsis 12:10-11 acerca de su importancia en la adoración?

Capítulo 16

¿QUÉ PASA CON DAVID?

Él ha hecho de nosotros un reino de sacerdotes para Dios, su Padre. ¡A él sea
toda la gloria y el poder por siempre y para siempre! Amén.

—Apocalipsis 1:6, NTV

■ ■ ■

Advertencia: si usted fue un estudiante de la adoración del Antiguo Testamento antes de tomar este libro, lo siguiente puede sacudir un poco sus
bases. Es posible que se haya estado preguntando si yo iba a decir algo
sobre el tabernáculo de David. De hecho, es posible que se haya preguntado: "¿Por qué este tipo habla sin cesar sobre el tabernáculo de Moisés cuando la verdadera acción sucedió en el tabernáculo de David?"

Exploremos este asunto. El tabernáculo de David es una parte importante de esta discusión. El tabernáculo "de David" (que en realidad era
de Dios) consistió enteramente en el Lugar Santísimo. David colocó en
Jerusalén una tienda de campaña para albergar el Arca del Pacto, y asignó
grupos de sacerdotes entrenados para alabar al Señor, todo el día, con instrumentos y canto.

Ahora bien, respecto a esto hay un gran malentendido que debemos
abordar. Durante unos 30 años, ha habido un movimiento para restablecer
la "adoración davídica" en la Iglesia, basado en la profecía de Amós 9:11 y
citado por el apóstol Santiago en Hechos 15:16:

> *En aquel día yo levantaré el tabernáculo caído de David, y cerraré*
> *sus portillos y levantaré sus ruinas, y lo edificaré como en el tiem-*
> *po pasado.*

Esta profecía deja muy claro que hubo algo relativo al tabernáculo de
David que estuvo perdido por un tiempo, pero fue reintegrado a través de
Cristo. El malentendido es sobre lo que debe reanudarse.

Este restablecimiento cumplido del tabernáculo de David podría significar varias cosas:

1. PODRÍA SIGNIFICAR QUE DIOS RECONSTRUIRÍA EL REINO CAÍDO DEL LINAJE DE DAVID A TRAVÉS DE JESÚS.

Tabernáculo en hebreo es *mishkán*. Significa morada o casa. La tienda que David le construyó a Dios en realidad nunca fue llamada "tabernáculo de David" en el Antiguo Testamento. Se la conoce como "la casa de Dios". Tabernáculo de David es, literalmente, la casa de David: el lugar donde habitaba. Este pasaje puede significar que, aunque el linaje de reyes de David (su casa) estaba caído desde hacía muchos años, Dios iba a reconstruirlo. La venida de Jesús como el Mesías constituyó la "reconstrucción" de la casa caída de David (tabernáculo). Fue el cumplimiento de la promesa que Dios le hizo a él que siempre tendría un rey de su linaje (casa) en el trono.

El Rey Jesús, el Hijo de David, es una consumación perpetua de esa promesa. O...

2. PODRÍA SIGNIFICAR QUE DIOS IBA A REVITALIZAR UNA ADORACIÓN DE ESTILO DAVÍDICO

Quienes están a favor de esta teoría dicen que Dios ha rechazado el modelo antiguo, legalista del tabernáculo de Moisés por algo más nuevo: el tabernáculo de David. Dicen que la presencia de Dios en los últimos tiempos entrará a través de la adoración y la oración 24 horas al día, siete días a la semana—como la que David instituyó.

No voy a discutir la idea que David fue inspirado por el Señor cuando instituyó equipos musicales de alabanza para ministrar al Señor. Y estoy de acuerdo en que la alabanza y la oración apasionadas están preparando el camino para el regreso de Cristo. Creo que la adoración davídica es poderosa y profética y apropiada, ¿pero es de eso de lo que estos pasajes están hablando?

No lo creo. Usted tendría que tomar totalmente fuera de contexto las referencias de ambos libros para inferir eso. Simplemente no hay manera de que Amós 9:11 y Hechos 15:16, vayan a abolir la sombra de adoración celestial simbolizada por el tabernáculo de Moisés.

A menos que usted los lea fuera de contexto y desestime por completo toda otra referencia de la Biblia a los tabernáculos o templos.

De hecho, David nunca desmanteló el tabernáculo de Moisés. Él adoraba allí. ¿Sabía usted que David no solo asignó grupos de alabanza a su tabernáculo de Jerusalén? También asignó equipos de alabanza para ministrar en un lugar llamado Gabaón. ¿Sabe por qué? Porque ahí es donde estaba el tabernáculo de Moisés.

Vea, algunos creen que Dios le permitió a David traer el Arca del Pacto a Jerusalén separada del Tabernáculo de Moisés como una renuncia visible al orden de adoración del Tabernáculo de Moisés. Eso no es cierto. No está en la Biblia. Alguien lo inventó.

La verdad es que David sabía que no podía abandonar o ignorar la adoración ordenada por Dios por medio de Moisés, por lo que David se aseguró que los requerimientos del Tabernáculo de Moisés fueran siempre apasionadamente observados. En efecto, cada vez que David buscó la dirección del Señor, ¿adivine a dónde fue? Al Tabernáculo de Moisés en Gabaón. Adivine dónde Salomón le habló al Señor y le pidió sabiduría. Lo ha adivinado, en el Tabernáculo de Moisés en Gabaón.

¿Por qué? Porque David y Salomón no eran sacerdotes. Ellos no podían entrar en la presencia del arca. Como señalé antes, el Tabernáculo de David era todo Lugar Santísimo. Nadie entraba en él, sino el sumo sacerdote una vez al año. David y Salomón no podían entrar en el tabernáculo que David creó porque no eran sacerdotes. Ellos tenían que adorar y buscar a Dios como cualquier otro no-sacerdote: en los atrios de Gabaón.

En otras palabras, David no descuidó ni renunció al ministerio del Tabernáculo de Moisés, él lo mantuvo, honró y mejoró. Esto lo vemos claramente en dos pasajes clave:

> Y dejó allí, delante del arca del pacto del Señor, a Asaf y a sus parientes para ministrar continuamente delante del arca, según demandaba el trabajo de cada día; y a Obed-edom con sus sesenta y ocho parientes; a Obed-edom, también hijo de Jedutún, y a Hosacomo porteros. Y dejó a Sadoc el sacerdote y a sus parientes los sacerdotes delante del tabernáculo del Señor en el lugar alto que estaba en Gabaón, para ofrecer continuamente holocaustos al Señor sobre el altar del holocausto, por la mañana y por la noche, **conforme a todo lo que está escrito en la ley del Señor,** que El ordenó a Israel.
>
> 1ª Crónicas 16:37-40, énfasis añadido

> En aquel tiempo, viendo David que el Señor le había respondido en la era de Ornán jebuseo, ofreció sacrificio allí; porque **el tabernáculo del Señor que Moisés** había hecho en el desierto y **el altar del holocausto estaban en aquel tiempo en el lugar alto en**

Gabaón. *Pero David no pudo ir allá, delante de él, para consultar a Dios, porque estaba aterrado a causa de la espada del ángel del Señor.*

1ª Crónicas 21:28-30, énfasis añadido

David mantuvo y atendió todos los elementos de adoración del Tabernáculo de Moisés en Gabaón. Usted puede leer hasta el versículo 49 del segundo pasaje citado arriba y ver que los sacerdotes seguían supervisando el Altar de los Sacrificios y también el del Incienso. Esos no estaban en Jerusalén, sino en el Tabernáculo de Moisés ("la Casa del Señor") en Gabaón. Pero espere, aún hay más:

Y estos son los que David puso sobre el servicio del canto en la casa del Señor, después que el arca descansó allí. Ministraban con el canto delante del tabernáculo de la tienda de reunión, hasta que Salomón edificó la casa del Señor en Jerusalén, y servían en su oficio conforme a su orden.

1ª Crónicas 6:31-32

Todo lo que David hizo fue mover el Lugar Santísimo a Jerusalén y asignar músicos para ambos lugares.

Así que el estilo de adoración de David no fue una renuncia al proceso del Tabernáculo de Dios, sino una mejora. El Tabernáculo de David nació a través del Tabernáculo de Moisés. La adoración de Israel se había ido haciendo fría y sin corazón a medida que los ritos y rituales perdían significado para ellos. David reforzó la "liturgia" del tabernáculo añadiendo expresiones sinceras de alabanza musical, fe y testimonio. Le dio al pueblo de Dios literatura de alabanza que refleja un corazón verdaderamente adorador del Señor. Puso a la vista su relación con Dios, hizo que sus oraciones fueran de dominio público, y le dio a la Iglesia los salmos. Incluso inventó y construyó instrumentos para los sacerdotes para invertir en la cultura de adoración que estaba creando.

Pero David no hizo *nunca* abandono ni renuncia al ministerio del Tabernáculo de Moisés. La razón por la que David trasladó el Arca del Pacto fue porque comprendió el corazón de Dios. Dios no quiere estar escondido en algún lugar de una colina; quiere estar en medio de Su pueblo. Entonces David puso el arca en Jerusalén, justo en medio del pueblo.

El anuncio de Santiago en Hechos 15:15-17, sobre reconstruir el Tabernáculo de David no se refiere al estilo de adoración davídica. Se refiere a un Dios que quiere estar con Su pueblo. Él siempre ha querido morar con Su pueblo. Cuando llegó el día de Pentecostés, el "arca" de la presencia de Dios volvió a Jerusalén, como lo había hecho cuando David estableció su tabernáculo. Y el resultado fue que el Evangelio se extendió por toda la tierra para que todos, incluidos los nuevos "sacerdotes" gentiles buscaran al Señor.

Esto nos lleva a la tercera teoría.

3. LA RECONSTRUCCIÓN DEL TABERNÁCULO DE DAVID PODRÍA SIGNIFICAR LA INCLUSIÓN DE LOS GENTILES EN EL REINO DE SACERDOTES

Esta referencia a los gentiles es *realmente* importante. Como ve, las palabras de Hechos 15:15-17 (RVR 1960), fueron dichas en el Concilio de Jerusalén, que estaba decidiendo si realmente los gentiles podían adorar a Jesús. Tomado en el contexto correcto, Hechos 15, no trata de *cómo* adoramos (en un estilo de adoración davídica), trata de *quiénes* pueden adorar. Se está hablando de que los gentiles se incluyan en la salvación y en el sacerdocio.

Veamos el pasaje en cuestión:

> *Y con esto concuerdan las palabras de los profetas, como está escrito:*
> *Después de esto volveré y reedificaré el tabernáculo de David, que está caído; y repararé sus ruinas, y lo volveré a levantar, **para que el resto de los hombres busque al Señor, y todos los gentiles, sobre los cuales es invocado mi nombre,** dice el Señor, que hace conocer todo esto desde tiempos antiguos.*
>
> énfasis añadido

Si usted no es judío, el tabernáculo de David es una buena noticia para usted. Esto significa que puede ser sacerdote. Y solo los sacerdotes pueden entrar en el Lugar Santo y en el Lugar Santísimo. ¡Felicidades!, ahora usted puede ministrarle a Dios.

David debe haber entendido algo acerca de esto, porque asignó a un gentil para servir en el tabernáculo. Se llamaba Obed-edom. Primera de Crónicas 16:28, menciona Obed-edom como un guardián de la Casa de

Dios. El arca fue dejada en la casa de Obed-edom cuando Uza fue muerto (vea 2ª Samuel 6:10). Así sabemos que Obed-edom no solo sirvió en el tabernáculo de David, sino que también hospedó al Arca del Pacto, la misma presencia de Dios, en su casa por un tiempo.

Obed significa siervo y *edom* es una palabra que se usaba como sinónimo de naciones gentiles. Así Obed-edom significa siervo de los gentiles. Era un geteo, no un judío. Un geteo es una persona de Gat. Goliat era un geteo (vea 2ª Samuel 21:19). En otras palabras, Obed-edom era un filisteo. ¿Cómo podría un filisteo servir en la posición de un sacerdote? ¡Solo los levitas podían hacer eso! Bueno, David era un profeta, y él vio que llegaría un día en que el sacerdocio incluiría a los gentiles.

Dios no debe haber tenido demasiados problemas con eso, porque no golpeó a Obed-edom con un rayo. En realidad, Dios bendijo a toda la casa de Obed-edom. Eso es lo que le dio a David el arrojo para volver después que Uza fue abatido, obtener el arca, y volver a tratar de llevarla a Jerusalén.

Obed-edom fue un filisteo que sirvió como sacerdote. Él, que fue una vez un enemigo de Dios, ahora ha sido llamado un siervo de Dios. Esas son buenas noticias. Esto probablemente represente la primera vez en la historia en que a un gentil se le permitió servir al Señor.

Eso es lo que Amós y Hechos querían decir con la *reconstrucción* del tabernáculo de David. El tabernáculo de David incluye el *rechazo de la humanidad*, los gentiles.

¿Alguna vez ha notado que el velo fue la única cosa que Dios quitó del templo cuando Cristo fue crucificado? No quitó el Lugar Santo, la mesa de los panes de la proposición, el altar de los Sacrificios y el altar del incienso, el candelabro de oro, o la fuente de bronce. Sacó solamente el velo. ¿Qué significa eso? Cuando Jesús murió en la cruz, Dios no hizo ninguna indicación que supusiera que la adoración del tabernáculo (como sombra de la adoración celestial) debiera cesar. Solo quitó el velo: la barrera entre Él y Sus sacerdotes.

El velo separaba a los sacerdotes del Lugar Santísimo y solo el sumo sacerdote podía entrar una vez al año. Jesús, nuestro Sumo Sacerdote, eliminó la barrera que nos impedía al resto de nosotros (sacerdotes) acceder al Arca del Pacto, donde la presencia manifiesta de Dios mora entre los querubines.

Ahora cualquier persona a quien le está permitido entrar en el Lugar Santo le está permitido entrar en el Lugar Santísimo. Pero solo a los sacerdotes se les permite entrar en el Lugar Santo. Por eso es tan importante que entendamos qué somos. Si usted es un creyente, tiene acceso al Lugar Santo y al Lugar Santísimo. Sea usted judío o gentil, si usted es un adorador de Jesús, usted es un sacerdote y tiene acceso a la presencia de Dios. Pero nadie que *no* sea un sacerdote puede entrar en la presencia de Dios. Ni en el Lugar Santo, ni ciertamente más allá del velo rasgado. Solo los sacerdotes tienen acceso a Dios. Así que Dios quiere expandir el sacerdocio de los creyentes.

Dios quiere establecer Su presencia en medio de Su pueblo (y dentro de ellos), de modo que *toda* la humanidad lo busque. Incluyendo aquellos que una vez se contaban como Sus enemigos, como yo lo fui. El tabernáculo de David se refiere a un Dios que resplandece desde Jerusalén para redimir a los perdidos (tanto judíos como gentiles) de todos los rincones de la tierra. ¡Señor, que Tu gloria descienda!

David y Moisés no están en conflicto o competencia. El tabernáculo de David sirve al tabernáculo de Moisés, y ambos son de Dios. El tabernáculo de Moisés nos enseña *cómo*, una manera de vivir y ministrar en esos tabernáculos (o comunidades) con Dios. El tabernáculo de David nos enseña *quién* puede habitar con Dios. Y Dios quiere que *todos* los de Su pueblo tengan acceso a Él, no solo los judíos. Estos dos nunca se opusieron. Cuando Salomón vio las verdades de ambos tabernáculos y los reunió en Su templo, la gloria de Dios volvió a descender.

UNA PALABRA PARA LÍDERES DE ADORACIÓN

¿A qué se parece la adoración de la sala del trono? ¿Damos a nuestra gente la oportunidad de averiguarlo?

Si el velo se partió y lo hizo de forma recta y lisa, si entendemos cómo ayudar a la gente a venir a la sala del trono espiritual y psicológicamente, ¿por qué no venimos?

Creo que la respuesta es que la Iglesia es todavía muy inmadura. Estamos todavía muy centrados en nosotros mismos. La adoración de la sala del trono está totalmente enfocada en Dios. Me pregunto cuántas veces cantamos canciones que no tienen nada que ver con nosotros. ¿Con qué frecuencia cantamos canciones que no tienen las palabras "yo" o "mí" en ellos?

En la sala del trono, todos los ojos están puestos en el Rey. En la sala del trono, todas las coronas están a Sus pies. En el Lugar Santísimo, toda rodilla se dobla. Solo el Rey se sienta en un trono. Hasta los ancianos del cielo caen en humilde adoración ante la majestad de Cristo. No hay exaltación del hombre. Ninguna humanidad recibe gloria. Ninguna oscuridad tiene autoridad. Y no hay duda de Quién es el Señor. He aquí una rara vislumbre del cielo:

> *Y siempre que aquellos seres vivientes dan gloria y honra y acción de gracias al que está sentado en el trono, al que vive por los siglos de los siglos, los veinticuatro ancianos se postran delante del que está sentado en el trono, y adoran al que vive por los siglos de los siglos, y echan sus coronas delante del trono, diciendo: Señor, digno eres de recibir la gloria y la honra y el poder; porque tú creaste todas las cosas, y por tu voluntad existen y fueron creadas.*
>
> Apocalipsis 4:9-11

¿Qué pasaría si nuestros servicios de adoración reflejaran lo que realmente está sucediendo alrededor del trono de Dios? Siga leyendo. La Palabra lo dice mejor:

> *Y miré, y vi que en medio del trono y de los cuatro seres vivientes, y en medio de los ancianos, estaba en pie un Cordero como inmolado, que tenía siete cuernos, y siete ojos, los cuales son los siete espíritus de Dios enviados por toda la tierra. Y vino, y tomó el libro de la mano derecha del que estaba sentado en el trono. Y cuando hubo tomado el libro, los cuatro seres vivientes y los veinticuatro ancianos se postraron delante del Cordero; todos tenían arpas, y copas de oro llenas de incienso, que son las oraciones de los santos; y cantaban un nuevo cántico, diciendo:*
>
> *Digno eres de tomar el libro y de abrir sus sellos; porque tú fuiste inmolado, y con tu sangre nos has redimido para Dios, de todo linaje y lengua y pueblo y nación; y nos has hecho para nuestro Dios reyes y sacerdotes, y reinaremos sobre la tierra. Y miré, y oí la voz de muchos ángeles alrededor del trono, y de los seres vivientes, y de los ancianos; y su número era millones de millones, que decían a gran voz: El Cordero que fue inmolado es digno de tomar el poder, las riquezas, la sabiduría, la fortaleza, la honra, la gloria y la alabanza. Y a todo lo creado que está en el cielo, y sobre*

*la tierra, y debajo de la tierra, y en el mar, y a todas las cosas que
en ellos hay, oí decir: Al que está sentado en el trono, y al Cordero, sea la alabanza, la honra, la gloria y el poder, por los siglos de
los siglos. Los cuatro seres vivientes decían: Amén; y los veinticuatro ancianos se postraron sobre sus rostros y adoraron al que vive
por los siglos de los siglos.*

Apocalipsis 5:6-14

Cuando la adoración del cielo se convierta en la adoración de la Tierra, las cosas del cielo serán las realidades de la Tierra.

Tengo muchos deseos de ver el trono de mi Rey establecido firmemente en la Tierra entre Su pueblo. Anhelo que reciba el honor y el amor que tanto se merece. Y deseo ver cumplido el deseo de Su corazón: que Sus hijos vuelvan a casa con Él.

Es por eso que soy un sacerdote de la casa de Dios. Y es por eso que me he convertido en una casa de Dios, un tabernáculo que camina. Cuando el pueblo de Dios se convierta en el Lugar Santísimo, el Señor volverá a establecer Su trono —Su arca— en medio de Su pueblo. La gloria volverá a la tierra.

Ven, Señor, Jesús.

PREGUNTAS PARA DEBATIR

1. ¿David fue negligente o mantuvo el ministerio del tabernáculo de Moisés? Use como ejemplos de su respuesta pasos y acciones específicas que David realizó.
2. ¿Por qué David trasladó el arca del pacto?
3. Si el anuncio de Santiago en Hechos 15:15-17, no se refiere a un estilo davídico de adoración ¿de qué se podría tratar?
4. Según Hechos 15, ¿por qué el tabernáculo de David es buena noticia para usted si usted no es judío?
5. Cuando Cristo fue crucificado, el velo fue la única cosa que Dios quitó del templo. ¿Qué significa eso?
6. ¿Qué nos enseña el tabernáculo de Moisés? ¿Qué nos enseña el tabernáculo de David?
7. ¿Por qué la adoración de la sala del trono es rara en la iglesia?

Capítulo 17

PREPARAR EL CAMINO

Yo estoy por enviar a mi mensajero para que prepare el camino delante de mí. De pronto vendrá a su templo el Señor a quien ustedes buscan; vendrá el mensajero del pacto, en quien ustedes se complacen

—Malaquías 3:1, NVI

■ ■ ■

SOMBRAS DE LAS COSAS POR VENIR

Dios siempre habla. Lamentablemente, algunas personas creen que Dios se ha enmudecido. No he encontrado que Dios esté callado. He encontrado, sin embargo, que las personas son a menudo duras de oído.

Puede ser cierto que, como en los días de Samuel, la voz de Dios se oiga raramente. Pero nuestro Dios siempre ha estado en busca de personas como Moisés, que quería hablar con Él como un amigo habla con su amigo: cara a cara. Por un lado, Dios valora Sus relaciones con sus hijos. Pero también quiere prepararnos para lo que viene.

En verdad, nada hace el Señor omnipotente sin antes revelar sus designios a sus siervos los profetas.

Amós 3:7, NVI

Creo que el tabernáculo de Moisés es una sombra de la adoración celestial. Pero creo que también es algo más. Es una revelación del plan de Dios para el futuro de la humanidad.

¿Qué pasa si el tabernáculo de Moisés es más que una revelación de cómo adorar? ¿Y si fuera también una línea de tiempo—un mapa profético—del retorno de la gloria de Dios a la Tierra? ¿Qué pasaría si cada pieza de culto del tabernáculo, también representara un aspecto del ministerio de la Iglesia que debe ser reinstalado para marcar el comienzo del regreso definitivo de Jesucristo, la gloria de Dios en la Tierra?

Con esa visión en mente, ¿qué vamos a hacer con Hechos 1:11? Hay un ángel que dice: *"Varones galileos, ¿por qué estáis mirando al cielo? Este mismo Jesús, que ha sido tomado de vosotros al cielo, así vendrá como le habéis visto ir al cielo".*

Si eso es cierto, entonces deberíamos ver aspectos de la adoración, perdidos para el cristianismo por durante décadas, que serán históricamente devueltos a la Iglesia. Deberíamos ver cada parte de la adoración reinstalada como el plan de Dios lo despliega ante nosotros. Y creo que eso es exactamente lo que estamos viendo.

Estoy sugiriendo que el tabernáculo no es solo el trayecto del crecimiento de una relación individual con Dios, es el camino de maduración de la relación de la Iglesia con Dios. El tabernáculo representa las edades de la Iglesia a medida que Dios nos prepara para el regreso de Jesús.

LA PRIMERA REFORMA: EL ALTAR Y LA FUENTE DE BRONCE

Al comienzo de este libro he mencionado la tragedia del Oscurantismo. No fueron oscuras simplemente debido a la hambruna, la peste, la guerra y la ignorancia. Eran oscuras porque la Iglesia robó oficialmente al pueblo de Dios su papel como sacerdotes.

Toda la Escritura estaba en latín y estaba reservada para los sacerdotes profesionales. Desde 500 d. C. a 1500 d. C., Europa (el mundo cristiano de ese tiempo) languideció en la oscuridad.

¿Qué pasó en 1500 para que se rompiera este patrón? Dios le dio una revelación a Gutenberg. Una idea le vino a Johannes Gutenberg en un "rayo de luz", y en 1440 inventó la imprenta. En 1455 se imprimió una Biblia en latín. Para el año 1500, se imprimían libros en toda Europa.

Esto preparó el escenario para la mayor revolución desde la resurrección de Jesús. En 1517, Martín Lutero escribió sus *Noventa y cinco tesis* que contienen preguntas que llevaron a la Reforma Protestante. Debido a la imprenta, solo tomó dos semanas para que las ideas de Lutero cubrieran Alemania, y, en dos meses, se habían extendido a toda Europa.

Fue la Reforma Protestante lo que devolvió la salvación por gracia mediante la fe (el Altar de los Sacrificios) a la Iglesia después de 1000 años de religión muerta. La Reforma también abrió el camino para que la Biblia fuera impresa y puesta a disposición en el idioma de la gente. Fue el regreso de la Fuente de Bronce: la Palabra volvió a lavar a la Iglesia, los sacerdotes de Dios.

La Reforma Protestante devolvió el ministerio de los patios exteriores a la Iglesia después de 1000 años de oscuridad.

LA SEGUNDA REFORMA: EL CANDELABRO

Pasarían otros 500 años antes que se reinstaurara el ministerio del Lugar Santo. Claro, hubo pequeños focos de adoración del Lugar Santo. Los moravos, los fundadores del movimiento misionero moderno, eran personas de auténtica oración y adoración. Pero fueron odiados y perseguidos por católicos y protestantes por igual. Ellos eran un remanente, pero sus ideas no cambiaron la Iglesia en su conjunto.

No fue hasta principios del siglo XX que se produjo la siguiente reforma importante. En 1904, Dios encendió en Gales una chispa que encendió en California un fuego que rugió a través de todo el país. Solo en el País de Gales, más de 100000 personas fueron salvas y los galeses experimentaron lo que creían era el cumplimiento de Joel 2:28-29:

> *Y después de esto derramaré mi Espíritu sobre toda carne, y profetizarán vuestros hijos y vuestras hijas; vuestros ancianos soñarán sueños, y vuestros jóvenes verán visiones. Y también sobre los siervos y sobre las siervas derramaré mi Espíritu en aquellos días.*

El avivamiento se caracterizó por cambios radicales de estilo de vida, sanidades milagrosas, y dones de lenguas y profecía. Los que visitaron Gales trajeron pasión por ver un movimiento similar de Dios en América.

El avivamiento de la calle Azusa comenzó en Los Ángeles, California en 1906. Fue elogiado desde algunas esquinas y vilipendiado desde otras, pero no se discute que abrió la puerta al Espíritu Santo en la Iglesia. Gente de todos los orígenes socioeconómicos, todas las razas y todas las denominaciones asistió a las reuniones extraordinarias. Un canto a capella; sanidades y lenguas milagrosas; junto con muchos relatos de primera mano de inmigrantes de habla alemana, yiddish y española que testificaron en sus propios idiomas a miembros de la iglesia de habla inglesa, fueron lugar común en estos servicios.

La Reforma Pentecostal había comenzado. No importa a qué denominación usted está suscrito, las Reformas protestantes y pentecostales cambiaron la forma en que usted adora. Y así como la imprenta extendió la teología protestante y la Palabra en todo el mundo, los nuevos medios de comunicación de radio y (más tarde TV) enviaron esta nueva reforma —el poder manifiesto del Espíritu Santo en la Iglesia— a hogares de todo el mundo.

La Reforma Pentecostal introdujo el sacerdocio de los creyentes en el Lugar Santo y restableció el Candelero de Oro. También inició el restablecimiento de la Mesa de los Panes de la Proposición—la vida de comunión e intimidad con Dios—pero tomó otro movimiento y grupo de personas para consolidar realmente la Mesa de los Panes de la Proposición en la cultura de la Iglesia. De hecho, tomó a los hippies.

LA TERCERA REFORMA: LA MESA DE LOS PANES DE LA PROPOSICIÓN

Las décadas de los 60 y 70 fueron un tiempo interesante, y en muchos aspectos hicieron un gran daño a nuestra cultura y a nuestra moral. Pero también salió algo bueno de estos tiempos. Un grupo de jóvenes cristianos llamado "Gente de Jesús" o "Locos por Jesús" comenzó un movimiento que cambió definitivamente el corazón de 1ª adoración.

El Movimiento de Jesús tenía sus defectos, pero trajo el amor de regreso a la Iglesia. En una era de "amor libre", eso era una contracultura contra la contracultura. El "Locos por Jesús" quería volver a la simplicidad del cristianismo primitivo. Ellos creían en el poder de Dios en medio de Su pueblo. Y creían que Jesús es una persona informal, real, con quien podemos tener una verdadera relación.

El mayor legado del Movimiento de Jesús es, probablemente, la adoración cristiana contemporánea. ¿Por qué es esto importante? Porque no solo cantaban sobre Jesús, le cantaban a Él. Los reformadores escribieron canciones que nutrieron la teología, el Movimiento Pentecostal escribió canciones que nutrieron la fe y la pasión espiritual, pero la Gente de Jesús cantaba canciones que nutrían las relaciones con Dios. Ellos abrazaron una teología que incluía un estilo de vida de comunión con Dios a través de Jesús.

Invitaron al mundo a sentarse a la Mesa de los Panes de la Proposición.

También trajeron la guitarra a la adoración, lo que resultó que afloraran reuniones de adoración y oración en todo el mundo. Las guitarras no son mejores que cualquier otro instrumento, pero son baratas, prácticas y portátiles.

Las guitarras permiten "incluso a creyentes menos educados de los rincones más pobres del planeta" ministrar como sacerdotes y líderes de adoración. Y permiten a los adoradores completa movilidad.

La Gente de Jesús son los padres del movimiento juvenil cristiano y del Movimiento Carismático, que influyó y cambió todas las denominaciones de la Tierra—incluso la suya.

Mis padres fueron salvos durante el Movimiento de Jesús. Hasta el Movimiento de Jesús no había algo como "música cristiana contemporánea" (estrictamente hablando, cada generación de creyentes a través de la historia de la Iglesia había adaptado la música contemporánea a sus tiempos, pero en los primeros dos tercios del siglo XX, la música había sido detenida en el tiempo y dominada por la tradición). No había cosas tales como pastores de adoración. No había cosas tales como grupos de jóvenes. La mayoría de nosotros tenemos una gran deuda con la Gente de Jesús.

Mientras este movimiento reinstituía la Mesa de los Panes de la Proposición, también comenzó a empujar a la Iglesia hacia el Altar del Incienso. Pero, como usted está a punto de ver, se requirió otro movimiento de Dios para restablecer plenamente este elemento sacerdotal.

LA CUARTA REFORMA: EL ALTAR DEL INCIENSO

En 1999, Mike Bickle comenzó un movimiento de oración con 20 personas en un remolque en Kansas City, Missouri. Desde entonces, la International House of Prayer (Casa de Oración Internacional) se ha convertido en un modelo y una inspiración para lo que creo que es la pieza final del rompecabezas del tabernáculo.

La Casa de Oración (o Arpa y Copa) practica un modelo de adoración continua. Tal como hizo el rey David, ellos rotan equipos de oración y de adoración a través de sus instalaciones para que una constante ofrenda de adoración y oración se eleve al Señor las 24 horas del día, siete días a la semana, sin cesar.

Y la Casa de Oración Internacional ya no es un lugar único en el planeta. Están aflorando por todas partes, ofreciendo un continuo incienso de apasionada oración y adoración al Rey.

Compare este desarrollo con la ventana al cielo que se nos da en Apocalipsis 5:7-8:

> *Y vino, y tomó el libro de la mano derecha del que estaba sentado en el trono. Y cuando hubo tomado el libro, los cuatro seres vivientes y los veinticuatro ancianos se postraron delante del Cordero; todos tenían arpas, y **copas de oro llenas de incienso, que son las oraciones de los santos**.*

énfasis añadido

Creo que esta es la Reforma final de la Iglesia. Así como Dios no enviará a Su gloria al arca sin el humo del incienso llenando el Lugar Santísimo, no volverá sin que la Tierra sea aromatizada y llena del incienso de la oración y la adoración. Como Pentecostés no vino sin la intercesión de Cristo en la cruz, el próximo "Pentecostés" de la Iglesia no vendrá sin la intercesión sacrificial de la Iglesia.

¿Qué significa eso? Significa que estamos parados al borde del siguiente y último movimiento de Dios. El velo se ha ido y Dios está entrenando a la Iglesia para ministrar en el Altar del Incienso. Una vez que la Iglesia asuma su rol en el Altar del Incienso, no habría nada que se interpusiera entre nosotros y el arca del pacto, y recuerde, la gloria cae sobre el arca. Estamos muy cerca ahora.

Sacerdotes de Dios, ¡por favor, oren! La oración y la adoración apasionadas son el incienso que prepara la Tierra para el regreso de Jesús. Nuestras oraciones llenan las copas de los cielos, y cuando desbordan, el poder de Dios es derramado en respuesta.

¡Por favor, interceda! Oremos por nuestros gobernantes, nuestros vecinos, nuestras culturas e hijos, por nuestras naciones y por los perdidos. La gloria cae cuando los sacerdotes llenan el Lugar Santísimo con el humo de la oración ardiente.

Nuestros días son muy cortos ahora. Y tal como Esther fue puesta en el palacio para interceder por su pueblo, usted "para esta hora [ha] llegado al reino". Usted fue puesto en la Tierra en este momento de la historia para preparar el camino del Señor.

De eso es lo que trata el tabernáculo, de hacer un camino recto —de preparar una Novia por la que el Novio regrese—, preparar una casa espiritual a la que Él pueda regresar.

Una voz proclama: "Preparen en el desierto un camino para el Señor: enderecen en la estepa un sendero para nuestro Dios. Que se levanten todos los valles, y se allanen todos los montes y colinas; que el terreno escabroso se nivele y se alisen las quebradas. Entonces se revelará la gloria del Señor, y la verá toda la humanidad. El Señor mismo lo ha dicho."

Isaías 40:3-5, NVI

Él viene.

LA GLORIA VENIDERA

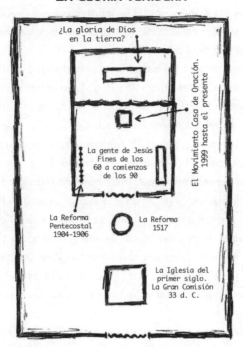

Ahora, mire la aceleración de los acontecimientos. La Iglesia prosperó durante sus primeros 300 años, más o menos, y luego comenzó a decaer a medida que políticos y personas influyentes ganaban el liderazgo de la Iglesia. La Iglesia (no la iglesia religiosa organizada, sino el verdadero cristianismo) ¡estuvo dormida y cerca de la muerte durante 1000 años, desde el 500 d. C. hasta el 1500 d. C.!

Después de 1000 años (en 1517), Dios devolvió la salvación y la Escritura a la Iglesia a través de la Reforma Protestante. Durante este tiempo, la adoración en el Altar de los Holocaustos y en la Fuente de Bronce fue restaurada a la Iglesia.

Quinientos años más tarde (en 1904-1915), Dios comenzó a restaurar el ministerio del Lugar Santo a través de la Reforma Pentecostal. Durante este tiempo, fue restaurada la adoración del Candelabro de Oro.

Tan solo 50 años después de eso, Dios devolvió el ministerio de intimidad y el estilo de vida de comunión con la Iglesia a través de la Gente de Jesús. Durante este tiempo —usted lo adivinó— fue restaurada la adoración de la Mesa de los Panes de la Proposición.

Dios devolvió el ministerio de intercesión y oración a la Iglesia 25 años después a través del ministerio del Movimiento Casa de Oración 24/7. Por lo tanto, la adoración en el Altar del Incienso está siendo restaurada a la Iglesia mientras escribo este libro.

¿Ve lo que está pasando? Los tiempos se reducen a la mitad: 1000 años, 500 años; después 50 años, luego 25 años. ¿Dónde nos encontramos hoy en la línea de tiempo profética de la historia? Justo en el umbral de la eternidad. Nosotros, la Iglesia, estamos parados en el velo rasgado, llenando el Lugar Santísimo con el incienso de nuestra oración y adoración ardientes y preparando el día para el regreso de la Gloria de Dios.

Por favor, no me malinterprete. No estoy haciendo predicciones sobre el día, ni la hora, ni nada de eso. Todo lo que digo es esto…Estamos muy cerca del próximo, y posiblemente último, gran mover de Dios. Creo que mis hijos y yo veremos, de primera mano, lo que generaciones de cristianos han esperado y por lo que han orado: el retorno del Rey de reyes.

¿Cuál es su papel a desempeñar? Bueno, usted es un sacerdote. Es su honor preparar el camino para el Señor y preparar los corazones de Su pueblo para Su regreso.

¿Qué va a hacer? ¿Va a tomar en serio su papel en la historia? ¿O va a discutir sobre puntos de doctrina de menor importancia? ¿Va a ir a la iglesia, o va a SER la Iglesia? ¿Va a asistir a la adoración, o va a SER adoración? ¿Va a ser un ministerio consumidor? ¿Va a ser un ministerio espectador? ¿Va a ser un ministerio de soporte? ¿O va a pararse como un sacerdote entre el pórtico y el altar, y guiar al mundo a la presencia de Dios?

Yo no nací para la religión. Yo no nací para calentar una banca. Yo no nací para asistir a "servicios", y aumentar los roles de la membresía. Yo no nací para actividades tradicionales muertas, impotentes, vacías, sin sentido.

¡Yo nací para la sala del trono! Nací para la gloria de mi Padre. Y he nacido para cambiar el mundo. ¿Para qué nació usted?

Este es su tiempo.

LAS EDADES DE LA IGLESIA

Las edades de la Iglesia siguen de cerca el ciclo de vida de una persona. No creo que sea un accidente. Así como los días de vacaciones escolares parecían durar para siempre cuando usted era niño, pero se le pasan volando como adulto, podemos sentir que el tiempo se mueve más y más rápido a medida que nos acercamos al fin. Y lo que nos ocupa parece cada vez más urgente.

1. **Nacimiento:** El ministerio de Jesús, Su muerte y resurrección dieron nacimiento a la Iglesia.

2. **Juventud:** Los tres primeros siglos fueron años de juventud de la Iglesia. Creció, maduró y aumentó en fuerza y sabiduría.

3. **Rebelión:** No creo que todos los adolescentes sean rebeldes, pero ESTÁ en la naturaleza humana hacerlo. El Oscurantismo fueron años pródigos de la Iglesia: sus años perdidos.

4. **Arrepentimiento:** La Reforma representa el retorno de la Iglesia a los caminos de su Padre, Dios. La Iglesia volvió a la Palabra de su Padre.

5. **Madurez:** La Reforma Pentecostal encaminó a la Iglesia a su fuerza y poder. La potencia corresponde a la reproducción, y la Iglesia ha crecido en el último siglo más que en todos los siglos anteriores juntos.

6. **Relación:** El Movimiento de Jesús representa la edad matrimonial de la Iglesia, la edad de la intimidad. En los últimos 40 años, la Iglesia ha visto su crecimiento más dinámico de la historia. ¿Por qué? Los hijos nacen de la relación íntima.

7. **Servicio Desinteresado:** Ahora la Iglesia está aprendiendo la oración e intercesión. Estos son nuestros años de cruz, y hay más cristianos siendo martirizados y perseguidos a causa de Jesús ahora que en cualquier otra época de la historia (visite la Voz de los Mártires, en www.persecution.com). Estamos entrando en nuestros años de voluntariado. En estos años, nos enteramos que en la vida hay más que el aquí y ahora. Estamos viviendo con una visión más grande y preparándonos para el siguiente paso de nuestro viaje, pero antes de irnos, queremos presentarle al mundo al Rey que servimos, sin importar lo que nos cueste.

8. **Atravesar:** ¿Qué sigue? ¿Qué hay más allá del velo? Al final de nuestro camino terrenal solo hay una expectativa para los hijos de Dios: estar en la presencia de nuestro Padre. ¿Cómo será eso? ¿La gloria de Dios regresará a la Tierra? ¿La Iglesia será arrebatada a la presencia de su Rey? Puede ser que pronto lo veamos. El tiempo es corto.

¿Lo entusiasma esto? ¿Puede sentir que su pulso se acelera y sus expectativas se elevan? Tal vez es porque el Espíritu dentro de usted da testimonio al espíritu de lo que digo.

Usted y yo nacimos para la época en la que estamos viviendo. Y tal vez, si Dios quiere, vamos a ver la era venidera.

LA IMPORTANCIA DEL PROCESO

Yo solía practicar un poco de escalada de roca. Era bastante antisocial y malhumorado cuando era joven, y me metí en problemas cuando jugaba deportes de equipo. Las rocas iban más conmigo. Enfrentase uno solo al dúo dinámico de un objeto alto, inamovible y la ley de la gravedad es bastante emocionante —sobre todo si, como yo, usted tiene miedo a las alturas. Puede imaginarse cómo eso me elevó la adrenalina.

Como joven, también tuve problemas con el control de impulsos, por lo que me lesioné frecuentemente. Escalar rocas puede sonar como una mala elección para un malhumorado, propenso a los accidentes, adicto al miedo con problemas de control de impulsos, pero en realidad es uno de los deportes extremos más seguros. Usted debería haber visto los resultados de mis incursiones en snowboarding, motocross, y todo terreno: ni de lejos tan buenos.

Un *buen* escalador es una persona muy cautelosa, porque los escaladores quieren vivir para escalar otro día. Son muy cuidadosos con su equipo. Son muy particulares sobre quién los amarra y cuán confiable es esa persona. Y siguen meticulosamente los procedimientos antes de tocar la roca.

Yo nunca fui un buen escalador.

Un día, les estaba mostrando a unos amigos (un par de estos "amigos" eran chicas bonitas) y decidí practicar escalada libre en un tipo de acantilado llamado chimenea. Las chimeneas son fáciles, porque por lo general tienen tres superficies donde poner sus manos y pies, pero a medida que subía, una de las dos rocas que formaban la chimenea estaba inclinada fuera de mi alcance. De repente, no estaba en una chimenea. Estaba en un acantilado. Esos son más difíciles de escalar.

Fue un largo camino hacia abajo. Yo estaba incluso más allá del punto de no retorno. E independientemente de lo que muchos piensen, bajar es en realidad más difícil que subir (y aterrador) a menos que usted decida tomar el camino más fácil y caer como una roca. Lo he probado, y duele.

Así que tuve que tomar una decisión. Las probabilidades de que me cayera en el camino eran bastante altas. Si me caía en este punto, probablemente me quebraría, pero sobreviviría. Si seguía andando, podría no caer, pero si lo hiciera, podría matarme.

Al ver hacia abajo, vi a esas chicas bonitas que me miraban boquiabiertas de asombro. Parecían impresionadas. Decidí seguir adelante.

La cara de la roca era muy quebradiza, y yo seguía perdiendo mis apoyos. Mis manos y pies se seguían deslizando de la roca, así que me estaba poniendo nervioso cuando conseguí poner mi mano sobre la cornisa. Yo no estaba preparado para subir y estaba usando mis zapatillas, que no eran el calzado adecuado para la ocasión. Las puntas de mis zapatillas de deporte estaban metidas en rocas muy estrechas, y yo estaba agarrado con poco más que las uñas de mi mano izquierda.

El borde del acantilado era inclinado y guijarroso. No podía confiar en él como asidero. Así que me acerqué el borde hasta donde pude, buscando a tientas una roca. Encontré una y le di un par de tirones firmes. Serviría.

Me agarré con firmeza y me preparé para trepar otra vez. Pero cuando llegué, la roca se desprendió en mi mano.

El impulso de la roca al romperse me tiró hacia atrás. Mis dos manos se alejaron del precipicio y caí de espaldas con solo los dedos de mis pies tocando la roca.

Estoy muerto, pensé mientras me alejaba del acantilado.

Entonces, algo extraño sucedió.

Se sintió como si alguien pusiera una mano en el medio de mi espalda y empujara. Esa mano me empujó de vuelta al acantilado, y antes de saber lo que había pasado yo estaba arriba y sobre el costado, yaciendo en la parte superior con la cara en la grava, besando a mi nueva mejor amiga, la Tierra Firme. Los chicos que fueron testigos me dijeron que fue una de las cosas más extrañas que jamás habían visto.

Eso ocurrió aproximadamente un año antes de que fuera salvo. Yo creo que Dios salvó mi vida ese día. Tal vez mi abuela tenía razón. Tal vez Dios protege a los tontos y los borrachos. Todo lo que sé es que Su gracia cubrió mi locura de ese día.

Yo había descuidado el procedimiento. Había desdeñado el proceso. Y eso casi me costó todo.

Tratamos con desdén el proceso en la Iglesia todo el tiempo. A veces, por razones de conveniencia, a veces por el bien de la tradición, a veces por ignorancia, estupidez u orgullo. Pero Dios es misericordioso. Nos cubre. Sin embargo, una persona sabia aprende de este tipo de situaciones, y honra el don de la vida sometiéndose a los modos de obrar de su Salvador.

Es hora de que la Iglesia se someta a un modo de obrar más honorable —un modo de obrar más excelente, más seguro. Es hora de adoptar el proceso de Dios.

MI PROCESO

Fui bastante acosado cuando era niño, así que aprendí cómo golpear y cómo dar una buena pelea. Dios usó eso. No tengo miedo de la "violencia" espiritual o de enfrentar luchas espirituales.

Mi papá fue reclutado durante Vietnam y crecí como hijo de militar, mudándome con frecuencia. Dios usó eso. Soy espiritualmente muy móvil, adaptable y flexible. Mis padres solían entregarme una Biblia y hacerme ir a ver lo que había hecho mal. Dios usó eso, también. Yo conocía la Palabra antes de conocer al Señor, así que estudiar la Escritura no me intimida.

Fui admitido en un programa de enriquecimiento de aprendizaje en la secundaria. Me enseñaron habilidades de pensamiento crítico, lógica y mitología griega. Dios usó eso, también. En séptimo grado estaba en la banda y el coro de la escuela. Dios usó eso. A los 14 años, antes de que fuera salvo, un pastor de jóvenes de la iglesia de mis padres me enseñó a tocar la guitarra. Dios usó eso. Mis mejores amigos de la escuela fueron un drogadicto, un chico judío y un futbolista irlandés. Dios usó eso. Me rompí la espalda en el último año y tuve que hacer teatro en lugar de lucha libre. Dios usó eso. Yo solía dormir en el sofá fuera de la oficina del decano entre clases. Dios usó eso. Mis padres me enviaron a una facultad cristiana, por un semestre, en la esperanza de conseguir que fuera salvo. Dios usó eso. Me especialicé en arte, publicidad, astronomía, el premédica y finalmente inglés. Dios usó todo eso. Hice que una mujer a quien amaba se hiciera un aborto. Dios usó (y redimió) eso. Obtuve mi certificación de enseñanza. Me conecté a un grupo de jóvenes adultos cristianos sinceros. Tomé cursos para credenciales ministeriales. Trabajé como terapeuta de autismo. Enseñé a niños con discapacidad emocional. Y Dios usó cada una de esas cosas. Me casé con la hija de un pastor. Dios usó realmente eso. ¿Usted está captando el cuadro?

San Antonio me llevó a Houston, Houston me llevó a El Paso, El Paso me llevó a Fort Leonard Wood, Fort Leonard Wood me llevó de regreso a San Antonio, que me llevó a Austin, y luego a Kentucky, luego a Belton, a continuación, a Maryland, a Pennsylvania, a Dallas, a Alabama, lo que me llevó a Fort Worth. Con miles de pequeños desplazamientos en el medio.

La razón por la que soy capaz de hacer las cosas que hago *hoy* es por el proceso que Dios me hizo atravesar *ayer*. Nuestras vidas son acumulativas. No hay días aislados. Cada uno construye sobre el fundamento del último —al igual que una escalera, cada capa nos acerca más a Él. Dios usa cada experiencia, cada lección, cada relación, incluso nuestros traumas y tragedias como pasos en el proceso de llegar a ser las personas que Él nos diseñó para que fuéramos. Son pasos en el proceso para alcanzar los destinos que Él ha codificado en el tejido de las vidas de cada uno de nosotros.

Somos viajeros, descubriendo el camino a casa.

¿Cuál es el valor de la travesía? Si la travesía nos hace quienes somos; entonces, la travesía no tiene precio.

Hemos tratado el tabernáculo como una travesía en nuestras vidas de adoración.

Hemos tratado el tabernáculo como un recorrido histórico y profético hacia el regreso de Jesús. ¿Qué pasa con el tabernáculo como un modelo para el recorrido en nuestros servicios?

EL ORDEN DEL SERVICIO

Como mencioné anteriormente, la única razón por la que nosotros (las iglesias no litúrgicas) utilizamos el orden del servicio que tenemos es porque las denominaciones protestantes diseñan gran parte de su adoración en "protesta" por los abusos católicos.

La liturgia es simplemente un tipo de travesía. Pero, cuando se trata de la liturgia, algunos han desechado lo inútil junto con lo especial. Dios no se opone a la liturgia. La liturgia se refiere al proceso, y Dios es un gran defensor de los procesos. El proceso es parte de la belleza del tabernáculo. Dios está tan interesado en nuestras travesías como en nuestros destinos. La adoración y la relación se refieren a ambos, pero nosotros pasamos la mayor parte de nuestras vidas en la travesía—en el proceso.

La liturgia solo se vuelve deplorable cuando se convierte en un ritual vacío. Cuando la liturgia pierde su corazón y simbolismo, se convierte en religión muerta. La religión muerta es un viaje a ninguna parte, porque no hay presencia de Dios al final del proceso (o durante el mismo).

En lugar de ayudarnos a acercarnos a Dios, la liturgia sin vida nos mantiene a cierta distancia de Él. No cumple con el objetivo previsto de ayudarnos a conocerlo mejor. Confunde nuestra comprensión de Él. Pero ¿qué pasa cuando la liturgia no carece de vida? ¿Qué pasa cuando la liturgia está llena de corazón, de verdad y de simbolismo? Entonces se convierte en una parte vitalizadora de nuestro proceso de adoración.

Hay, entre las generaciones más jóvenes, un renovado interés en la liturgia. Muchos jóvenes adultos están volviendo a explorar los caminos de sus ancestros, y hay servicios combinados aflorando por todo el país que sirven tanto al gusto contemporáneo como a la necesidad de conexión histórica.

Durante décadas, las principales denominaciones han tenido una actitud de "adoramos esta manera porque nosotros así lo decimos" que no sienta bien a los jóvenes cristianos inteligentes, conocedores de los medios. Ellos quieren saber por qué hacemos lo que hacemos. Y quieren pruebas de que existe un propósito mayor que "porque yo digo" detrás de lo que dice el liderazgo.

Aquí es donde entra el tabernáculo. El tabernáculo de Moisés es la liturgia original para la adoración. Es la forma más antigua, genuina y mejor documentada de adoración en el mundo judeo-cristiano. No solo sirve para conectarnos con el antiguo culto de los patriarcas, sino que nos conecta con la adoración a Jesús mismo. ¿No es genial? Y nos conecta hacia adelante con la adoración eterna de los cielos. En otras palabras, el tabernáculo de Moisés nos pone de acuerdo y alineados con la adoración de las épocas. Nos conecta con nuestra colectiva Iglesia pasada, nos une con nuestro futuro, y nos alinea con la eterna adoración de los cielos.

También, tiene fama de ser EL artículo genuino.

Si yo fuera el pastor principal de una iglesia (lo que no tengo ningún deseo de ser), tomaría esto en cuenta al estructurar mis servicios.

Tomando el tabernáculo de Moisés como modelo, un orden de servicio bíblico debe incluir un tipo de proceso litúrgico. Como líderes de nuestras iglesias, tenemos que preguntarle a Dios: "¿Cómo quieres ministrarnos esta semana? ¿A dónde quieres que nos lleve el proceso en este servicio? ¿Cómo puedo ayudar a Tu pueblo a ministrarte a Ti? ¿Cómo los ayudo a llegar a un lugar donde puedan recibir ministración tuya?"

¿Le hace usted a Dios este tipo de preguntas, o solo hace las mismas cosas que siempre ha hecho? Si usted está liderando gente en cualquier circunstancia —en la iglesia, en casa, en grupos pequeños—¿cómo va a incorporar el tabernáculo?

¿Cómo ayudará a la gente a atravesar las puertas y acercarse a Dios con acción de gracias y alabanza? ¿Cómo construye valor para las entradas triunfales? ¿Cómo va a recordarles que Jesús sacrificó Su vida por nosotros? ¿Cómo los va a llevar a presentar sus propios sacrificios a Dios — sacrificios de santidad y obediencia, así como sacrificios materiales?

¿Cómo los va a conducir a través del lavamiento de la Palabra?

Este proceso no debe ser rígido. No tiene que verse igual cada semana. Y ciertamente no tiene que verse en mi iglesia lo mismo que en la suya. Probablemente hay un número infinito de maneras de ministrar cada aspecto de la adoración. La mayor parte del tiempo en los servicios el lavado es ministrado a través de un sermón. A veces usted puede ministrarlo durante la adoración mediante la lectura de una escritura, o a través de un testimonio que nos ayuda a vernos a nosotros mismos a través de los ojos de Dios. A veces, el lavado puede ser ministrado a través de una canción, a veces a través de una serie de declaraciones congregacionales de la Escritura.

La pregunta fundamental es: ¿cómo va a hacerlo ESTA vez?

¿Cómo quiere Dios que usted ministre la Santa Cena? ¿Cómo va a conducir al pueblo de Dios a vidas de intimidad más profunda con Él por medio de Jesucristo? Es más que una comida, así que ¿cómo vamos a tener "tiempo cara a cara" con Dios hoy?

¿Cómo va usted a permitir que Dios se mueva en la Iglesia con la iluminación y el poder de Su Espíritu? ¿Va a dar suficiente espacio a los dones del Espíritu? ¿Cómo van a ser expresados y ministrados de manera ordenada? ¿Al Espíritu Santo le será "permitido" moverse en la congregación o solo desde la plataforma? ¿Cómo va usted a inspeccionar y fomentar el fruto del Espíritu? ¿Cómo accederá el pueblo de Dios a Su poder para sus vidas y para sus necesidades? Aquí es donde Dios ministra *mediante* el Cuerpo *al* Cuerpo.

¿Cómo va a dirigir al pueblo en intercesión apasionada? ¿Será la adoración el plato principal en su cultura, o simplemente el perejil que lo adorna? ¿Cómo puede usted participar en llenar el Lugar Santísimo con la nube de incienso que prepara un lugar para que la gloria de Dios venga?

¿Y cómo, bajo su liderazgo, puede el santuario llegar a ser una sala del trono? ¿Puede su sala de estar convertirse en un salón del trono? ¿Puede su oficina? ¿Puede su adoración unificada, humilde, cubierta de sangre, construir un sitio de honor para el Rey de toda la creación para entronizar Su pesado esplendor? ¿Quiere usted ser parte de la generación que allana el camino para Su regreso?

Estas son las preguntas que, en años venideros, separarán las iglesias muertas de las vivas.

Tomo en serio mi responsabilidad como sacerdote. Hay vidas que dependen de ello. ¿Por qué debería tomar tanto tiempo para orar y prepararme para un servicio de canto de 20 minutos? ¿Por qué gastar tanto tiempo orando y escuchando para recibir la Escritura correcta para leer o el testimonio correcto para compartir? ¿Por qué ser tan apasionado? ¿Por qué zambullirse tan profundo? ¿Por qué invertir tanta energía en liderar la adoración?

¿Por qué? Porque tengo una comisión. Dios me ha puesto donde estoy, haciendo lo que tengo que hacer para preparar un pueblo y un lugar para Su presencia. Usted también tiene una comisión. Usted es un sacerdote de Dios: la más alta posición de autoridad e influencia que un ser humano pueda alcanzar.

Usted tiene un Dios vivo, y hay un mundo que está muriendo (literalmente) por encontrarlo a Él. Hay tantas personas perdidas, dañadas o que perecen, y solo hay un Dios que puede sanar sus heridas.

¿Qué va a hacer usted con esta gran comisión que le ha sido dada? A usted le han sido confiados los protocolos de la sala del trono de Dios. ¿Qué va a hacer con su revelación? A usted le ha sido concedido el favor y el acceso al Rey de reyes. ¿Qué va a hacer con eso? Usted sabe cómo llevar huérfanos a una familia. ¿Qué va a hacer?

Usted puede construir un lugar de encuentro para que la gente de la Tierra acceda al Dios del cielo. ¿Qué va a hacer? Si usted tuviera conocimiento que podría salvar una vida, ¿qué haría con eso? Si usted supiera el secreto que salvaría al mundo, ¿qué haría? Tengo noticias para usted, compañero sacerdote: usted tiene el conocimiento.

El Rey volverá pronto. Así que vaya a cambiar el mundo. Enséñeles cómo llegar a su Rey.

Enséñeles cómo adorar al Rey.

PREGUNTAS PARA DEBATIR

1. Según Hechos 1:11, Jesús regresará algún día. Entonces, ¿qué más podría representar el tabernáculo además de la travesía de la creciente relación del individuo con Dios?

2. ¿Cómo devolvió la Reforma Protestante la salvación por gracia mediante la fe (el ministerio del altar de los sacrificios) a la Iglesia?

3. ¿Cómo reincorporó la Reforma Pentecostal el ministerio del candelabro de oro?

4. ¿Cómo reinstauró el Movimiento de Jesús el ministerio de la mesa de los panes de la proposición? ¿Qué es especialmente significativo en las canciones de adoración que surgieron de este movimiento?

5. ¿Cómo están reinstaurando la Casa de Oración y el movimiento resultante el ministerio del altar del incienso? Dado que Pentecostés no hubiera venido sin la intercesión de Cristo en la cruz, ¿qué va a preceder al próximo "Pentecostés" de la Iglesia?

6. ¿Qué es significativo acerca de la cantidad de tiempo entre cada reforma? ¿Dónde nos encontramos hoy en la línea de tiempo profético de la historia?

7. Explique cómo las edades de la Iglesia reflejan el ciclo de vida de una persona.

8. El tabernáculo representa el viaje de nuestras vidas en adoración y el recorrido histórico y profético hacia el retorno de Jesús. Ya que es un viaje, ¿cuál es el valor de seguir su proceso?

9. Líder de adoración, ¿le pide usted a Dios que dirija el proceso de su orden del servicio o solo hace las mismas cosas que siempre ha hecho? ¿Cómo puede incorporar el tabernáculo en su orden del servicio? ¿Tiene que ser el mismo cada vez?

10. ¿Por qué debe usted tomar en serio su responsabilidad como sacerdote? ¿Quiere hacerlo?

CASA
CREACIÓN

Te invitamos a que visites nuestra página
web, donde podrás apreciar la pasión por
la publicación de libros y Biblias:

www.casacreacion.com

f @CASACREACION

@CASACREACION

@CASACREACION

Para vivir la Palabra